U0898262

中国平安 PINGAN
保险·银行·投资

中国平安
励志计划

中国平安励志计划学术论文获奖文集

ZHONGGUO PINGAN LIZHI JIHUA
XUESHU LUNWEN HUOJIANG WENJI
2010

中国平安保险（集团）股份有限公司 编

▲ 2010中国平安励志计划论文奖终审保险组评审现场

▲ 2010中国平安励志计划论文奖终审金融组评审现场

2010中国平安励志计划论文奖终审经济组评审现场

2010中国平安励志计划创业大赛现场

▲ 著名电影导演贾樟柯在2010中国平安励志计划颁奖典礼上进行主题演讲

▲ 2010中国平安励志计划颁奖典礼现场

专家推荐

科学研究可以从“小”开始：从小年龄开始，从小事情开始，从小项目开始……所有的大事物都是从小事物演变而来！2010中国平安励志计划获奖论文集就汇集了多篇体现由小到大、小中见大精神的论文作品。年轻的大学生和研究生们只要拥有追求的勇气、独立思考的习惯和不惧细节的精神，就可以按照科学的方法在探索的道路上取得成绩。

——**贺力平**　北京师范大学经济与工商管理学院金融系教授，国际金融研究所所长、研究员

2010中国平安励志计划论文大赛中涌现出一大批优秀的学术论文。这本论文集收录了脱颖而出的百余篇获奖论文，可以说它们代表了我国经济学、金融学、保险学在校学生的学术研究水平，展示了学生们的创新能力。论文集的出版，对于鼓励广大在校学生努力钻研、开展研究、探索中国经济发展的新理论具有示范性作用，这也是这本书的价值所在。

——**郭田勇**　中央财经大学金融学院教授

2010中国平安励志计划论文大赛的获奖作品，即将结集出版。在参与评审的过程中，给我留下了深刻的印象：紧扣现实经济中的突出问题，结合相关的经济学和金融学理论，运用现代的经济学分析方法和工具，给出自己的见解。换言之，就是学以致用。从参赛学生论文中反映出的这种学风，正是我们的教育理念之所在，可喜可贺。

——刘红忠 复旦大学国际金融系系主任、教授、博士生导师

2010中国平安励志计划论文大赛获奖作品具有鲜明的时代特征，很多论文采用计量分析方法，进行经济计量检验与实证分析，得到了第一手的富有解释力的结果，使经验判断建立在可靠的实证分析基础之上。这种与国际惯例接轨的研究风格和分析方法值得提倡与鼓励。

——沈坤荣 南京大学经济学院副院长

序

又到了励志计划获奖论文集出版的时刻，作为励志计划的主办方，看到那么多学子专注于经济、金融、保险领域的学术研究及创新，这么多优秀论文成果展现在我们的面前，真的感到无比地欣慰。

同时，我们欣慰地看到从励志计划走出去的学生中很多已学有所成，正在为国家的建设、民族的发展贡献着自己的力量；看到励志计划的发展得到了越来越多专家的鼎力支持和始终如一的陪伴；看到励志计划已经发展为一个融论文奖、奖学金、励志论坛、创业大赛、同学会等系列项目为一体的综合学术平台，正在成长为国内高校最有影响力、最具权威的公益品牌，正在为更多的学子提供梦想实现的平台。

今年我们的励志计划海报的主人公是一位曾经在励志计划论文奖获奖的学生，他叫刘永东，本科就读于北京大学，硕士研究生就读于中国科学院，2007 年参加了论文奖评选，他的论文《中国城镇基本养老保险的改革效应研究》获得了保险组一等奖，现在的他正在美国加州大学伯克利分校攻读博士学位。我们希望能够有更多的学子像他一样，勇敢追逐自己的梦想。其实不仅仅是刘永东同学，已经有很多从励志计划走出去的同学，现在已学有所成。励志计划就是这样一个为当代大学生打造的平台，鼓励有梦想、有抱负、肯实践、勇创新的学子不断取得新的高度。

励志计划获奖论文集的出版不是一个结束，而是一个新的开始，它将持续关注经济的变化，关注学术的创新。面对国内外经济形势的变化，面对不断出现的挑战，年轻的学子们必须承担起对国家建设、社会进步、经济发展的责任。作为励志计划的主办方，我们将承担起更多的社会责任，继续致力于在教育、环境、红十字、社群公益方面的投入，在创造经济价值的同时，为环境、社会贡献自身的力量。

在励志计划又重新启程的一年里，我们将继续深入开展励志计划论文奖、奖学金、创业大赛、励志论坛、同学会各项活动，继续致力于高校、社会的励志文化、精英文化塑造，继续影响和帮助更多的高校学子成长和成才，追求和实现梦想。希望更多的同学参与到励志计划的各项活动中来，并取得好成绩。

借此序，再次对参与励志计划的各位学者、专家深表敬意，对参与励志计划的各高等院校和学生们以及支持励志计划的社会各界表示衷心感谢！

中国平安保险（集团）股份有限公司

副董事长

孙 建 一

二〇一一年于深圳

目 录

保险一等奖

保险二等奖

保险三等奖

保险一等奖

BAOXIAN YIDENGJIANG

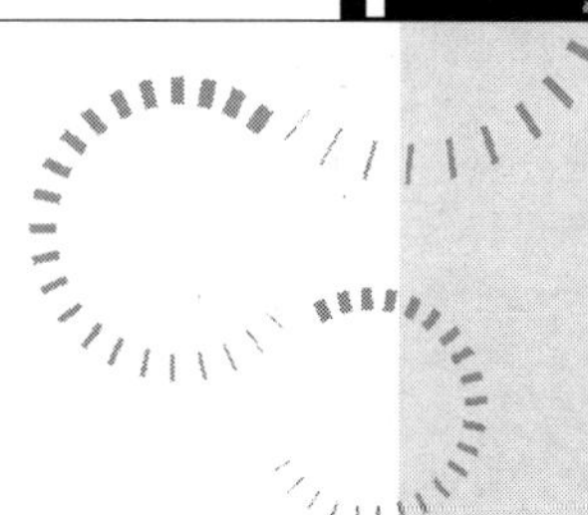

基于Wang双因素变换的我国地震债券定价研究

朱孟骅

一、引　　言

近年来，全球巨灾发生数量及破坏程度呈持续上升趋势，地震等自然灾害不断："5·12"汶川大地震、海地大地震、智利大地震等灾害造成了世界各国数以亿计的生命财产损失。我国属于自然灾害多发国，处于世界两大地震带——环太平洋地震带与欧亚地震带之间，1900年以来，我国共发生六级以上地震800余次，地震死亡人数达55万余人之多，占同时期全球地震死亡人数的53%。

目前，我国巨灾保险基本处于空白状态，应对巨灾，政府主要采取"财政兜底"的方式，由政府充当"最后保险人"，通过财政拨款进行灾后救援与重建。然而，近年来，面对频发的地震等巨灾灾害，虽然政府的救灾支出整体呈上升趋势，但与我国不断增长的巨灾损失相比，仍存在一定缺口。借助我国以及国际资本市场的雄厚力量分散这些潜在的巨灾风险，已成为我国减灾救灾的一个发展方向。

借鉴美国十几年来成熟的巨灾证券化经验，巨灾债券是各种巨灾产品之中最为成熟同时也是发展得最为成功的。我国应该通过发行地震巨灾债券，缓解政府财政压力，同时不断探寻适应国情的巨灾债券模式。本文比较了国际上对巨灾债券进行定价的不同方法，提出了我国地震巨灾债券产品设计的一种运作模式，并运用经过GDP平减指数调整后的近20年来我国全部地震巨灾损失数据以及地震风险理论中的短期聚合风险模型构建年地震聚合损失分布模型，在对其采用Wang双因素变换进行风险附加后，利用一般债券定价理论计算该地震债券的最终券息率。

二、我国年地震聚合损失模型的构建

（一）个体损失风险分布

1. 数据的收集与统计分析

1995年芝加哥期货交易所（CBOT）设计出一种较为成功的巨灾指数选择权——PCS，PCS对巨灾的定义为导致可保财产损失超过2500万美元所发生的危险事故。为准确估计我国地震巨灾损失发生的概率，本文收集了1988年至2007年间我国全部地震损失数据作为分析样本。同时，为消除时间对损失额价值的影响，选择了较CPI指数更为合理的GDP平减指数①将损失数据调整到以2008年为标准的水平上。通过分析调整后的数据，我国绝大多数的地震损失并不十分巨大，但仍存在少数损失极大的巨灾地震损失。地震巨灾债券，正是为了应对这些极少发生但一旦发生将会给我国经济发展以及社会稳定带来重大影响的巨灾事件。表1与图1分别为1988至2007年20年间我国地震损失额及其频数频率的统计表及直方图，由图1我们可以看出，我国地震损失分布存在严重的厚尾斜偏现象，对这些地震损失数据进行统计分析，可以得到表2，进一步说明我国地震损失分布的特征。

表1 我国地震损失分布表②

地震损失额（亿元）	频 数	频 率	地震损失额	频 数	频 率
0—0.5	89	0.436275	5—6	0	0
0.5—1	26	0.127451	6—7	3	0.014706
1—1.5	23	0.112745	7—8	2	0.009804
1.5—2	13	0.063725	8—9	4	0.019608
2—2.5	7	0.034314	9—10	3	0.014706
2.5—3	10	0.04902	10—20	6	0.029412
3—3.5	2	0.009804	20—40	6	0.029412
3.5—4	3	0.014706	40—60	2	0.009804
4—4.5	0	0	60—100	1	0.004902
4.5—5	3	0.014706	100—1000	1	0.004902

① GDP平减指数的计算基础比CPI指数更广泛，它涉及全部商品和服务，除消费外，还包括生产资料和资本、进出口商品和劳务以及在地震中遭受极大损失的房屋建筑等。

② 数据来源：《中国地震年鉴》（1990—2007），《中国震例》（1988—1989）。

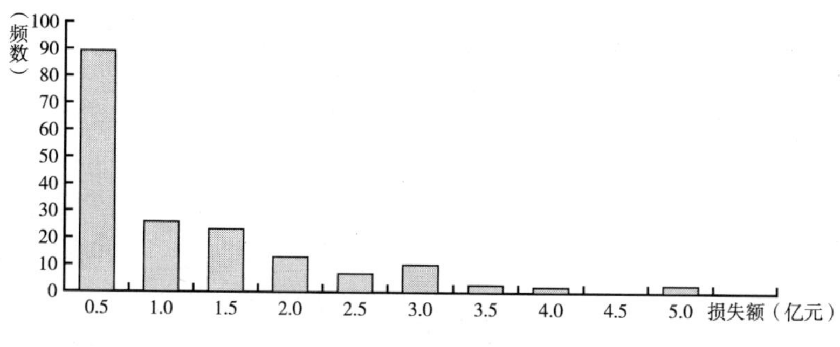

图1　我国1988至2007年地震损失直方图

表2　我国1988至2007年地震损失统计分析表

单位：亿元

平均损失	中位数	标准差	偏　度	峰　度	最大值
3.6167	0.6651	11.1060	7.20	64.18	119.0292

2. 分布的选择与拟合

经过上文分析，我国地震巨灾损失分布是高度斜偏的厚尾分布，精算学上通常采用Gamma分布近似拟合这类分布的损失模型，但由于该分部的样本数据偏斜度过大，Gamma分布很难精确拟合出我国地震损失的尾部分布，且我国很大一部分地震发生于西部边远无人烟地区，给人们造成的经济财产损失相对较小①，同时由于地震损失分布的概率密度函数并不一定为严格单减函数，故在本文中我们采用经过对损失变量进行过对数化处理的，精度更高的平移Gamma分布并取其正半实轴部分对我国地震损失分布进行拟合，以求达到最佳的拟合效果。

定义分布函数 $H(x:\alpha,\beta,x_0)=Gamma(x-x_0:\alpha,\beta),x\geqslant x_0$ 为平移Gamma分布，

则其有分布函数：$Gamma(x-x_0:\alpha,\beta)=\int_{x_0}^{x}\frac{\beta^{\alpha}}{\Gamma(\alpha)}(t-x_0)^{\alpha-1}e^{-\beta(t-x_0)}dt,x\geqslant x_0$

概率密度函数：$p(x)=\frac{\beta^{\alpha}}{\Gamma(\alpha)}(x-x_0)^{\alpha-1}e^{-\beta(x-x_0)},x\geqslant x_0$

本文对平移Gamma分布进行最小二乘估计，设实际损失变量及对数化损失变量分别为L、X，我们有 $X=\log_{1.7}^{L+1}$，通过对实际损失变量进行对数化变换，我们有效地对X轴进行了不平均放缩，使其实际损失变量的坐标形成了左疏右密的格局，从而有效解决了因样本斜偏度过大导致难以对平移Gamma分布尾部概率分布进行准确

① 由图2，在接近原点处，概率密度函数值很大。

估计的问题。

为了提高估计的精确度，我们需要选取一组适当的初始迭代值，经试验，我们选定了参数在 $\hat{x}_0$ 给定时，将平移 Gamma 分布还原为标准 Gamma 分布形式时的矩估计值作为其初始值：

$$\hat{x}_0 = -3$$

$$\hat{\alpha} = \frac{\left(\sum_{i=1}^{n}(X_i - x_0)\right)^2}{n^2 Var(X_i - x_0)} = 13.6935$$

$$\hat{\beta} = \frac{\sum_{i=1}^{n}(X_i - x_0)}{nVar(X_i - x_0)} = 1.8659$$

将 $\hat{x}_0$、$\hat{\alpha}$、$\hat{\beta}$ 带入 matlab 软件进行迭代运算，拟合出我国对数化个体地震损失变量 X 服从 $H(x;2.2497,1.2999,-1.9379)$ 分布，则其概率密度函数为：$p(x) = \frac{1.8042}{\Gamma(2.2497)}(x+1.9379)^{1.2497}e^{-1.2999(x+1.9379)}, x > -1.9379$

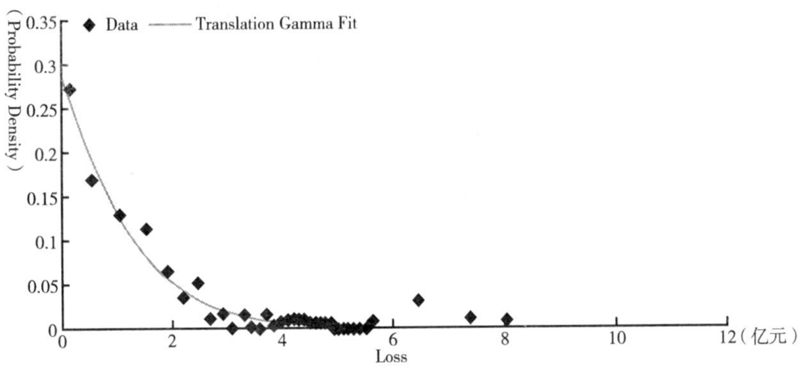

图 2　我国对数化个体地震损失概率密度函数图

3. 拟合优度检验

采用卡方检验法对我国对数化个体损失变量服从 $H(x;2.2497,1.2999,-1.9379)$ 分布进行假设检验，得其卡方检验值为 31.0162，而在 5% 显著性水平下自由度为 36 的卡方分布的临界值为 50.9985，因 $31.0162 < 50.9985$，故接受原假设，认为我国对数化个体地震损失强度变量 X 服从 $H(x;2.2497,1.2999,-1.9379)$ 分布。

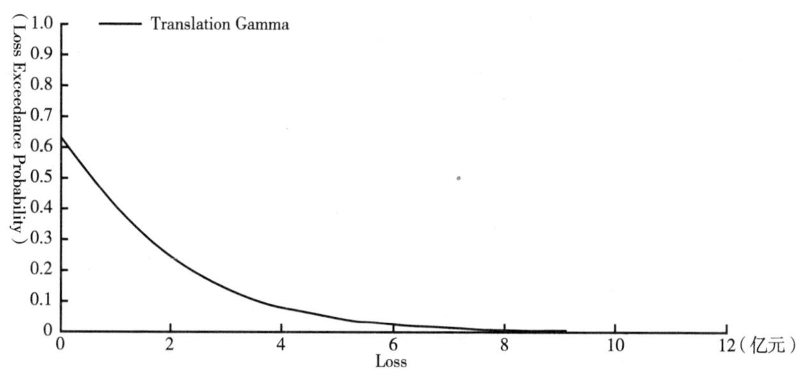

图 3　我国对数化个体地震损失生存函数图

(二) 年损失次数分布

1. 分布选择与参数估计

表 3　我国 1988 至 2007 年地震次数分布表①

单位：%

年地震次数	频　数	频　率	年地震次数	频　数	频　率
0—3	2	0. 1	10—12	8	0. 4
4—6	2	0. 1	13—15	2	0. 1
7—9	4	0. 2	大于 16	2	0. 1

精算学中通常用泊松分布来描述地震发生次数的概率分布，本文采用 1988 至 2007 年间我国的年地震次数对其参数 λ 进行极大似然估计。设每年发生地震次数的变量为 T，则 λ 的极大似然估计值为：$\hat{\lambda} = \dfrac{\sum_{i=1}^{n} T_i}{n} = 10.2$

2. 拟合优度检验

采用卡方检验法对我国年地震次数变量服从 Poisson（10. 2）分布进行假设检验，得其卡方检验值为 6. 6621，而在 5% 显著性水平下自由度为 5 的卡方分布的临界值为 11. 0705，因 6. 6621 < 11. 0705，故接受原假设，认为我国年地震次数变量 T 服从 Poisson（10. 2）分布。

---

① 数据来源：《中国地震年鉴》（1990—2007），《中国震例》（1988—1989）。

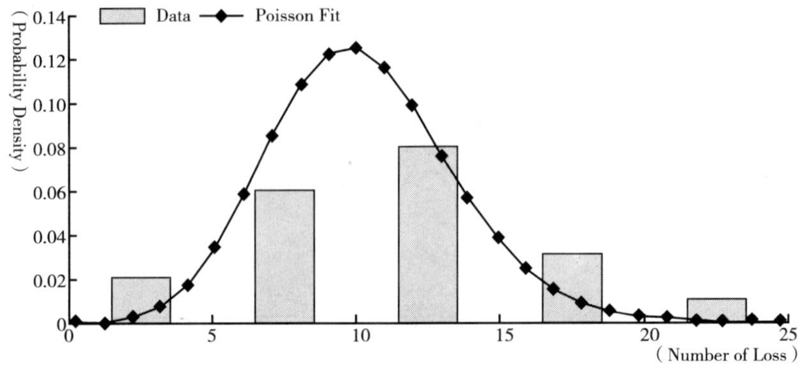

图 4　我国年地震损失次数概率密度函数图

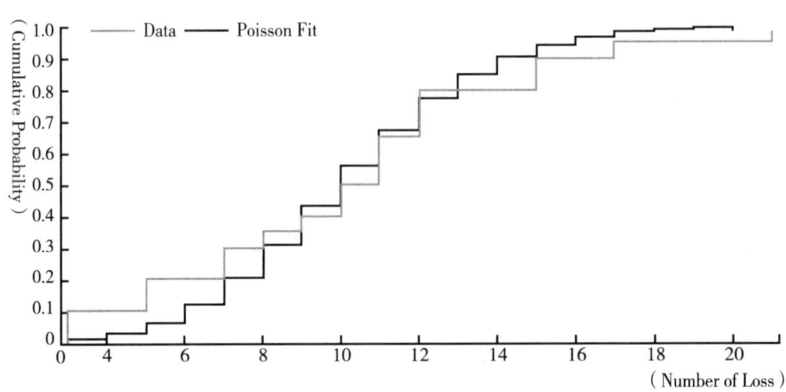

图 5　我国年地震损失次数累积函数图

（三）年聚合损失模型

在计算出我国个体地震损失分布以及年地震损失次数分布的基础上构建我国的年地震损失聚合模型，设 S 为我国年地震总损失变量，则

$$
\begin{aligned}
F_S(x) &= P(S \leqslant x) \\
&= \sum_{n=0}^{\infty} P(S \leqslant x \mid T = n) P(T = n) \\
&= \sum_{n=0}^{\infty} P(L_1 + \cdots + L_n \leqslant x) P(T = n)
\end{aligned}
$$

$L_1, L_2, \cdots, L_n$ 独立同分布，对它们进行 n 重卷积得

$P(L_1 + L_2 + \cdots + L_n \leqslant x) = P * P * \cdots * P(x) = P^{*n}(x)$

故

$$F_S(x) = \sum_{n=0}^{\infty} P(T = n) P^{*n}(x)$$

$$f_S(x) = \sum_{n=0}^{\infty} P(T = n) p^{*n}(x)$$

由于对它们的卷积表达式的计算过于复杂，我们我们采用相对简便的蒙特卡罗法给出更加直观的年聚合损失变量的生存及概率密度函数图像（见图 6）。具体实现思路如下：利用 Matlab 软件首先产生一个服从 Poisson（10.2）分布的随机数 T，然后根据 $H(x;2.2497,1.2999,-1.9379)$ 分布产生 T 个随机数 X_i，i = 1，2，…，T，若 $X_i<0$ 则取 $X_i=0$，分别对每一个 X_i 进行对数逆变换，得 $L_i = 1.7^{X_i} - 1$，对 L_i 求和后进行对数变换并重复此过程 m 次，最终求得一分布数组 $X_k = \log_{1.7}^{\sum_{i=1}^{T} L_i+1}$，k = 1，2，…，m，当 m 足够大时，m 个 X_k 所形成的分布将无限接近我国对数年地震聚合损失分布。本文取 m = 10000000，用数值法对分布数组 X_k 进行分析处理后得到图 6。

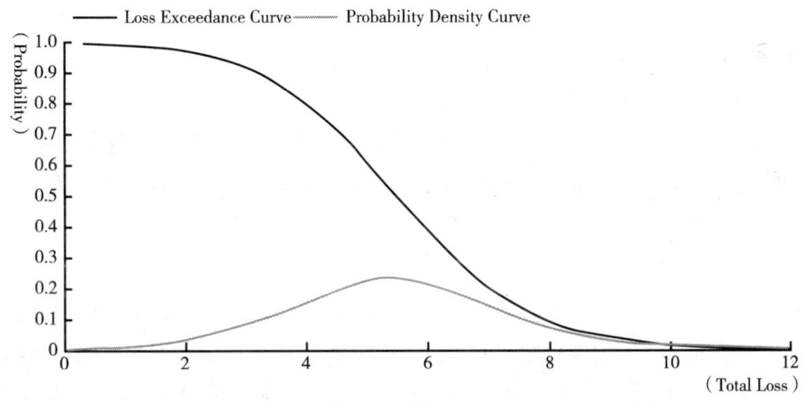

图 6　我国年地震聚合对数化损失概率密度函数及生存函数图

三、地震债券产品设计与定价

（一）发行机构

出于法律及税收方面的考虑，由希望发行地震债券的保险公司出资成立一个特殊目的机构——SPV（Special Purpose Vehicle），作为保险风险证券化的中介，它在向原（再）保险人收取保险费后，以未来保险期间内的现金流为依托，面向资本市场的投资者发行债券，用投资者缴纳的投资款项进行短期投资或将这笔资金存入信托基金，本金及投资所得将在达到地震债券触发条件时用于向原（再）保险人进行理赔，反之则用于偿付资本市场投资者的投资回报。

（二）发行方案

假定发行地震债券的保险公司年地震损失覆盖率为10%，采用年损失额触发机制，考虑如下一只一年期分层地震债券：由SPV发行30亿元的票面价值为100元的地震巨灾债券，当一年内我国地震巨灾损失低于100亿元时，债券持有人在年终将获得本金返还以及高额券息作为对其承担风险进行补偿的超额收益，若一年内我国地震巨灾损失超过100亿元时，则达到第一损失触发条件，债券持有人在债券到期时将仅获得本金支付；当一年内我国地震巨灾损失超过200亿元时，则达到第二损失触发条件，债券持有人在债券到期时将损失全部利息并仅获得一半本金支付；当一年内我国地震巨灾损失超过300亿元时，达到第三损失触发条件，债券持有人在债券到期时将损失全部利息以及本金。

（三）地震债券的定价

1. 定价方法的选择

地震债券的定价方法可由一般债券的定价的方法演化而来。地震债券收益率应高于相应的无风险债券的收益率，并且该超出部分应当不仅包括使地震债券期望收益率等于相应无风险债券收益率的部分，它还应当包括补偿投资者承担潜在损失的风险附加的部分。

目前国际上对于巨灾风险债券定价的方法大体分为三种，基于金融衍生品的定价方法、基于实证观察的定价方法以及基于精算学的定价方法。本文从精算学角度出发，其定价方法主要包括Christofides法、Wang变换法和Wang双因素变换法。由于在实际操作中，人们只能收集到有限的数据信息，此时，充分考虑到参数不确定性问题的Wang双因素法可以给出问题的最佳解。故本文采用Wang双因素法对我国年地震聚合损失分布进行调整，使调整后的分布模型包含债券投资者对地震巨灾预期合理的风险附加，从而进行债券定价。

2. 定价原理

考虑上述一年期分层地震巨灾债券，年券息为 r^{*}，市场一年期无风险利率为 i，债券的票面价值为 F，达到第一、二、三层损失触发条件的概率分别为 q_1、q_2、q_3，设 $v=\frac{1}{1+i}$，$p=1-q_1-q_2-q_3$，则该债券最终价格为：$P=Fq_1^{*}v+\frac{F}{2}q_2^{*}v+$

$F(1+r^*)p^*v$，其中 q_1^*、q_2^*、q_3^* 为经过 Wang 双因素法风险调整后的 q_1、q_2、q_3，$p^*=1-q_1^*-q_2^*-q_3^*$。

3. 年聚合损失模型的 Wang 双因素法调整

（1）Wang 双因素法及其参数的选择

Wang（2004）提出双因素概率变换模型，经调整后的年聚合损失分布的生存函数为：

$S^*(s)=Q(\Phi^{-1}(S(s))+\lambda)$，其中 Q 是一种自由度为 k 的学生 t 分布，同时它具有厚尾无尖峰的特点，非常适合用来调整同样具有厚尾特征的地震巨灾分布，$f(t,k)=\dfrac{\Gamma((k+1)/2)}{\sqrt{k\pi}\Gamma(k/2)}\cdot\left(1+\dfrac{t^2}{k}\right)^{-(k+1)/2}$，$-\infty<t<\infty$ 是其概率密度函数，$\lambda=1-1/\rho$ 为风险附加，ρ 为投资者的平均风险厌恶水平。

Wang 双因素法调整参数（λ、k）的确定是建立在以往巨灾债券产品的数据基础之上的，由于我国从未发行过地震巨灾债券，不存在历史数据，故我们利用美国巨灾债券历史数据确定我国 Wang 双因素变换的调整参数。以美国 1999 年全部 16 只巨灾债券数据为基础进行最小二乘估计，得出 $\lambda=0.453$，$k=5$，作为一个初始值，该参数应在今后我国发行巨灾地震债券后得到不断的调整与修正。

（2）调整后的年聚合损失分布

如图 7，经 Wang 双因素变换调整后的我国年地震聚合损失生存分布函数整体上高于变换前的生存函数，而它们之间的差值就代表了人们对巨灾心理预期与实际损失概率之间的差值，这段差值恰恰解释了对地震巨灾债券定价时所必须要考虑的那部分风险附加。

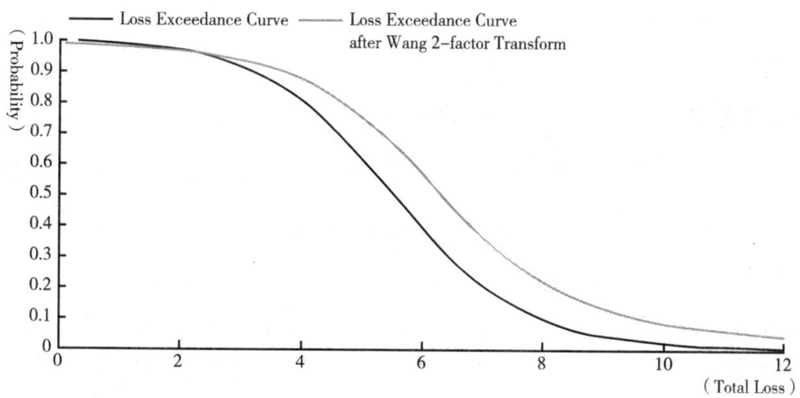

图 7　我国年聚合地震损失生存函数及其 Wang 变换函数图

如图 8，调整后的我国年地震聚合损失分布的概率密度函数值在该分布双尾侧高于原函数①，而在中部则低于原函数，对极低损失处与极高损失处概率的高估说明 Wang 双因素变换抓住了两种可以改变人们对事物理性判断的力量——贪婪与恐惧，从而科学地对巨灾债券的价格进行了风险附加。

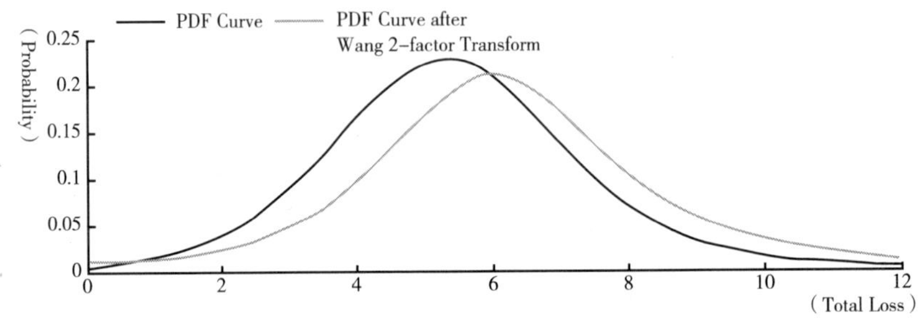

图 8　我国年聚合地震损失概率密度函数及其 Wang 变换函数图

4. 地震债券的价格

发行地震债券的保险公司面临 10 亿、20 亿和 30 亿人民币的巨额巨灾赔付的概率等于我国一年内发生的地震总损失大于 100 亿、200 亿和 300 亿人民币的概率，根据我国年聚合地震损失生存分布，其实际概率值应分别为 0.0562、0.0205、0.0115，然而，根据 Wang 双因素变换后的我国年聚合地震损失生存分布，计算出其概率值分别为 0.1541、0.0863、0.0642，较真实值有明显增加。依据以上数据，$q_1=0.0357$，$q_2=0.009$，$q_3=0.0115$，$p=0.9438$，$q_1^*=0.0678$，$q_2^*=0.0221$，$q_3^*=0.0642$，$p^*=0.8459$，2010 年 2 月 23 日财政部发布的我国一年期国债年收益率为 2.6%②，在给定 P = F = 100 的条件下，由上文债券定价公式得 $r=\dfrac{P-Fq_1v-0.5Fq_2v}{Fpv}-1$，故我国地震债券的风险中性券息率 $r=4.45\%$，而其经过风险附加后的最终券息率为 $r^*=11.97\%$。

四、结　束　语

本文通过对我国近 20 年来全部地震损失数据的收集与处理，构建出了我国的年地震聚合损失分布模型，并从精算学角度出发，结合文中提出的地震巨灾债券产品，对我国实际年地震聚合损失的生存分布采用 Wang 双因素概率变换，从而求得该地

① 对数地震损失变量偏右侧的分布已相当于标准地震巨灾损失分布的尾部分布。
② 数据来源：中国国债协会，http://www.ndac.org.cn/index.jsp。

震债券的最终券息率，为我国发行巨灾地震债券提供了参考。

然而，必须注意的是没有巨灾证券化制度的建立，对巨灾债券进行定价研究的意义将始终无法被最大化。当今地球正逐步走入“地震活跃期”，全球地震巨灾频发，在这样的一个大背景下，仅仅采用“财政兜底”的方法，将导致我国政府所承担的巨灾风险与日俱增。所以，我国相关部门应考虑开发及应用巨灾债券这一保障性金融产品，审慎制定具体运作环节以及相应参与主体，发挥资本市场强大的风险分散能力，让巨灾债券为我国经济又好又快的发展保驾护航，同时也让不同巨灾定价方法在实践中接受检验，从而尽早得出一整套真正适应于我国国情的巨灾债券运作模式。

参考文献

[1] Wang, Shaun S. Insurance pricing and increased limits ratemaking by proportional hazard transforms, Insurance: Mathematics and Economics 17 (1995) 43 – 54.

[2] Wang, Shaun S. "Cat Bond Pricing Using Probability Transforms", Special Issue Insurance and the State of the Art in Cat Bond Pricing, Geneva, January. 2004.

[3] 田玲、张岳：《巨灾风险债券定价研究的进展评述》，《武汉大学学报》，2008 年 9 月 61 卷 5 期。

[4] 赵息、金晶、汤杰：《巨灾债券精算及其运行研究》，《西南交通大学学报》，2005 年 7 月 6 卷 4 期。

[5] 施建祥、秦倩祺：《基于极值理论的地震巨灾债券定价》，《统计与决策》，2008 年第 21 期。

[6] 李冬、肖遥：《我国地震债券定价的实证研究》，《求索》，2009 年第 5 期。

财险市场价格竞争有效性研究

席　友

一、引　　言

我国国内财产保险业务自1980年恢复以来，保费收入从1980年的4.6亿元增加到2008年的2336.71亿元，是1980年的500多倍，年增长25.3%。财产保险公司数量从中国人民保险公司一家增长到2008年的50家（包含再保险公司），其中外资保险公司18家，中资保险公司32家①。从图1可以看出我国财产保险市场稳步发展的趋势：

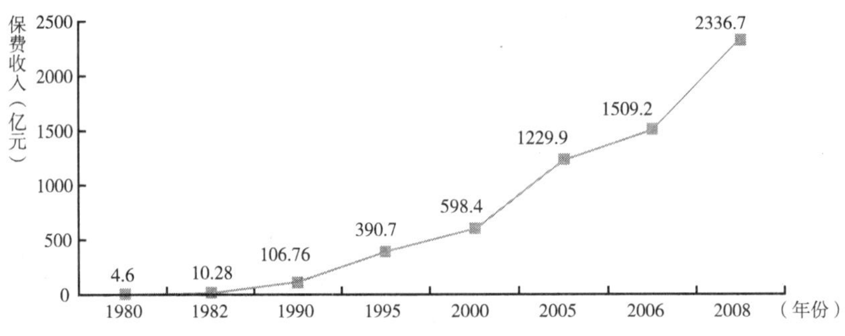

图1　1980—2008年我国财产保险保费收入趋势图

虽然我国财产保险业取得了很大成绩，但是依然存在着很多比较严重的问题，特别是市场集中度偏高，导致市场竞争长期处于低水平竞争状态的问题。从表1可以很明显看出这一问题，2001年人保、太保和平保占我国财险市场的份额高达96.46%，虽然期后呈递减趋势，但是截至2007年，这三家财险公司的份额依旧高达63.99%。根据西方经济学的市场类型理论，可以看出我国现阶段财险市场属于

① 数据来源：《2009年保险年鉴》。

寡头垄断市场向垄断竞争市场过渡的阶段。因此，现阶段我国财险市场主体之间的竞争具有两种市场结构的特点，既包括保险价格竞争，也包括保险产品的竞争。

表 1　2001—2007 年我国财险市场份额表[①]

项　目	2001	2004	2005	2006	2007
人　保	74.79	59.87	52.05	45.03	42.46
太　保	12.45	11	10.02	10.12	10.28
平　安	9.22	8.9	9.46	10.64	11.25
其　他	3.54	20.23	28.47	34.21	36.01
合　计	100	100	100	100	100

保险价格竞争是指保险公司运用价格手段，通过保险价格的提高、维持或降低，以及对竞争者定价或变价的灵活反应等，来与竞争者争夺保险市场份额的一种竞争方式。我国的财产保险市场竞争尚处于初级阶段，保险产品的需求方尚未形成成熟的保险消费观念，在这样的市场中投保人选择保险公司第一标准就是价格，往往会选择同类保险产品市场上保险价格低的保险公司投保。因此价格竞争成为保险公司占领扩大市场最直接、最有效的手段。但是，把价格看成决定交易成败的唯一因素，难免会造成恶性的价格竞争，从而影响竞争双方保险公司偿付能力和正常经营。本文的出发点就是基于 Stackelberg 博弈模型，对我国财险市场的价格竞争行为的有效性进行分析，从而得出价格竞争可能出现的结果，并为我国财险市场的合理竞争提供建议。

二、保险价格竞争的 Stackelberg 博弈模型

（一）模型假设

本文 Stackelberg 博弈模型中，局内人有两个：一是以人保、太保和平保三家财险公司组成的我国财险市场的第一集团；另一个是除这三家财险公司以外的其他财险公司，即第二集团。在该模型中，第一集团财险公司（假设为 A 公司）占据我国财险市场的大部分份额，属于在位者，而第二集团属于后来的竞争者（假设为 B 公司）。这里的保险价格竞争就是在在位者与竞争者之间展开的价格战。为了用 Stackelberg 博弈模型分析二者之间价格竞争的过程，本文作如下假设：

1. 假设财险市场可以自由进入和退出；

2. 假设 A 和 B 两类公司拥有的信息不对称，A 公司由于长时间占据市场，因此对保险客户的实际情况拥有完全信息，而 B 公司则不拥有此类信息；

① 数据根据各年保险年鉴数据计算得出。

3. 假设A和B两类公司有两类行为：一是“没有长远目标”，即在制定保险价格时只考虑当期的利润最大化；另一种行为是“有长远目标”，即在制定保险价格时考虑的是在期望时期内的利润最大化，期望时期大于等于两年；

4. 假设保险客户是理性的。受限于对保险专业知识的认识和保险公司的不充分信息，保险客户的理性行为是选择保险价格最低的保险公司投保，不会考虑公司的品牌和服务；

5. 在多时期的博弈中，保险公司具有完全的识别能力，即博弈时期多于一期时，保险公司就可以根据客户的损失和索赔情况准确获得客户的风险信息。

（二）保险价格竞争的Stackelberg博弈分析

根据以上对保险价格竞争的Stackelberg博弈模型的假定，本文分别给出在两种情况下的博弈模型：单时期博弈模型和多时期博弈模型。

1. 单时期的Stackelberg博弈模型

假设保险客户由两种类型组成：高风险（H）和低风险（L），他们面临同等数量的单一损失X，损失被保险公司和保险顾客正确估计到，并且在个客户之间独立分布。假设类型为i的客户平均损失概率为Y_i（$i = L,H$），且$Y_H > Y_L$。假设高风险和低风险的保险客户的比例分别为N_L和N_H，且为保险公司所共知的。

假设对于第一集团的A公司来说，由于客户已经在其公司投保多个时期，因此，A公司会通过客户的索赔经历或其他数据正确了解每个客户的风险类型Y_i。而对于B公司来说，由于对A公司的原有市场不了解属于新进入者，无法区分高低风险客户的比例。因此，A公司可以对不同风险类型的客户收取不同的保费，实行价格歧视，而不拥有客户风险类型信息的B公司只能对所有的客户收取单一保费。

由于是单时期，因此两类保险公司的策略选择应该使用“没有长远目标”假设，即两类保险公司都在$t = 0$时制定保费计划，以在下一个阶段获得非负的最大利润。设A公司对于风险类型为i的客户提供保费为P_i的保险合同，保险赔付Q_i小于或等于X，B公司的单一保费为P。

假设保险需求为Q^D，根据传统的消费理论，消费者效用最大化得出的Q^D可以简单地理解为损失发生时赔付额的货币价值。对于A和B公司来说，其消费者的保险需求曲线为：

$$Q^D = f(Y,P) \tag{1}$$

对于B公司来说，它只能收取单一保费为P，设其盈亏平衡时最低保费为$\overset{*}{P}$，期望利润为$E(\Pi)$，有：

$$E(\Pi) = (\overset{*}{P} - Y_H)Y_H N_H + (\overset{*}{P} - Y_L)Y_L N_L \tag{2}$$

从（2）式可以看出，当达到盈亏平衡即 $E(\Pi)=0$ 时，风险低的保险客户将补贴风险高的保险客户，此时风险高的客户会更多的购买 B 公司产品，而风险低的客户则会减少购买。

A 公司利用完全信息，对高风险客户收取高的垄断保费，设为 $P_H^A=Y_H$（假定垄断保费高于 Y_H，在本模型中 A 公司面临 B 公司的竞争，A 公司也不会选择垄断保费），而对低风险客户收取的保费取决于 B 公司的定价。假设 B 公司有两种定价选择：一是收取保费 $P^B=\overset{*}{P}+\varepsilon<Y_H$；二是收取保费 $P^B=Y_H$。若 A 和 B 收取同样的保费 $P_H^A=P^B=Y_H$，由于更换保险人成本的存在，理性的保险客户不会更换保险公司。对于新客户，A 和 B 掌握的信息一样，假定二者对新客户收取均衡保费，它们从新客户只能取得零期望利润，即新客户不影响两公司的盈利水平。此时，两公司的定价策略及期望利润支付矩阵如表 2 所示：

表 2　两公司的定价策略及期望利润支付矩阵

		B 公司	
		$P^B=\overset{*}{P}+\varepsilon<Y_H$	$P^B=Y_H$
A 公司	$P_L^A=\overset{*}{P}$ $P_H^A=Y_H$	A: $(\overset{*}{P}-Y_L)Q_LN_L>0$ B: $(\overset{*}{P}+\varepsilon-Y_L)Q_HN_H<0$	A: $(\overset{*}{P}-Y_L)Q_LN_L>0$ B: 0
	$P_L^A=Y_H$ $P_H^A=Y_H$	A: 0 B: $(\overset{*}{P}+\varepsilon)(Q_HN_H+Q_LN_L)-Q_HN_HY_H-Q_LN_LY_L>0$	A: $(Y_H-Y_L)Q_LN_L>0$ B: 0

对两公司的定价策略及期望利润支付矩阵解释如下：如果 B 公司定价为 $P^B=\overset{*}{P}+\varepsilon<Y_H$：

（1）A 公司对低风险客户收取保费为 $P_L^A=\overset{*}{P}<P^B=\overset{*}{P}+\varepsilon$，因此所有理性的低风险客户都购买 A 公司产品，这样其利润大于 0；相反，A 公司对高风险客户收取保费为 $P_H^A=Y_H>P^B=\overset{*}{P}+\varepsilon$，故所有理性的高风险客户都购买 B 公司产品，又 $P^B=\overset{*}{P}+\varepsilon<Y_H$，因此 B 公司利润为负。

（2）A 公司对所有客户都收取保费为 $P_L^A=P_H^A=Y_H$，导致 A 公司没有客户，其利润为 0，而 B 公司则因为吸引了所有类型客户，且 $P^B=\overset{*}{P}+\varepsilon$ 大于均衡保费，所以 B 公司获得正利润。

如果 B 公司定价为 $P^B=Y_H$：

（1）A 公司对低风险客户收取保费为 $P_L^A=\overset{*}{P}<P^B=\overset{*}{P}+\varepsilon$，因此所有理性的低

风险客户都购买 A 公司产品，这样其利润大于 0；而 B 公司只能吸引高风险客户，因此利润为 0。

（2）A 公司对所有客户都收取保费为 $P_L^A = P_H^A = Y_H$ ，因为流动成本的存在，没有任何保险客户流动，A 公司获得正利润，B 公司利润为 0。

在本模型中，A 公司是拥有信息优势的在位者，B 公司是不具有信息优势的竞争者，因此可以建立一个以 A 公司先期行动，B 公司追随定价的 Stackelberg 动态博弈模型。博弈顺序如下：

第一阶段：A 公司先行动，分别设定 P_L^A 和 P_H^A ，B 公司根据 A 公司的定价制定自身的定价。

第二阶段：运用逆向推导求出该博弈模型的纳什均衡。假设 A 公司对低风险客户收取保费为 $P_L^A = \overset{*}{P}$ ，对高风险客户收取保费 $P_H^A = Y_H$ ，则 B 公司只能采取 $P^B = Y_H$ 的定价策略，否则其利润为负。假设 A 公司对所有客户都收取保费为 $P_L^A = P_H^A = Y_H$ ，则 B 公司采取 $P^B = \overset{*}{P} + \varepsilon < Y_H$ 的定价策略，获得正利润。因此对于 A 公司来说第一阶段的最优选择为对低风险客户收取保费为 $P_L^A = \overset{*}{P}$ ，对高风险客户收取保费 $P_H^A = Y_H$ ，从而 B 公司的最优选择为 $P^B = Y_H$ 。即该博弈纳什均衡为：

$$A公司(P_L^A = \overset{*}{P}, P_H^A = Y_H);B公司(P^B = Y_H) \tag{3}$$

根据两公司的定价策略及期望利润支付矩阵可知，该平衡定价的结果是 A 公司获得正利润，B 公司获得零利润，同时由于流动成本的存在，B 公司的高风险定价并不会扩大其市场份额，即价格竞争策略是无效的。

2. 多时期的 Stackelberg 博弈模型

给定的保险市场是可以自由进入和退出的，因此在 $t = 0$ 到 $T(T \geq 2)$ 的价格竞争为多时期 Stackelberg 博弈。对于多时期的博弈，保险公司的定价行为假定为“有长远目标”的，保险公司定价时的策略是未来利润最大化，即其为了未来的正利润可以忍受暂时的亏损。保险客户依旧是理性的，只选择保费最低的保险公司投保。

根据假设 5 可知，只要 $T \geq 2$ ，保险公司就可以根据客户的损失情况获得客户的风险信息。假定在一个时期内，某客户发生损失的次数超过一个临界值 λ ①，则将其归入高风险客户，其保费相应调整为高风险类型的保费。在多时期模型中，假设 A 和 B 保险公司对新客户均收取均衡保费 $\overset{*}{P}$ ，即从新客户那取得零利润。现假定在时刻 k ，A 公司将部分损失次数超过 λ 的客户保费调整为 P_k^H ，而 B 公司如果收取

① 这里的 λ 是根据大数定理推出或是保险业内经验值。

保费 $\overset{*}{P} < P_k^H$，则会吸引这部分保费被调高的客户，假设 $\overset{**}{P}$ 为此时 B 公司的均衡保费。根据（2）式有：

$$E(\Pi_K^B) = (\overset{**}{P} - Y_H)Y_H N_H^B + (\overset{**}{P} - Y_L)Y_L N_L^B = 0 \tag{3}$$

A 公司的利润为：

$$E(\Pi_K^A) = (\overset{**}{P} - Y_H)Y_H N_H^A + (\overset{**}{P} - Y_L)Y_L N_L^A > 0 \tag{4}$$

出现这一结果的原因是高风险客户的流动，使得两公司的高低风险类型的保险客户比例发生改变，即 $N_H^B > N_H^A$，$N_L^B < N_L^A$。

由于 B 公司具有完全的识别能力，在时刻 k 取得的均衡在多时期内就不一定是均衡的。在多时期内，B 公司是有“长远目标的”它可以通过以下两方面来确定其定价：一方面，公司在初期可以收取低于均衡保费 $\overset{**}{P}$ 的保费，以期吸引更多的客户，这时会有亏损产生；另一方面，保险公司可以通过客户的损失和索赔情况，从而识别客户的风险类型，在以后的时期调整其保费，以期获得正利润并抵消前期的亏损，从而单时期较低的保费定价是 B 公司的占优策略。

A 为了阻止 B 公司通过低保费策略来吸引其原有客户，在一个多时期的博弈模型中，对所有的 t 时刻，A 公司会制定一个合理的均衡保费 $\overset{**}{P}$ 使 B 公司无法吸引它的低风险客户，并使 B 公司获得负利润或零利润以阻止潜在竞争者。这样，就得出了多时期模型的均衡策略，这个均衡是存在且唯一的。

假设 A 公司在 k 时期为了吸引一个新客户所收取的为其制定的均衡保费为 $\overset{**}{P}_k$，有：

$$E(\Pi_K^A) = (\overset{**}{P}_K - Y_H)Y_H N_{HK}^A + (\overset{**}{P}_K - Y_L)Y_L N_{LK}^A = 0 \tag{5}$$

为了证明多时期均衡的存在，可以运用逆向推导得出。假设在 $T-1$ 时期，B 公司开始与 A 公司展开价格竞争，根据假设，此时 B 公司不具有 A 公司客户的风险信息，B 公司期望在 T 时期获得正利润以弥补在 $T-1$ 时期的亏损。A 公司为了阻止 B 公司通过低保费策略来吸引其原有客户并使 B 公司无法在 T 时期获得正利润以弥补在 $T-1$ 时期的亏损，其会在 $T-1$ 时期制定一个“有长远目标”的定价，设为 $\overset{**}{P}_{T-1}$。同理，在 $T-2$ 时期，A 公司也可以制定一个“有长远目标”的定价 $\overset{**}{P}_{T-2}$。以此类推，从而得到一个 A 公司的一个定价策略序列 $\overset{**}{P}_0$，$\overset{**}{P}_1$，…，$\overset{**}{P}_{T-2}$，$\overset{**}{P}_{T-1}$，$\overset{**}{P}_T$，使得 A 公司在不发生损失的情况下，成功阻止 B 公司的价格竞争，也就是说 B 公司的价格竞争策略也是无效的。

三、模型结论

通过单时期的 Stackelberg 博弈模型和多时期的 Stackelberg 博弈模型的分析，很容易可以得出以下几点结论：

（一）在一个较短的时期内，保险公司进行价格竞争虽然会降低在位保险公司的市场份额，但却不会改变在位保险公司的盈利，且很可能会造成竞争者的经营亏损，即价格竞争是无效的，这是单时期模型中所证明的。

（二）在一个较长时期内，在位保险公司可以通过一个合理的定价序列阻止竞争者的价格竞争策略，使竞争者的价格竞争策略无效。

（三）在一个较长时期内，保险价格竞争更多地体现为公司实力的竞争，如果竞争者的实力较在位者强，竞争者可以通过价格竞争降低在位保险公司的市场份额。

（四）在一个较长时期内，如果在位者与竞争者的公司实力相似，双方合理的价格竞争的结果是双方都获得均衡零利润；相反，如果进行恶性的价格竞争，双方价格竞争的结果将是双方都获得负利润。

四、模型的意义

上面的模型给出了我国财险市场在位者和竞争者的保险价格竞争的策略以及可能出现的结果，由于模型中只考虑了保费价格这一个因素，从而该模型在实际应用中是有其局限性的。在保险实务中，保险价格竞争只是保险公司竞争的一个方面而已，还有很多非价格竞争因素，因此，竞争者想切入在位者的原有市场，还可以从以下几个方面入手：

（一）注重保险产品和服务的创新，为价格竞争开辟新路径。一般来说，竞争者的资本实力相对较弱，客户信息积累也较少，如果只是在原有市场跟在位者进行价格竞争，很可能达不到预期效果。我国现阶段的财险市场处于低水平均衡状态，因此还有很多现有保险产品没有进行切入的领域。因此，竞争者可以通过保险产品和服务的创新来抢占细分市场，迅速做大做强。保险产品和服务创新的主要途径有：一是新产品的开发；二是营销渠道的创新；三是加强与中介的合作，创新“定制型”产品。比如现阶段，财险公司可以大力开发“危机产品”①，服务经济建设和民生工程。

---

① 这里的危机保险产品包括两层含义：一是由于金融危机使消费者认识到其以前不知道的风险而激发的保险需求；二是国家为了刺激经济复苏所采取的宏观货币和财政政策所带来对保险产品的“引致需求”，比如工程险。

（二）加强管理，降低营业费用，为价格竞争营造空间。据统计，2006 年我国财险公司的营业费用率高达 44.5%，而同期大部分发达国家的财险公司营业费用率都在 30% 左右①。因此，我国财险公司的营业费用还有很大的缩减空间。减低营业费用可以通过营销制度创新和改善公司管理、挖掘产险公司承保效益潜能两方面入手。

（三）提高投资回报，为价格竞争提供补偿渠道。保险公司价格竞争的直接结果，往往是导致承保业务的亏损。保险公司要想通过长期的价格竞争抢占市场，必须要通过投资来补偿承保业务的亏损，否则将直接影响公司的正常经营。虽然财险合同期限较短，进行长期投资不符合财险公司的实际情况，但可以通过加强资产负债匹配，最大化地提高投资回报。

（四）加强客户信息搜集与管理，为价格竞争提供信息支持。上面模型的一个重要假设就是在位者与竞争者的信息不对称，从而使得在位者具有“先动优势”。通过加强客户信息搜集与管理，消除在位者的信息优势，既可以使双方在竞争中实现零均衡利润，即实现市场份额的扩大。加强客户信息搜集与管理可以从扩大与相关行业的合作以及信息管理网络的完善来实现，比如说通过与其他保险公司、社保机构、银行的信息共享，信息管理的网络化等。

参考文献

[1] 王绪瑾:《中国财产保险市场分析》[J],《保险研究》,2009 年第 1 期。

[2] 葛新权、王国成:《博弈实验研究》[M],社会科学文献出版社 2007 年版。

[3] 张得存:《非对称信息的 Stackelberg 保险市场博弈模型》[J],《博弈实验研究》,2006 年版。

[4] 张维迎:《博弈论与信息经济学》[M],上海三联书店 1996 年版。

[5] 韦尔·博尔其:《保险经济学》,商务印书馆 1999 年版。

[6] 夏龙梅,王文举:《保险价格比较静态博弈分析》,《数量经济技术经济研究》,2002 年第 7 期。

① 王绪瑾:《中国财产保险市场分析》[J],《保险研究》,2009 年第 1 期。

保险公司集团化对经营绩效影响的实证研究

肖志光

一、问题的提出

近年来，随着中国人保、中国人寿、中国平安等公司相继组建成立保险集团（或控股）公司，集团化经营已经成为我国保险市场的一个重要发展趋势。但是，如何正确认识和全面权衡集团化经营的利与弊，避免盲目集团化所可能导致的风险加剧和经营管理效率降低等问题，已经成为我国保险业亟待解决的一个重要问题。

但是，目前无论是国外还是国内，理论和实证研究关注的主要对象是银行业，内容涉及银行业的规模经济（Humphrey，1985，1990；Clark，1988；Murray & White，1983；Lawrence & Shay，1986）、范围经济（Cebenoyan，1990；Pulley & Braunstein，1992；Hunter & Timme，1991）以及银行业实行综合经营对企业风险的影响（Boyd & Graham，1988；Kwan，1997）等方面。国内研究文献也主要集中于银行业经营效率的研究，如易纲（2001）和刘伟（2003）对银行规模与经营效率关系的研究，如杜莉等（2002）对中国银行业范围经济的研究。

在保险公司集团化经营的过程中必然将伴随着规模的扩张和业务的多元化，那么集团化经营究竟将导致规模经济还是规模不经济、范围经济还是范围不经济呢？从国外的研究文献来看，Yuengert（1993）的研究表明，1989 年美国寿险公司存在范围经济现象而且大公司具有规模经济；Rai（1996）利用 1988—1992 年 106 家保险公司的数据表明大公司存在规模经济现象。但是仍然没有具体针对保险集团的实证研究文献。从现有的国内研究文献来看，主要还是集中于保险集团的发展战略（徐为山、俞自由，2002；唐雅慧，2003）、经营与风险管理（方军，2004；刘京生，2005）以及监管（孟龙，2003）等方面的一般探讨，仅有的少量关于经营绩效的实证研究也只是关于保险公司的经营效率评价（如侯晋、朱磊，2004），陈璐

（2007）开始研究了影响保险公司经营效率的因素，但是样本仅为几家中资财险公司，结论的说服力不足，而且也没有将集团化作为影响经营绩效的因素考虑到实证研究中去。

因此，本文拟从实证研究角度，充分利用国际和国内保险公司的样本数据，对保险公司经营绩效的影响因素进行实证研究，并将集团化因素纳入实证研究的考虑范畴，从而实证考察保险公司集团化经营对经营绩效的影响。本文余下部分的安排如下：第二部分是对国际和国内保险集团的发展现状进行简单分析；第三部分分别利用国际和国内保险公司的数据对保险公司经营绩效进行实证研究，考察集团化对保险公司经营绩效的影响；第四部分是本文的结论和启示。

二、国际和国内保险集团发展现状

（一）国际保险集团发展现状①

随着世界保险业的不断发展，保险市场的竞争日趋激烈与成熟，世界保险业的基本格局开始逐步成型，“大型集团主导，大中小公司并存”已经成为各国保险市场的基本竞争格局。

从公司数量来看，在笔者统计计算的8239家保险公司中，② 保险集团数量总共为1037家，占全部公司数量的12.59%。进一步，从保险集团的类型分布来看，综合型③、健康险、寿险、非寿险的保险集团数量分别为249家、12家、255家和521家，占相应类型保险公司的比重分别为41.29%、12.63%、10.82%和9.93%。可见对于综合型保险公司而言，采取集团化经营的保险公司的数量占比最高（达41.29%）；其他类型的保险公司中保险集团所占的比重相差不大，都在10%左右。

① 说明：这里的国际是针对后面纯粹的国内保险市场而言的，国际保险公司样本中也包含有部分国内保险公司的数据，第三部分的分析同样如此，后面不再具体说明。

② 说明：这里的样本数据统计并不是全世界保险公司的总量，而是来自BVD—ISIS全球保险公司分析库的全部保险公司样本数，但不包括数据库中的劳合社（Lloyd's Syndicate）和仅经营再保险业务（Reinsurance companies only）的保险公司；同时样本数据统计时点为各公司可获得的最新业务数据的年份（The Last Available Year），即如果一公司可获得最新业务数据的年份为2007年，则该公司业务数据为2007年数据，下同。

③ Composite company，即兼营寿险与非寿险业务的保险公司，但不一定为集团形式。

表 1　不同业务类型保险公司的占比情况及保险集团占比情况[①]

公司类型	公司数量（家）	占比（%）	该类型中保险集团数量（家）	集团占该类型公司的比重（%）
综合型	603	7.32	249	41.29
健康险	95	1.15	12	12.63
寿　险	2356	28.60	255	10.82
非寿险	5146	62.46	521	9.93
其　他	39	0.47	0	0.00
合　计	8239	100.00	1027	12.59

虽然从公司数量及占比情况来看，保险集团在国际保险市场上并没有占据主导地位，但是如表 2 所示，从资产规模、保费收入和利润情况来看，[②] 保险集团在各种类型公司中所占的比重都相当高，已经占据了国际保险市场的主导地位。例如，从资产占比情况来看，在综合型、寿险、非寿险和健康险各类保险公司中，保险集团的资产所占的比重分别为 90.47%、39.33%、41.76% 和 35.18%；从保费收入来看，所占的比重分别为 86.30%、27.68%、29.74% 和 69.66%；从整体情况来看，保险集团的资产规模、保费收入和利润占全部公司的比重分别为 59.77%、46.68% 和 56.27%。由此可见，保险集团在国际保险市场中已经占据了主导地位。

表 2　保险集团在各类保险公司中的资产、保费和利润占比情况

单位：%

公司类型	公司数量占比	资产占比	保费收入占比	利润占比
综合型	41.29	90.47	86.30	89.37
寿　险	12.63	39.33	27.68	47.89
非寿险	10.82	41.76	29.74	34.81
健康险	9.93	35.18	69.66	82.06
全部公司	12.59	59.77	46.68	56.27

上面的分析意味着，单个保险集团的平均规模（资产、保费收入和利润）都大于非集团型的保险公司。具体如表 3 所示，保险集团的平均保费收入、总资产和税后利润分别为 32.23 亿、290.00 亿和 3.30 亿美元，远远高于非集团型保险公司的平

① 数据来源：笔者根据 BVD—ISIS 全球保险公司分析库中全部保险公司样本的数据计算整理获得，此部分中表 2 和表 3 的数据来源如无特别说明都与此相同，不再说明。

② 说明：这里的资产是指总资产（total assets）；保费收入是指毛保费收入（gross premium）；利润是指税后利润。

均值。而且，保险集团的资产利润率平均为2.86%，高于非集团型保险公司的平均值2.60%。进一步，我们从反映各公司之间差异的指标——标准差系数可以看出，上面四个指标中保险集团的标准差系数都低于非保险集团的标准差系数。这说明相对而言，保险集团之间的差异小于非集团化的保险公司之间的差异，即国际保险市场上保险集团在资产规模、保费收入等方面都存在“同质性”现象。

表3 保险集团与非保险集团各项指标的比较①

项目	公司类型	平均值	方差	标准差系数（%）
毛保费收入（百万美元）	全部公司	892.44	3797.52	425.52
	集团	3223.36	8593.54	266.60
	非集团	546.50	2164.41	396.05
总资产（百万美元）	全部公司	6270.41	43000.00	685.76
	集团	29000.00	107000.00	368.97
	非集团	2900.28	17900.00	617.18
税后利润（百万美元）	全部公司	75.82	442.21	583.27
	集团	330.14	1017.15	308.10
	非集团	38.07	245.22	644.11
资产利润率（%）	全部公司	2.64	7.78	295.02
	集团	2.86	6.52	227.74
	非集团	2.60	7.95	305.34

（二）国内保险集团发展现状

近年来我国保险市场上保险集团的数量也在迅速增加，截至2009年6月，我国已经成立了中国人保、中国人寿、平安、太平洋等8家保险集团或控股公司，这8家保险集团或控股公司旗下境内的保险公司数量达到37家。此外，如果以“是否具有同一品牌”作为判断是否是集团的标准，那么我国保险市场还有华泰、新华和泰康3家“准保险集团”，从而使集团旗下的保险公司数量达到45家，② 占保险公司总数的37.5%。

---

① 说明：在本表的统计中，剔除了资产、保费收入小于或等于零的样本，所以有效样本数量为7885个，其中保险集团为1019个，非集团保险公司为6866个。

② 说明：(1) 包括集团（或控股）公司及其旗下境内的保险公司；(2) 数据来源，笔者根据中国保监会网站及各个公司网站整理获得；(3) 2009年6月5日，原名中国保险（控股）有限公司更名为中国太平保险集团公司，这里运用了最新的名称（在后面的数据分析里也将太平视为保险集团考虑）。

从保险集团发展的具体情况来看，2008 年，我国保险集团（包括“准保险集团”，下同）旗下保险公司保费收入达到 8666.7 亿元，占当年总保费收入的 88.6%；从资产规模和利润情况来看，2007 年，我国保险集团总资产为 28382.5 亿元，利润总额为 556.8 亿元，分别占保险业总资产和总利润的 97.9% 和 82.8%。由此可见，在国内保险市场，保险集团也占据着绝对主导地位。

表 4　我国保险市场保险集团发展现状①

	公司数量（2008 年底）	保费收入（2008 年，亿元）			资产规模（2007 年，亿元）	利润总额（2007 年，亿元）
		总保费	财产险	人身险		
保险业合计	120	9783.8	2446.2	6976.6	29003.9	672.7
保险集团	45	8666.7	2047.1	6619.6	28382.5	556.8
集团占比（%）	37.5	88.6	83.7	94.9	97.9	82.8

三、实证研究

（一）国际保险市场保险公司经营绩效的实证研究

1. 指标选取及说明

在本文中我们用资产利润率作为衡量保险公司经营绩效的基本指标。

本部分考察的可能影响保险公司经营绩效的主要因素包括：（1）资产总额（*asset*）及资产总额的平方（*assetsq*），用来考察保险公司的规模经济情况。（2）为了考察经营范围对经营绩效的影响，我们加入代表业务类型的虚拟变量，分别为 *dcomposite*、*dlife*、*dnonlife*、*dhealth*，分别对应综合型公司、寿险公司、非寿险公司和健康险公司，② 如果该公司属于该种类型则赋值为 1，否则赋值为 0。（3）为了考察集团化对经营绩效的影响，我们引入虚拟变量 *dgroup*，如果该公司为保险集团，则赋值为 1，否则赋值为 0。（4）由于《BVD—ISIS 全球保险公司分析库》中缺乏员工人数和员工学历等变量，而经统计分析发现资产负债率指标明显有误，因此没有考虑这些指标。

---

① 说明：保险业公司数量、保费收入、资产总额来源于中国保监会网站，利润总额来源于《中国保险市场发展报告（2008）》，其他数据根据保监会网站数据和《中国保险年鉴（2008）》数据计算获得。

② 说明：为了避免完全共线性，将其他公司类型设为基础参照类型；后面国内部分的分析同样如此。

2. 数据来源及处理

此部分选取《BVD—ISIS 全球保险公司分析库》中全部保险公司样本数据（不包括劳合社和再保险公司），为了使数据分析结果更合理，我们先剔除明显不合理的异常值，主要剔除标准和过程为：剔除保费收入、资产总额、总负债或管理费用小于零的样本；剔除资产负债率大于 100% 或小于负 100% 的样本；剔除偿付能力比率小于零的样本。最终有效的样本数为 7317 个。

3. 回归结果及分析

我们运用 stata9.0 软件分别选取不同变量进行 Robust 稳健估计（以消除异方差）得到了如表 5 所示的四组回归结果。其中，第（1）（2）组回归结果是用资产利润率（*ROA*）作为被解释变量，第（1）组回归结果仅考虑集团化（*dgroup*）对平均利润率（截距项）的影响；第（2）组回归结果在第（1）组基础上引入了集团化与资产规模的交叉项 *dgroup_ asset*，以考察集团化对规模经济效应（斜率）的影响；① 第（3）（4）组回归以总利润（*profit*）为被解释变量，具体区别与第（1）（2）组回归的区别相同。

表 5　国际保险公司经营绩效影响因素实证分析结果

	ROA		*profit*	
变量名	(1)	(2)	(3)	(4)
asset	-7.63e-09*** [1.44e-09]	-6.74e-09*** [1.57e-09]	0.00975*** [0.00102]	0.00716*** [0.00178]
assetsq	5.03e-18*** [1.28e-18]	5.33e-18*** [1.32e-18]	-1.97e-12*** [6.87e-13]	-2.85e-12*** [6.64e-13]
dcomposite	-0.694 [1.277]	-0.693 [1.277]	-1324.1 [17742.7]	-5574.1 [15168.8]

① 说明：在第（1）组回归方程 $ROA = \alpha + \alpha_d \times dgroup + \beta_1 \times Asset + \sum_{i=2}^{N} \beta_i \times X_i + \varepsilon$ 的基础上，加入集团化与资产规模的交叉项 *dgroup_ asset*，则方程变为，$ROA = \alpha + \alpha_d \times dgroup + \beta_1 \times Asset + \beta_d \times dgroup\_ Asset + \sum_{i=2}^{N} \beta_i \times X_i + \varepsilon$。从而，在其他条件相同的前提下，保险集团的经营绩效为 $ROA = (\alpha + \alpha_d) + (\beta_1 + \beta_d) \times Asset + \sum_{i=2}^{N} \beta_i \times X_i$，而非保险集团的经营绩效为 $ROA = \alpha + \beta_1 \times Asset + \sum_{i=2}^{N} \beta_i \times X_i$。因此，在其他条件相同的前提下，当 β_d 显著为正时，资产规模 *Asset* 每提高一个单位，保险集团的经营效率 *ROA* 增加的幅度 $(\beta_1 + \beta_d)$ 将大于非保险集团的幅度 β_1，从而表明集团化对保险公司的规模经济效应具有积极作用；否则，当 β_d 显著为负时，则表明集团化对规模经济效应将产生消极影响。因此，*dgroup_ asset*变量的引入，可以考察集团化对保险公司规模经济效应的影响。

续表

	ROA		*profit*	
变量名	(1)	(2)	(3)	(4)
dhealth	1.218	1.215	47479.5	55565.8
	[1.551]	[1.551]	[45001.9]	[44664.4]
dlife	-1.348	-1.353	-28990.7***	-13887.7
	[1.261]	[1.261]	[8284.4]	[11333.1]
dnonlife	0.773	0.772	18038.2***	22798.3***
	[1.257]	[1.257]	[4962.2]	[4712.3]
dgroup	0.560**	0.574**	68198.4***	29902.6
	[0.250]	[0.260]	[20519.6]	[18629.6]
dgroup_asset		-1.41e-09		0.00408**
		[1.43e-09]		[0.00198]
常数项	2.614**	2.614**	7913.6***	8629.7***
	[1.251]	[1.251]	[2800.4]	[2932.4]
观测值数量	7317	7317	7317	7317
调整 R^2	0.017	0.017	0.599	0.617

注：方括号里为 t 值。*，**，*** 分别表示在 10%，5% 和 1% 的显著水平下显著。

从具体结果来看，以（1）（2）组回归结果为例，① 我们可以看出：

（1）就规模经济而言，由于总资产（*asset*）的系数显著为负，而总资产的平方项（*assetsq*）的系数显著为正，因此，利润率与资产规模的关系呈“U 字形”。但是，根据第（1）组回归结果简单计算可知，保险公司规模经济的临界点——“U 字形”的底部出现在 $7.58 \times 10^8 \times 10^3$ 美元附近，② 即 7580 亿美元，远高于保险公司的平均资产水平（62.70 亿美元，见本文表 3）。从样本统计来看，只有 7 家保险公

① 由于资产利润率是衡量经营绩效的基本指标，所以这里主要分析第（1）（2）组回归结果。

② 计算过程说明：（1）对于一般保险公司（非集团）而言，由于第（2）组结果中 *dgroup_ asset* 系数不显著，表明集团化对规模经济影响不显著，所以这里只讨论第（1）组的情形；（2）根据第（1）组回归结果可知，一般保险公司经营绩效 $ROA = 2.614 - 7.63 \times 10^{-9} \times Asset + 5.03 \times 10^{-18} \times Asset^2 + \sum_{i=3}^{N} \beta_i \times X_i$。因此，根据最大化原理可知，当只考虑规模经济效应时，ROA 存在最小值，此时 *Asset* 必须满足 FOC 条件（即方程两边对 *Asset* 求导等于零）：$-7.63 \times 10^{-9} + 2 \times 5.03 \times 10^{-18} \times Asset = 0$，求解得 $Asset = \frac{7.63 \times 10^{-9}}{2 \times 5.03 \times 10^{-18}} \approx 7.58 \times 10^8$；（3）由于样本数据中总资产的单位为千美元，所以使 ROA 出现最小值的资产规模为 $7.58 \times 10^8 \times 10^3$ 美元，即 7580 亿美元。

司的资产规模超过了这一规模经济的临界点。也就是说，对于绝大多数保险公司而言，目前都处于“U 字形”的左边，即规模不经济阶段。

（2）就经营范围的影响而言，我们可以看到代表经营范围的虚拟变量 *dcomposite*、*dlife*、*dnonlife*、*dhealth* 的回归系数在统计上都不显著，说明经营范围对经营效率不产生显著的影响。

（3）从集团化对经营绩效的影响来看，从第（2）组回归结果可以看出，*dgroup_ asset* 的系数不显著，表明集团化对保险公司的规模经济效应的影响不显著。而第（1）（2）组回归结果中，集团化虚拟变量（*dgroup*）的系数都显著为正，表明在其他条件相同的前提下，集团化经营的保险公司的资产利润率显著高于非集团化的保险公司，这意味着集团化经营可能产生协同效应，有利于提高经营绩效。

此外，我们还应当注意到，用 *ROA* 作为被解释变量的第（1）（2）组回归的拟合优度（调整 R^2）都很低，而以总利润（*profit*）为被解释变量的第（3）（4）组回归的拟合效果较好。这说明，一般而言，虽然随着公司规模（总资产）的扩大，总利润都将提高；但资产利润率并不一定提高。仅用资产规模、经营范围和集团化等指标并不能很好地解释资产利润率的差异，资产利润率还受其他许多因素的影响。①

（二）国内保险市场保险公司经营绩效的实证研究

1. 指标选取

与前面相同，我们选取资产利润率（ROA）作为衡量经营绩效的指标。

本部分考察的可能影响保险公司利润率的主要因素包括：（1）资产总额（*asset*）及资产总额的平方（*assetsq*），以考察规模经济情况；（2）为了考察业务类型对经营绩效的影响，我们加入虚拟变量 *dlife* 和 *dproperty*，分别对应寿险公司和财险公司；（3）为考察集团化对经营绩效的影响，我们引入虚拟变量 *dgroup*，如果该公司属于某一保险集团，则赋值为 1，否则赋值为 0；（4）在此基础上，我们引入资产负债率（*liabilityrate*）、员工素质（*education*）和经营年限（*history*）等可能对经营绩效产生影响的指标；（5）此外，虚拟变量 *ddomestic* 表示是否为中资公司，如果是则赋值为 1，否则为 0，用来考察中外资之间经营绩效是否存在显著差异；时间虚拟变量 *d*2004、*d*2005、*d*2006 和 *d*2007，分别对应 2004—2007 年，用来剔除不同年份对经营绩效可能产生的影响。

2. 数据来源及说明

在本部分实证研究中，我们整理计算获得上述各个指标 2003—2007 年的数据。其中：（1）总资产、净利润、所有者权益等基础数据均来自于各年的《中国保险年

① 例如：即使其他条件完全相同，由于各个国家会计制度的不同，都将导致资产利润率出现较大差异。

鉴》；（2）资产利润率和各个虚拟变量笔者根据相关数据和资料整理获得；（3）员工素质为员工学历的加权平均值，博士、硕士、学士、大专和中专以下分别赋值为8、6、4、2、1，根据各种学历的人数加权平均计算获得；（4）经营年限分为3等，经营5年（含）以内设为1，6—10年设为2，11年及以上设为3。

在实际样本选择过程中，我们剔除了集团公司（或控股公司）、资产管理公司、信用保险公司、再保险公司，最终公司样本数量为98个。①

3. 回归结果及分析

运用stata9.0软件分别用混合OLS方法和随机效应（Random Effect）方法进行Robust稳健估计，② 得到如表6所示的四组回归结果。其中，第（1）（2）组为混合OLS方法的估计结果，第（3）（4）组为随机效应方法的估计结果；第（1）（3）组仅考虑集团化对平均利润率（截距项）的影响，而第（2）（4）组回归还用 *dgroup_ asset* 指标考察集团化对规模经济效应（斜率）的影响。

表6 国内保险公司经营绩效影响因素实证分析结果

变量名	被解释变量：ROA			
	混合OLS		随机效应	
	(1)	(2)	(3)	(4)
asset	0.00000769	0.000377***	0.0000111	0.000368***
	[0.0000226]	[0.000140]	[0.0000212]	[0.000130]
assetsq	-1.78e-11	-2.79e-12	-2.06e-11	-1.09e-11
	[2.50e-11]	[2.26e-11]	[2.17e-11]	[2.00e-11]
liabilityrate	-0.261**	-0.270**	-0.289***	-0.296***
	[0.108]	[0.108]	[0.108]	[0.108]
education	-0.202	-0.225	-2.988	-2.856
	[3.180]	[3.167]	[3.188]	[3.160]
dproperty	-2.027	-1.849	-1.902	-1.603
	[3.638]	[3.706]	[4.235]	[4.316]
dlife	2.862	2.213	3.084	2.620
	[4.367]	[4.324]	[4.934]	[4.919]
ddomestic	6.454*	4.751	5.329	3.719
	[3.634]	[3.706]	[4.144]	[4.153]

① 其他说明：（1）将民安深圳和民安海口的数据合并为民安（中国）；（2）将美亚各个分公司合并为美亚财产，经营历史采取折中按1997年算起；（3）由于中国平安只报告集团的人员结构，故平安寿险和财险公司员工的平均学历采用平安集团的学历数据。

② 说明：由于变量中包含一系列随时间变化的虚拟变量，故不能采用固定效应模型。

续表

	被解释变量:ROA			
变量名	混合 OLS		随机效应	
history	10.38 *** [2.491]	9.824 *** [2.394]	9.233 *** [2.458]	8.684 *** [2.380]
d2004	4.474 [4.842]	4.333 [4.734]	5.836 [4.426]	5.596 [4.334]
d2005	4.486 [4.473]	4.117 [4.337]	5.777 [4.099]	5.293 [3.980]
d2006	3.568 [5.586]	3.719 [5.542]	5.660 [5.209]	5.579 [5.141]
d2007	4.538 [5.938]	4.326 [5.823]	6.754 [5.671]	6.371 [5.554]
dgroup	-2.035 [2.220]	0.829 [2.519]	-1.563 [2.571]	1.426 [2.909]
dgroup_asset		-0.000379 *** [0.000138]		-0.000363 *** [0.000128]
常数项	-13.78 [13.57]	-12.46 [13.74]	-3.126 [14.33]	-2.479 [14.41]
观测值数量	346	346	346	346
调整 R^2	0.208	0.218	0.2328	0.2445

注：方括号里为 t 值。*，**，*** 分别表示在 10%，5% 和 1% 的显著水平下显著。第（3）（4）组结果中报告的 R^2 为整体（overall）的拟合优度。

从整体情况来看，用混合 OLS 和随机效应两种方法得到的结果基本一致，且与前面国际部分的实证结果相比，模型的拟合效果显著提高。从具体情况来看，我们可以看出：（1）与国际部分不同，资产平方项的系数不显著，表明国内保险公司利润率与资产规模的关系并不呈明显的“U 字形”或“倒 U 字形”。

（2）在不考虑集团化对规模经济效应（斜率）的影响时（即第 1、3 组结果），资产规模对经营效率的影响不显著；在考虑集团化对规模经济效应的影响时（第 2、4 组结果），资产规模将对经营效率产生显著影响。而且，我们注意到，在第（2）（4）组结果中，由于 *asset* 的系数显著为正，表明对于非集团下属的保险公司而言，存在着显著的规模经济效应，即随着规模的扩大，资产利润率将提高；由于 *dgroup_asset* 的系数显著为负，且大小与 *asset* 的系数基本相等（如第 2、4 组结果中，*asset* 的系数和 *dgroup_asset* 的系数相加后分别等于 -0.000002 和 0.000005），表明对于集团下属的保险公司而言，规模经济效应的绝大部分将被集团化因素所抵消，甚至为负。进一步，我们发现，在四组结果中，*dgroup* 的系数都不显著，表明我国保险集团并没有产生显著的协同效应。因此，总的来说，我国保险集团不仅没有产生显著的协同效应，而且将对规模经济效应产生严重的消极影响。

(3) 资产负债率（*liabilityrate*）和经营年限（*history*）对经营绩效产生显著影响。具体而言，资产负债率越高，将导致资产利润率下降；经营年限对资产利润率的影响达10个百分点左右，证明我们通常认为的保险公司盈利期确实存在。

(4) 其他变量的系数均不显著，表明保险公司的业务类型、员工素质、中外资属性对经营绩效都不产生显著影响。

（三）实证结果对比分析及进一步讨论

从集团化对保险公司经营绩效的影响来看，利用国际样本数据的实证研究结果表明集团化经营可能产生协同效应，有利于提高公司经营绩效，但对规模经济效应的影响不显著。但是，利用国内样本数据的实证研究结果表明我国保险集团不仅没有产生显著的协同效应，而且将对规模经济效应产生消极影响。也就是说，就集团化对经营绩效的影响而言，国际和国内两个不同的样本产生了截然相反的结果——在国际上，保险公司集团化对经营绩效产生了有利的影响；而在国内，对却产生了不利的影响。

这一对截然不同的实证结果至少反映了两个方面的问题。一方面，再一次证明集团化经营是一把“双刃剑”，既有其潜在优势，也可能产生负面效果，集团化究竟是利大于弊还是弊大于利，取决于公司自身的条件和对集团内部资源的整合效率等多重因素。另一方面，再一次说明近年来我国保险市场出现的“集团热”过程中存在“重规模，轻效益”的现象。

笔者认为，之所以我国保险集团没有获得集团化应有的协同效应，相反却产生负面影响，其主要原因在于我国保险公司集团化的理念和目标不明确、没有实现集团内部资源的有效整合。其根源在于：在保险市场长期粗放式经营的影响下，我国保险公司普遍“重规模、轻效益”，存在强烈的“规模扩张冲动”。随着近年来在金融综合经营背景下分业经营限制和金融控股政策的逐渐宽松，保险公司急于“抢牌照、扩机构”，盲目追求规模扩张和业务多元化、实行集团化经营，从而导致了近年来我国保险市场出现的“集团热”现象。这样，就导致保险公司集团化发展的战略和目标不明确，对集团化经营的利弊和前提条件没有进行客观系统的分析，对自身集团化经营的条件没有进行全面综合考虑，片面以为集团化经营就是有利无弊或者至少利大于弊。所以，在这种条件下发展起来的保险集团不仅不能实现资源共享、成本分摊、综合竞争力提升等集团化的潜在优势，相反可能带来经营和管理效率降低、核心竞争力丧失、内部风险传递和积聚等不利影响，在未来发展过程中将面临很大的潜在隐患，甚至可能导致集团化经营的失败。

因此，在我国保险公司进行集团化经营的过程中应当注意以下几方面的问题：

一是要明确集团化经营的理念，明确认识集团化经营的根本目的是寻求规模经济和范围经济，保险集团的核心功能是资源整合，实现协同效应，而不是简单的“数”和“量”上的扩张，更不能是“为控股而控股”或“为集团而集团”。二是集团化经营要选择“适度规模”和“适度多元化”。保险公司是否集团化，以及集团化过程中规模和范围的选择应当根据公司自身的资本实力、人才储备、产品开发能力、风险管控能力、内部管理水平等多方面的因素，不能盲目的进行业务多元化和规模扩张，在集团化发展过程中应当以强化核心竞争力为基础，通过实现规模经济和范围经济来提高保险集团的综合竞争力。三是集团化经营是手段而不是目的。保险公司集团化并不是可以一劳永逸、坐享其成的事情，在保险公司选择集团化后要加强公司的内部管理和风险防范，有效利用集团化带来的各种有利条件，提高经营效率和市场竞争力，这样才能真正实现集团化经营的目的，在激烈的市场竞争中赢得生存和发展。

四、结　　论

本文通过数据分析表明，无论从国际还是国内保险市场来看，虽然保险集团在数量上占的比重并不很高，但是由于保险集团一般规模较大导致其在资产规模、保费收入和利润等各方面都占据主导地位，目前国际和国内保险市场都逐渐形成了“保险集团主导，大中小公司并存”的垄断竞争型市场结构。

在本文的实证研究中，利用国际保险公司样本数据的实证研究结果表明集团化经营可能产生协同效应，但对规模经济效应的影响不显著；而利用国内保险公司样本数据的实证研究结果表明我国保险集团不仅没有产生显著的协同效应，而且将对规模经济效应产生消极影响。这一截然相反的结果不仅表明集团化经营是一把“双刃剑”，同时也说明我国保险市场集团化热过程中“重规模、轻效益”的现象。因此，在进行集团化经营的过程中，我们应当全面衡量集团化的利与弊，明确集团化经营的战略和目标，实现集团内部资源的有效整合，从而有效提高保险集团的经营效率与市场竞争力。

参考文献

[1] 陈璐：《我国保险公司效率及其影响因素的实证分析》[J]，《生产力研究》2007 年第 3 期。

[2] 杜莉、王锋：《中国商业银行范围经济状态实证研究》[J]，《金融研究》2002 年第 10 期。

[3] 方军：《保险集团的管理与经营框架》[J]，《保险研究》2004 年第 5 期。

[4] 侯晋、朱磊：《我国保险公司经营效率的非寿险实证分析》[J]，《南开经济研究》2004 年第 4 期。

[5] 刘京生：《论综合经营环境下的集团风险管理》[J]，《保险研究》2005 年第 12 期。

[6] 刘伟、黄桂田：《银行业的集中、竞争与绩效》[J]，《经济研究》2003 年第 11 期。

[7] 孟龙：《论国际保险机构和保险集团跨国业务监管》[J]，《保险研究》2003 年第 6 期。

[8] 唐雅慧：《保险集团的金融控股优势及层次发展战略》[J]，《保险研究》2003 年第 1 期。

[9] 徐为山、俞自由：《跨国保险集团战略管理研究》[J]，《保险研究》2002 年第 4 期。

[10] 易纲、赵先信：《中国的银行竞争：机构扩张、工具创新与产权改革》[J]，《经济研究》2001 年第 8 期。

[11] Boyd, J. H., and S. L. Graham. 1988, "The Profitability and Risk Effects of Allowing Banking Holding Companies to Merge with other Financial Firms: A Simulation Study" [J], *Federal Reserve Bank of Minneapolis Quarterly Review*, Spring pp. 3 – 20.

[12] Cebenoyan, A. S., 1990, "Scope Economies in Banking: The Hybrid Box – Cox Function" [J], *The Financial Review*, Vol. 25, pp. 115 – 125.

[13] Clark, J. A., 1988, "Economies of Scale and Scope at Depository Institutions: A Review of Literature", Economic Review, the Federal Reserve Bank of Kansas City, Vol. 73 (September/October), pp. 16 – 33.

[14] Humphrey David. B., 1985, "Cost and Scale Economies in Bank Intermediation", In Handbook for Banking Strategy, New York: Wiley&Sons.

[15] Humphrey, David B., 1990, "Why Do Estimates of Bank Scale Economies Differ?" *Federal Reserve Bank of Richmond Economic Review*, Vol. 76 (September/ October), pp. 38 – 50.

[16] Hunter, W. C.; Timme, S. G., 1991, "Technological Change in Large U. S. Commercial Banks" [J], *Journal of Business*, Vol. 64, pp. 339 – 362.

[17] Kwan, S. H., 1997, "Securities Activities by Commercial Banking firms' Section 20 Subsidiaries: Risk, Return, and Diversification Benefits", *Federal Reserve Bank of San Francisco Working Papers*, No. 98 – 10.

[18] Lawrence, Colin, and Robert Shay., 1986, "Technology and Financial Intermediation in the Multi-product Banking Firm: An Econometric Study of U. S. Banks 1979 – 1982", Technical innovation, Regulation and the Monetary Economy, Boston, Mass: Ballinger.

[19] Murray and White, 1983, "Economies of Scale and Deposit-Taking Financial Institutions in Canada: A Study of British Columbia Credit Union" [J], *Journal of Money, Credit and Banking*, Vol. 12, pp. 58 – 70.

[20] Pulley, L. B. and YM. Braunstein, 1992, "A Composite Cost Function for Multi-product Firms with an Application to Economies of Scope in Banking" [J], *Review of Economics and Statistics*, Vol. 33, pp. 221 – 230.

[21] Rai, Anoop., 1996, "Cost Efficiency of International Insurance Firms" [J], *Journal of Financial Services Research*, Vol. 10, pp. 213 – 233.

[22] Yuengert, Andrew M., 1993, "The measurement of efficiency in life insurance: Estimates of a mixed normal – gamma error model" [J], *Journal of Banking & Finance*, Vol. 17, pp. 483 – 496.

我国城镇流动儿童医疗保障问题的调查

——以北京市为例

王晓璐　黎春里　赵惟志

一、引　　言

（一）选题背景——城镇流动儿童医疗保障堪忧

流动人口，其主体即“农民工”，是中国经济社会转型时期的特殊概念，是指户籍身份还是农民、有承包土地，但主要从事非农产业、以工资为主要收入来源的人员。狭义的农民工，一般指跨地区外出进城务工人员。广义的农民工，既包括跨地区外出进城务工人员，也包括在县域内二、三产业就业的农村劳动力。

流动儿童主要是指离开户籍所在地，随父母和其他监护人进入暂住地居住的儿童。他们的父母大多从事低薪的第三产业或第二产业，家庭收入不高，保障不足。他们天然地跟随着父母身居在城市的边缘，大多在民办的打工子弟学校接受小学和初中教育，因为父母难以稳定的工作而经常搬家转学。流动儿童家庭大多缺乏医疗保障认识，接受的医疗水平也较低。

据《国际观察》和中国企业社会责任 CSR2007 年的统计，目前中国约有 2000 万的流动儿童，以北京、上海、广州等大型城市内最为集中，其中北京约占 50 万，而且这些数值在不断攀升。

儿童是中国和社会的未来，我们现代化和城市化的建设进程亦是中小城市向大城市转化、农村人口向城市人口转化的进程，流动儿童较早的接触和感受着城市，他们将率先成为未来城市新的主人，他们的教育和成长将直接关系着未来社会的繁荣与稳定。

现在我们进城打工的流动人口已有 2 亿之多，未来的数字将会增加得更快，而不容忽视的是其人员亦正在普遍的年轻化甚至低龄化。在走访中不难发现，流动儿童正面临不完善的教育、不完全的保健、不稳定的居所、不健全的自我形象以及极度的贫困，由于缺乏保障而使其成长性受限。流动儿童问题也已成为中国社会不容忽视的问题。

由于受调查范围的限制，我们仅以北京市为例，对我国城镇流动儿童医疗保障问题展开调研。

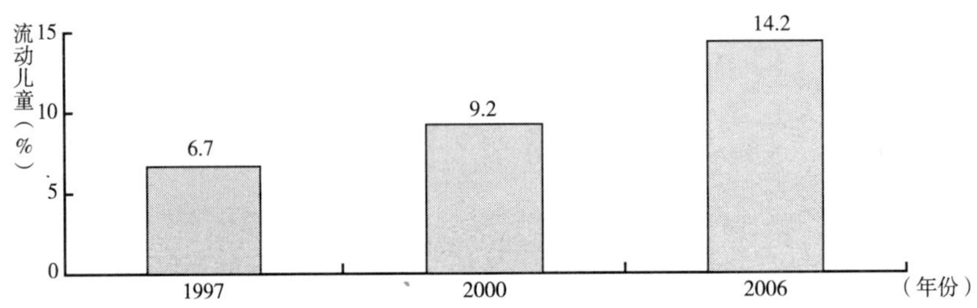

图1　北京市流动人口中流动儿童所占比例

（数据来源：1997年数据由“1997年北京市外来人口普查”资料计算；2000年数据根据“2000年第五次全国人口普查”资料计算。）

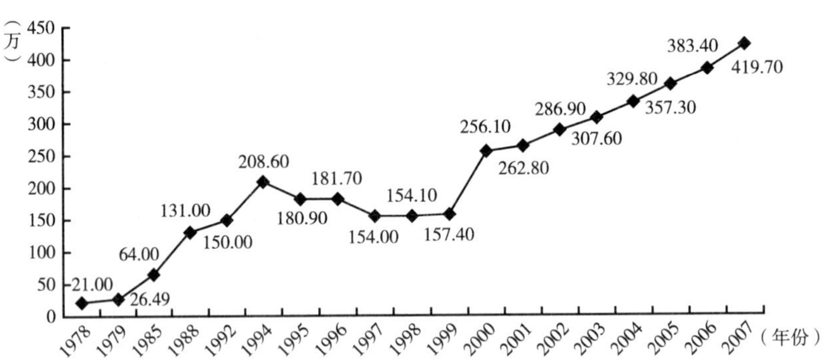

图2　改革开放30年北京市流动人口规模演变

（数据来源：《改革开放以来北京市流动人口研究回顾与展望》，黄匡时）

（二）研究意义

从理论上看，目前我国正处于社会转型期，其核心是社会结构的转型，而农村剩余劳动力的转移正是这一结构转型的重要特征之一。大量涌入城市的流动人口，使“三农”问题上升到新的高度。流动儿童作为一个特殊的群体，兼有流动人口的不稳定性和儿童的易受伤害性，其医疗保障问题涉及社会主义科学发展观，社会主义初期阶段民主法制建设，构建社会主义和谐社会的指导思想，有很高的理论分析和研究价值。

从现实上看，流动儿童医疗保障问题不仅关系到每一个流动儿童的一生，还关系到祖国和民族的未来。由于流动儿童参与医疗保障条件的复杂性，很多有利于其医保的政策在颁布后并没有彻底落实，目前流动儿童仍是医疗保障屏障的缺口。如何填补这一缺口，提高流动儿童的医疗保障水平，改善流动儿童健康状况，以确保流动儿童正当权利的平等实现，具有极其重要的现实意义。

二、流动儿童医疗保障问题的发现、调查目的及调查流程

（一）问题的发现

流动儿童的群体大多集中在北京市的郊区，或城乡结合部。他们被排斥在城市文明之外，也不能采用农村的生活方式。他们大多在打工子弟学校上小学，生活在烟尘等污染很严重的建筑工地附近。由于没有固定的户口和正常的家庭收入，他们很难融入到城市当中。由此而引发的一系列问题，也必然在不同的程度上，对流动儿童身心的健康成长产生负面影响。

（二）调查目的

1. 加强社会对流动儿童生存状态的关注

对流动儿童医疗保障的基本情况进行调查研究，反映他们真实的生存和保健条件，发掘其中存在的问题和不足，并探讨其中的深刻原因，才能加强社会各方面和各层次人士对流动儿童基本权利保障的关注与重视。

2. 改善流动儿童医疗保障状况

流动儿童处于一个卫生保健、医疗保险管理的相对空白区域，填补这一空白，筑牢流动儿童医疗保障底线，这对改善流动儿童的医疗保障状况、进而切实保障流动儿童基本权利的平等实现、促进社会主义和谐社会的形成，有着非常重要的意义。

3. 为政府针对此类问题的政策制定提供参考

我们对目前城镇流动儿童医疗保障状况以及存在的问题进行了调查，我们收集的资料和统计的数据，对政府相关政策的制定，以及新医改中关于流动儿童医疗保障方案的实施，会有一定的帮助。希望通过本次调查，能够发现问题并打开思路，从而向政府有关部门提出改进意见，为政府部门制定政策提供参考。

（三）现有相关资料及成果

在我国，近些年来对流动人口的调查成果比较多，其中对于流动人口的研究是从80年代开始的，大致可以分为三个阶段：

（1）1981—1987年为资料很匮乏、理论研究方法很薄弱的起始阶段，论文都是一般性的分析或小规模的调查。专著上，田方等（1986）主编的《中国人口迁移》较系统地总结了建国后至80年代中期的主要迁移和流动的情况。

（2）1988—1995年为人口流动的大发展阶段。这一阶段研究成果迅速涌现，初步确定了人口流动的框架地位。这阶段资料有《中国人口》丛书、户籍迁移流动统

计资料的整理、公布了若干大城市的“流动人口调查”，以及 1987 年全国 1% 的人口抽样调查和 1990 年第四次人口普查资料，都为流动人口的研究打下了良好的基础。

（3）1996 年以来为流动人口研究走向深入的阶段。研究成果更加丰富多彩，在研究方法的创新、国外研究方法的引入，以及跨学科的研究方面，都有一定的进展。蔡昉（1997）论述了劳动力流动，择业与自组织过程中的经济理性的关系问题；乔晓春（2000）根据 2000 年第五次人口普查的数据，分析了城市流动人口的现状。俞德鹏（2001）系统地探讨了现行城市外来流动人口管理方式的弊端。在专著方面，柯兰君等人（2001）主编了《都市里的村庄》；王洪春等（2004）主编了《中国民工潮的经济学分析》。

1992 年，中国政府颁布了《中华人民共和国未成年人保护法》，并制定了国别方案。2009 年 4 月 13 日，中国发布了《国家人权行动计划（2009—2010 年）》，并把儿童的权利保障列入其中一项主要内容。而儿童医疗保障制度的完善，则作为其权益维护的重要方面，受到极大的重视。

（四）调查流程（参见图 3）

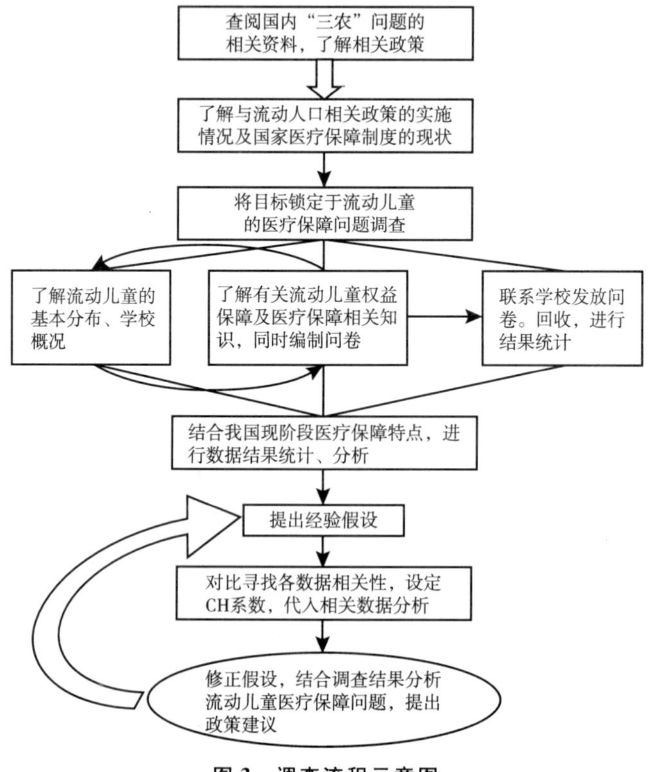

图 3　调查流程示意图

三、北京市流动儿童医疗保障问题实地调查的结果分析

（一）问卷调查的概况

为了能够较为客观、清晰地了解我国流动儿童医疗保障的现状，获得第一手数据，我们在北京市范围内不同地区，选取了五所打工子弟学校——分别是海淀明园学校、白庙实验学校、昌平利民学校、石景山树仁学校、东坝实验学校，五所学校坐落在北京市的东南西北不同区域，明园学校位于海淀区西北部，白庙实验学校和利民学校位于昌平区东南部且相隔较远，树仁学校位于石景山东部，东坝试验学校位于朝阳区东北部，五所学校在当地的打工子弟学校中都具有一定的影响力，比较具有代表性，以这五所学校为调查点展开实地调查，可以较好地反映出流动儿童的基本情况。我们在 2009 年 4 月进行了问卷调查。

调查对象为学生家长和学校老师，针对不同的调查对象，我们设计了两种调查问卷，调查过程中采取抽样调查的方法。发放数量分别为 500 和 100 份，收回并统计有效问卷 461 和 80 份。所调查的流动儿童群体比率超过北京市流动儿童总数的 1/1000。经分析，数据比较具有代表性。①

问卷的设计上，我们针对流动儿童群体的特殊性，结合现有基本医疗保障政策，先确定家长问卷，以便对其单个具体所接受的医疗保障状况作细致的了解；再从打工子弟学校老师的视角，调查了解目前北京市流动儿童在校期间相关医保政策的实施状况（选取的具体指标见附件）。为了使问卷更具有普遍适应性和研究价值，我们制定了初稿后，先试发了 50 份，总结被调查人意见后形成终稿。

在发放问卷的过程中，我们对 11 位老师填答问卷的过程进行了跟踪调查（跟踪问卷数占教师问卷总数的 11%），及时记录老师填写问卷时对相关问题的解释。其余 589 份为自由问卷，其中 500 份学生家长问卷在学校辅导老师的协助下，分发给不同年级学生的家长。

（二）调查分析

通过对发放的两份问卷结果的统计，我们分为以下几方面进行具体分析。

1. 流动儿童学生家长问卷分析

（1）我们以小学阶段的流动儿童为主要调查对象

由图 4 可见，调查群体中，小学生占了绝大多数，初中生也主要集中在七年级，其中女生约占 51%，男女比例接近 1∶1。一方面，我们调查的打工子弟学校主要设

① 调查问卷终稿附文后。

置小学各年级，很多流动儿童无法在京接受中学教育，小学毕业即回家乡；另一方面，这一年龄段的流动儿童是人们默认为儿童的主要群体，他们总体抵抗力较弱，却易被现有的医疗保障体制所忽视，因而更应当受到研究人员的关注，具有较强的调研代表性。

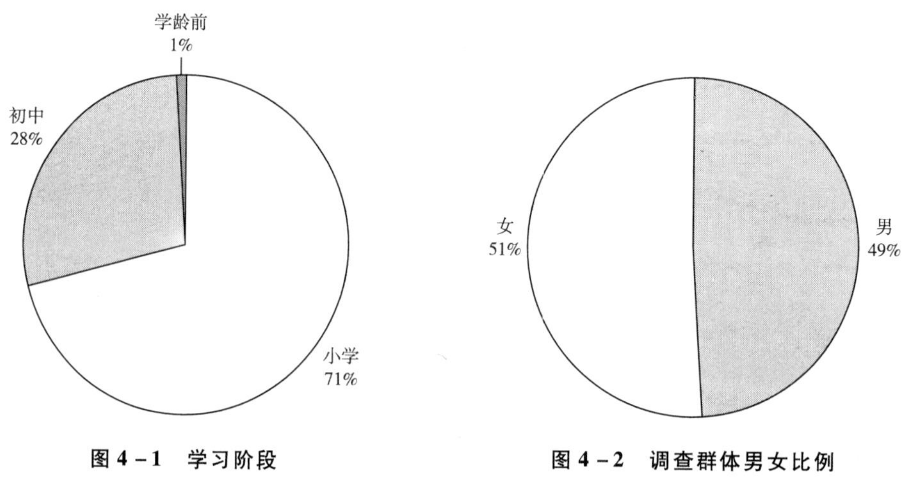

图 4－1　学习阶段　　　　图 4－2　调查群体男女比例

（2）北京市流动儿童数量呈上升趋势

从图 5 中可以看出，从 1993 年到 2008 年，进京的流动儿童数量总体呈上升趋势，近几年北京的流动儿童数量会越来越多，增长速度也将越来越快，北京市的医疗保障面临严峻考验。这一现象的出现，间接地反映了近年来北京市流动人口持续、快速增长的势头。而这一群体人数的增多，也是随着我国经济不断发展、城乡经济差距不断拉大而产生的必然结果，预计短期内不会有明显的改变。

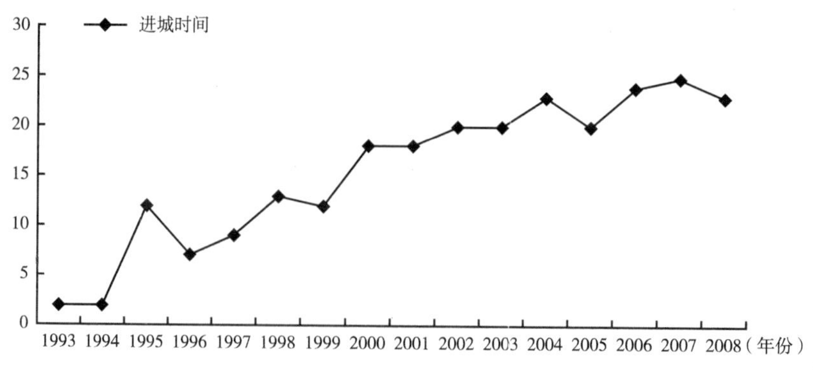

图 5　进城时间（含在城市出生）

（3）流动儿童家庭收入普遍偏低

由图 6 可见，调查中的流动人口家庭的月收入主要集中在 1000—2000 元/月，收入 3000 以下的占 83. 75%，这远远低于北京市平均水平。这由他们所从事的职业、生活的环境等所决定，也进而决定了他们受预算线制约，不会有充足的开支，专门投入到医疗保障相关的生活层面。由此看来，对低收入的流动人口整体的医疗保障，政府应当根据具体情况，针对不同群体，给予相应的更多关注、更大的补助。

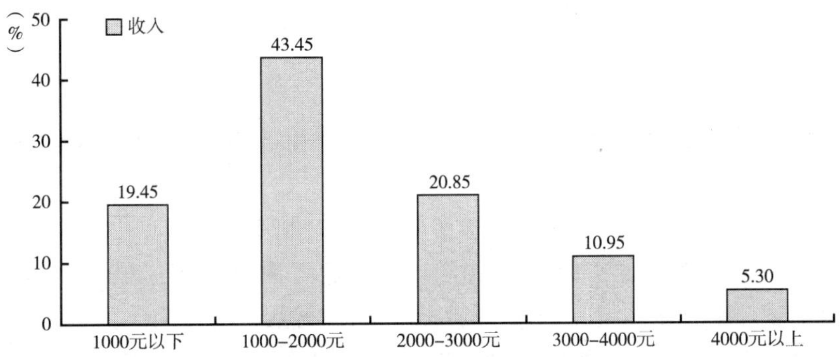

图 6　进城后现家庭月收入

（4）流动儿童家庭人口负担不容忽视

图 7 中显示，大多数流动家庭都有超过一个孩子，家中有两个孩子的家庭约占调查总数的一半。可见流动人口中，计划生育工作并未很好地普及实施。这一方面与国家政策的宣传力度相关，另一方面这一群体在文化程度、社会认识程度上的普遍偏低，也导致了很多相关有益政策在实施上的困难，或由于家庭人口数造成了限制。较多的孩子带来了较大的必然支出，这对本来收入就不高的流动人口家庭来说无疑是雪上加霜。

（5）流动儿童健康状况不容乐观

由图 8 可见，流动儿童进京后健康状况存在很大问题。而调查中，有问卷显示：每月收入在 1000 元以下的三个孩子家庭，每个孩子每年医疗费用支出 800 元以上，家长仍认为很健康；也有高收入、低医药费支出的家庭，却认为孩子易生病——可见流动人口群体对于“健康”的定义本身就存在很大分歧。这也体现出他们医疗卫生知识匮乏、医疗保障意识薄弱。总而言之，流动儿童健康状况不容乐观。

（6）流动儿童医疗费用难以保障

由图 9 可见，在超过一半的调查家庭中，每个孩子每年的医疗费用支出在 100 元以下。流动人口家庭在医疗方面的支出是较低的，而由图 8 中结果显示，家长主观

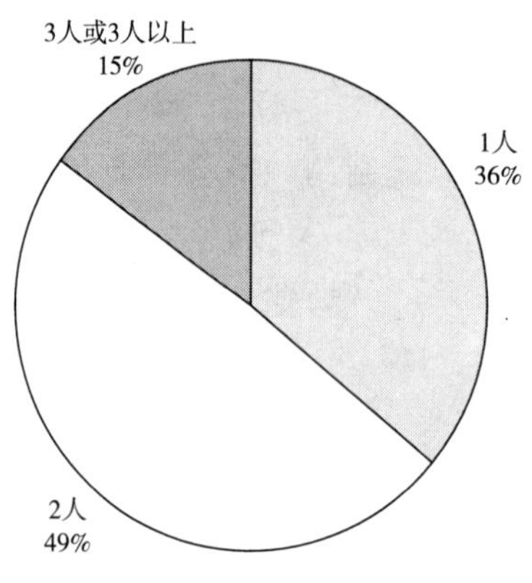

图7 现在在北京家中孩子数量

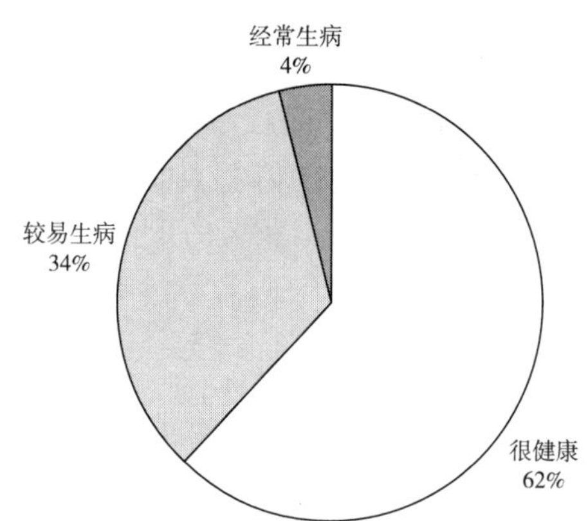

图8 孩子进城后的健康状况

认为孩子很健康的比例仅为62%，联系两图可以推测出：流动儿童健康状况不佳的重要原因之一，在于他们的家庭无力支付北京高额的医药费用，因而在疾病的预防和治疗上不够重视，进而对流动儿童的健康状况产生了负面影响。因而我们建议政府针对这一情况，进行一定额度的财政拨款，补贴流动儿童家庭的医疗费用。

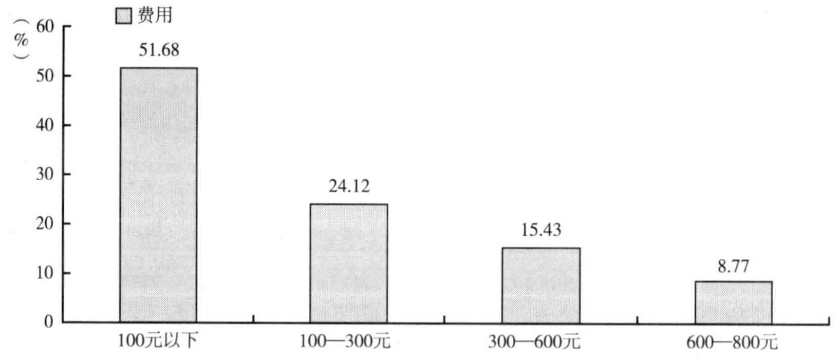

图9 每个孩子每年的医疗费用

（7）流动儿童健康体检状况存在隐患

由图10可见，有近半数的受调查群体进京后从未进行过体检，每年一次正常进行体检的只占到总数的40%。每年一次的定期健康体检，一直都是疾病预防与控制部门和教育部门的一项重要工作内容，也是儿童健康状况基本指标数值的重要来源。这对于及时掌握在校儿童健康状况、儿童群体中隐形疾病的存在情况等都极为重要。而流动儿童大部分都未能正常接受体检，这为流动儿童的健康埋下了巨大的隐患。可见现在对流动儿童群体健康状况的调查了解、信息记录等情况都很不完善。

（8）流动儿童基本疫苗接种状况令人担忧。

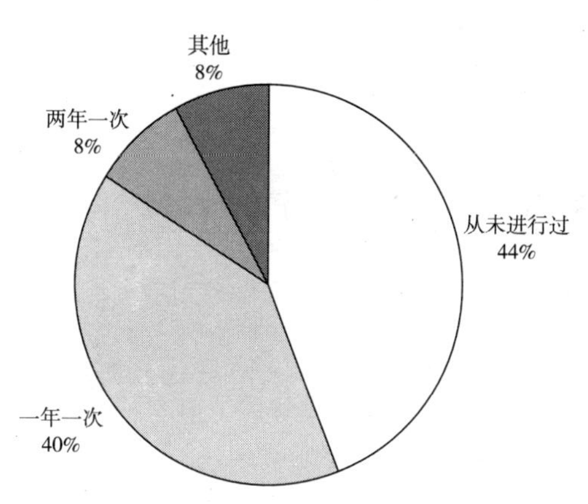

图 10　孩子进城后健康体检状况

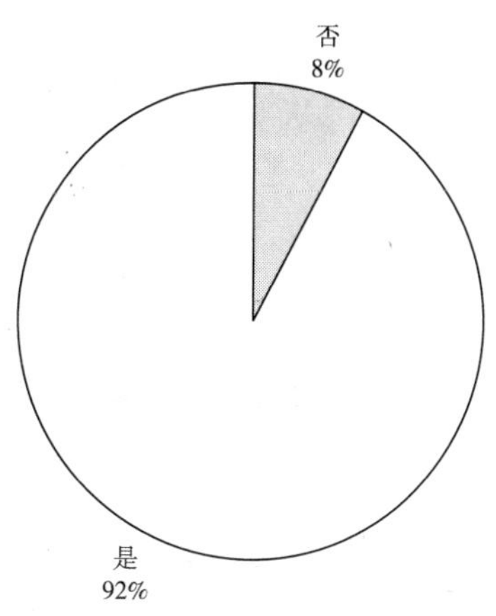

图 11　疫苗接种情况

疫苗接种是疾病防治的重要环节，合理适时地接种疫苗对于疾病的防治尤为重要。我国有专门制定的免疫接种规程（儿童扩大免疫接种程序），明确了适宜接种疫苗的种类和时间。

我们在问卷中列举的，主要是国家免疫规程中的基本疫苗，以及最为常见和适用的普及型疫苗。排除一系列不确定因素，这类疫苗的接种率理论应在 95% 以上甚至接近 100%，但是在我们的调查群体中，这一比率仅为 92.5%。对于北京市 50 万流动儿童这一庞大的群体基数，这样的基本疫苗接种率是很令人担忧的。

在我国接种较多的疫苗中，卡介苗、乙肝疫苗（新生儿）、糖丸、麻疹疫苗、流脑疫苗、百白破疫苗为国家规定的免费接种的疫苗；扩大免疫规划后，又增加了几种，如甲肝、“麻腮风”其中的单抗或二联（三联大多收费）等，但各省情况不同，执行的先后不一致。

由图 12 可见，接种最多的基本都是国家提供免费接种的疫苗，而国家规划外要自费接种的基本疫苗，流动儿童的接种率就难以保障了。

由图 13 可见，接种的地点没有显示出明显的特异性。在北京的疫苗接种率略高于流动儿童在家乡时的数据，但北京作为全国医疗中心的优势没有体现。进一步看，有 44% 的流动儿童只在家乡接种过疫苗，这么大比例的流动儿童群体没有在北京接种过疫苗，而有些疾病（如流感）的病毒株突变频率很高，接种适当的疫苗进行防

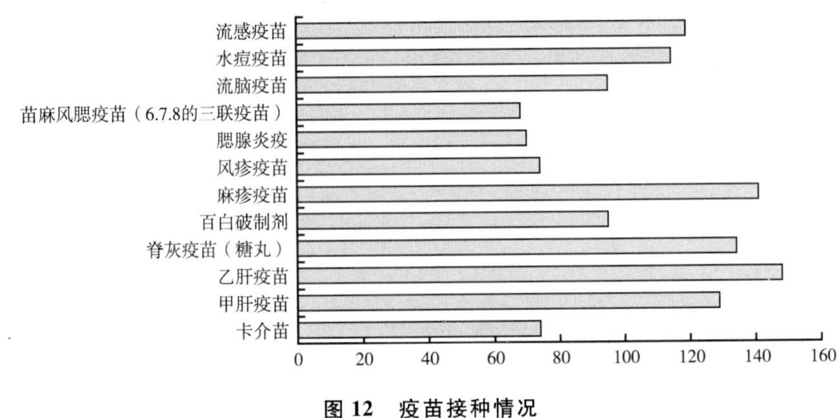

图 12　疫苗接种情况

治是必要的，可见流动儿童在京疫苗接种形势不容乐观。照这样看，全国其他地区流动儿童疫苗接种状况就更难保障、更加令人担忧了。

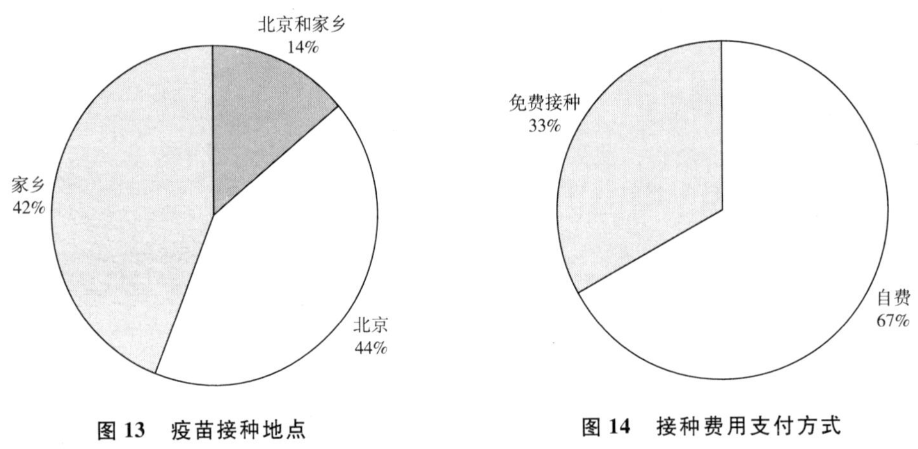

图 13　疫苗接种地点　　**图 14　接种费用支付方式**

我们问卷中所设置的主要均为国家免疫接种规划内、免费接种的疫苗，以及少数其他常见基本疫苗。然而调查结果显示的却是：免费接种的比率仅约占 1/3，而大多数却需自费。这一矛盾的产生，可能在于流动儿童家长对疫苗接种的期望，高于现有实际接种水平，进而在主观判断上产生了偏差；也可能在于免费及基本疫苗的推广、普及力度，在一定地区还有待提高。在一定程度上，这就不难解释为何流动儿童基本疫苗接种状况低于预期的了。

由图 15 可见，不清楚接种地点以及费用太高约占未接种原因的 61%，而其他还有很多我们未在问卷中列举到的因素（如不清楚疫苗接种的相关知识，相关宣传力度弱、疾病预防意识薄弱等）。缺乏相关知识和意识，使流动人口不清楚接种疫苗的重要性，而费用过高更是打消了一些本来有意愿接种者的接种愿望。在这几个原因的多重影响下，流动人口尤其是流动儿童，远离了接种疫苗这一疾病预防的最基本方式。

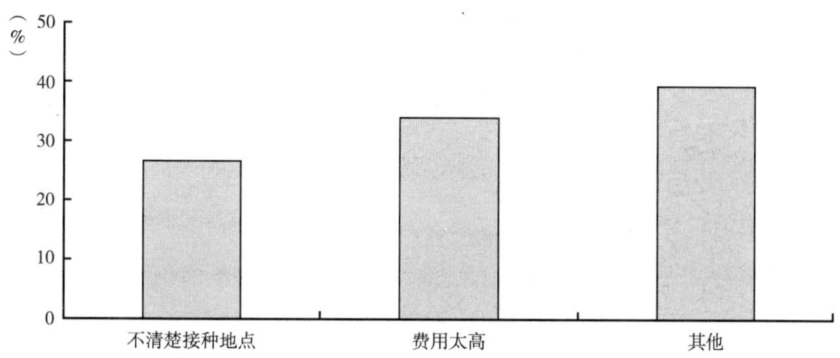

图 15　进城后未接种原因

（9）流动儿童治疗方式引人思考

由图 16 可见，当孩子得了常见病时，大多数人还是会选择去医院就诊或自购药品，但其中自行解决的占到了总数的 20% 以上。而流动儿童家庭家长由于整体医疗知识水平有限，加之生活环境卫生状况相对较差，自行治疗的科学性、合理性都难以保证。我们知道，北京医院的医疗费用是非常高的，即使是买药，价格也是非常昂贵的。这样的高消费，对于各个家庭来说又是必需的，这使得低收入的流动人口家庭在参与其他医保服务时显得力不从心。

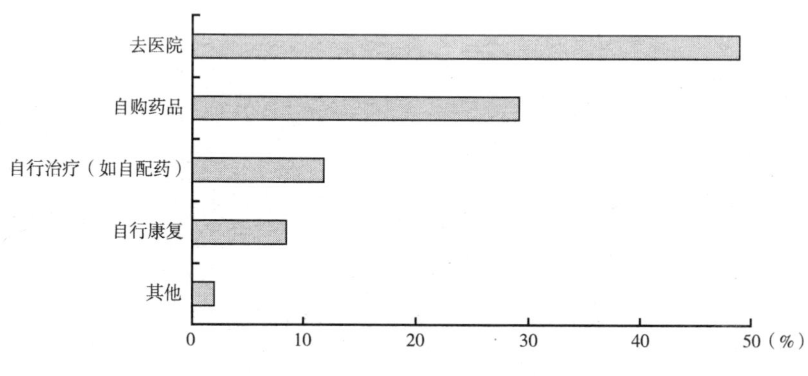

图 16　孩子患常见病治疗方式

2. 教师调查问卷结果统计（见下表）

教师调查问卷结果统计表

		1. 利民学校	2. 明圆学校	3. 东坝实验学校	4. 树仁学校	5. 白庙学校
校医室	有	0	0	2	4	0
	无	17	5	11	6	15
全职/专职（持证上岗）医务人员	有	0	0	0	0	2（兼职）
	无	17	5	19	10	15
疫病多发期，卫生知识传授	有	7	4	19	10	16
	无	9	1	0	0	0
集体治疗	有	1	3	19	6	1
	无	16	2	0	4	15
学生参加有关医疗保障的保险的情况	曾经组织但现在停止	0	0	0	0	0
	计划组织	2	0	18	0	0
	现已组织	2	0	1	10	17
费用来源	学生自费	17	2	19	10	17
	学校支付	0	0	0	0	0
	政府补贴	0	0	0	0	0
是否打算继续组织	是	5	0	15	10	17
	否	0	0	0	0	
大病住院或手术	有	0	5	19	10	17
	无	16	0	0	0	0
频率			有过一次	一至两次	不详	不详
学校提供的帮助措施			社会捐助	捐款	减免学杂费	捐款、补课

由走访结果与上表统计数据结合可知，这五所学校都没有校医室和专职的校医，据学校校长所述，北京的打工子弟学校中没有一所配置了校医室。学校老师反映学生参加医疗保险的比例很小，而且全为自费。有的学校的教师说，学生因大病住院或手术的情况并不多，一般三四年出现一两起（但对此老师间也有分歧），学校对此提供的帮助措施主要是进行捐款或号召社会捐助、减免学杂费、进行补课等，但由于资金等原因，帮助的程度确实还很有限。

在统计结果的过程中，我们发现对于有些问题，同一所学校不同的老师竟给出截然相反的答案。

我们总结共有四个矛盾点：①在“有无校医室”这一问题上，东坝实验学校和树仁学校的少数老师回答“有”，而大多数的老师回答“无”。②在“医务人员状况”这一问题上，白庙学校只有两位老师回答有兼职的校医，其他15位老师回答无校医。③在“疫病多发期，学校是否进行卫生知识传授传授和集体治疗”的问题上，利民和明园学校出现老师回答不一致的情况。④在“学生参加有关医疗保障的保险的情况”问题上，东坝和利民学校的老师在“计划组织”和“已经组织”上产生了分歧。

针对以上四点，我们也与相关学校的老师进行过电话联系、询问，但大多未给出准确答复。我们发现，流动儿童学校的老师对相关医疗保障制度，以及学校医疗保障工作进行、进展情况的了解都存在很大问题和分歧，这也反映学校对这方面的工作没有做到位。学校是除家庭外，儿童活动的主要场所，学校医疗保障工作的疏漏，使流动儿童受医疗保障权利的正常实现，受到了更大的阻力。

（三）调查具体过程中出现的问题及可能对结果产生的影响

在进行问卷统计和调查分析的过程中，我们发现了一些实际存在的问题，大体如下：

1. 跟踪问卷和自由问卷所得结果的差异

由于受到时间、交通、联系等方面的限制，在发放的问卷中，我们主要在给学校辅导老师进行问卷调查时，进行了11份跟踪调查（占老师总问卷数的11%），及时记录其填写问卷时的问题并给予解答；其他问卷均为由相应学校辅导老师协助下，分层发放给学生，由其家长代为填写。经校方同意的，还在装问卷的档案袋上盖了章。

在对某所①学校进行调查的过程中，他们认为每个学校都应该有医务室，但是它们没有（事实上是打工子弟学校基本上都没有），他们觉得把这样的信息反馈出去，会对学校不利。有一些问题，有些老师根本就没有填写，如有关医疗保险方面的问题，他们认为这些问题不好回答，或者说对这方面不大了解。

而在自由问卷（主要指家长问卷）中，有项目未填写的比率略大（特别是建议类的项目）。由于有些学生未认真对待问卷，也造成了一定程度上问卷的流失。

2. 问卷本身问题设置上的不足及填写差异

由于流动人口群体本身所具有的特殊性，在受教育程度总体不高等因素制约下，他们在填写问卷时，对于一些问题在理解上的偏差，也为我们数据的统计和分析带来了一定的阻碍。例如，当出现连锁问题（如问卷一上有关疫苗接种的选项）时，

---

① 从该学校的角度考虑，在此不再提及其校名。

很多家长便无从填写或填得很混乱了。从另一个角度看，我们在编制问卷的过程中，也应该在语言文字的措辞上再注意一些，使之更加清晰易懂，贴近被调查的人群。这些不足，使得有效回答的数量减少，但是总体误差仍在我们的可控范围内。

3. 其他相关问题

在对收回的问卷进行统计时，我们发现：大多数流动儿童家庭在京的子女数都大于一，而其中有很值得关注的一部分，虽然每月平均收入在1000—2000（或<1000），但是每个孩子每年的医疗费用支出却能达到600—800（甚至>800），而在这样的填写情况下，家长对孩子身体状况的评价还是“很健康”。这不禁让我们对流动儿童健康状况的评价标准产生了一些疑惑。

在问题的设置上，我们还缺少了一些易被忽视但很重要的相关问题，如有关教师健康状况及医疗保障方面的调查，这些与流动儿童日常生活密切相关人群的状况，其实也会对他们产生较大的影响。并且，在实地调查中我们发现，流动儿童学校周边的小店常会卖一些不洁食物，从长远来看，也会对他们的健康产生负面影响。

（四）流动儿童家庭与北京市平均水平比较

对于收入对流动人口家庭医疗方面的研究，我们采用类似于恩格尔系数的指标，建立CH（Children Health）系数进行比较研究。

定义：CH系数 $\zeta = \frac{\overline{H}}{\overline{M}}$（$\overline{H}$为月平均医疗支出，$\overline{M}$为月平均收入）

根据调查中的数据，对于流动人口家庭来说 $\overline{H1} = \sum_{i=1}^{4} X_i Y_i = 19.22875$（$X_i$ 为每月医疗费用数，Y_i 为每个 X_i 所占的比例），$\overline{M1} = \sum_{i=1}^{4} A_i B_i = 1962.75$（$A_i$ 为每月收入数，B_i 为每个 A_i 所占的比例）

由此可见 $\zeta 1 = 9.80 \times 10^{-3}$

另外，对于北京市的平均水平，根据统计局2006年①给出的数据 $\overline{M2} = 5466.78$ $\overline{H2} = 65.35$

由此得出　$\zeta 2 = 12.0 \times 10^{-3}$

从 ζ1 与 ζ2 的比较中可以看出，北京家庭的月平均收入，大幅度高于流动人口家庭的月平均收入。尽管如此，北京市一般家庭在医疗方面的支出占收入的比例，仍高于流动儿童家庭。由此可见，如果说北京市一般家庭的医疗费用支出，能满足其所需的正常水平，那么流动儿童家庭在医疗方面的支出，则明显不足。

在此，对原因作如下几点分析：1. 由于流动人口家庭收入低，在除去生活的必

① 由于2006年至今，北京的医疗费用与工资水平在同步变化，所以我们认为该数据有参考价值。

要开支之后，已无足够的资金用于医疗方面的消费。2. 流动人口家庭的组成人员大多对医疗方面的信息掌握不足。3. 流动人口家庭对医疗保障方面的重视程度较低。因而，其在医疗方面的开支明显少于北京市平均水平。

（五）流动儿童被排斥在北京市正常医疗保障之外

从 2001 年起，北京拉开了医保改革大幕。从 2002 年的破产企业退休人员可参保，到 2003 年的新型农村合作医疗，再到 2007 年将“一老一小”纳入医保；随着《北京市基本医疗保险规定》、《关于基本医疗保险参保范围等有关问题的通知》、《北京市外地农民工参加基本医疗保险暂行办法》、《关于加快本市农民工参加工伤保险和医疗保险有关问题的通知》、《城镇无医疗保障老年人和学生儿童大病医疗保险制度》等一系列制度的出台……终于，在 2008 年，北京实现了“全民医保”。

对于学生儿童群体，凡具有北京市非农业户籍，且在本市行政区域内的各类普通高等院校（全日制学历教育）、普通中小学校、中等职业学校（包括中等专业学校、技工学校、职业高中）、特殊教育学校、工读学校（以下统称各类学校）就读的在册学生，以及非在校少年儿童（包括托幼机构的儿童、散居婴幼儿和其他年龄在 16 周岁以下非在校少年儿童），基本都参加了学生儿童大病医疗保险。据了解，在学校，学生的参保率达到了 90% 以上。

另外，在北京城区及郊区的各个正规学校中，都配备了设施较为齐全的医务室，并有专职的医务人员长期值班，为突发的情况提供救助。

然而，在调查走访中，我们发现很多民工子弟学校都是所谓的“非法学校”，在其中上学的流动儿童无法参加北京市的正常医疗保险。他们既不属于农民工，也不是具有北京市非农业户口的学生，他们所在的学校甚至连最基本的医务室也不具备。这实在令人担心。

可以说北京的医疗保障体系已初具规模，在政策方面已经比较完善。但是流动儿童这一最应受到保护的群体，却被排斥在北京市正常医疗保障之外。

四、调查结论及可行性建议

（一）调查结论

通过查阅相关资料，对调查问卷统计分析，以及走访流动儿童学校，我们得出结论：北京市流动儿童的医疗保障水平整体还有待提高，由于贫富差距、政策弊端等多种原因，流动儿童的医疗保障水平远低于正常平均的北京本地儿童医疗保障水平。虽然政府已经逐渐认识到流动儿童医疗保障缺失的严重性，也正在加强医疗覆盖，但是很多项有力的政策出台后并没有得到很好的实施。

在实地调查中，我们以小学阶段的流动儿童为主要调查对象，通过发放调查问卷和走访民工子弟学校来了解流动儿童的医疗保障情况。近年来，北京市流动儿童数量一直上升。流动儿童家庭收入普遍偏低，调查中的流动人口家庭的月收入主要集中在1000—2000元/月，未执行计划生育的家庭约占调查总数的2/3。家庭收入低、居住条件差、人口负担重，流动儿童基本医疗费用难以得到保障。据调查，其健康体检状况和基本疫苗接种状况均存在隐患，有近半数的受调查群体进京后从未进行过体检。

对比北京市本地儿童的医保状况，北京本地的在读学生基本都参加了学生儿童大病医疗保险。据查，在学校，学生的参保率达到了90%以上。这远高于流动儿童的参保率。另外，在北京城区及郊区的各个正规学校中，都配备了设施较为齐全的医务室，并有专职的医务人员值班，为突发的情况提供救助。而北京市的流动儿童学校中，几乎没有一个学校有专门的医务室。

可以说北京的医疗保障体系已具规模，北京市民在医疗方面已经有了很好的保障。但流动人口仍是医疗保障的一个缺口，而流动儿童作为其中的特殊群体，更应该受到社会的关注和保护。

（二）可行性建议

政府方面，应该切实认识到农民工作的重要性，提高对流动人口，特别是流动儿童的关注度，建立健全与之相关的保障制度；将流动人口，特别流动儿童的权益维护作为“三农”工作的重点之一，将其纳入建设社会主义和谐社会的重要工作日程安排中。具体地说，有以下几个方面：

1. 切实把流动儿童纳入医疗保障体系的覆盖面，实现医保的无缝对接

由于流动人口的特殊性、异地就医的复杂性，以及政府政策重心取向等因素的影响，流动儿童的医疗保障问题没有得到相应的重视，一直是医保中的“真空地带”。把流动儿童切实纳入医保体系，具有重要的社会意义。新医改提出要努力实现全民医保，这要求政府扩大医保覆盖面，提高参保率。其中流动儿童这个群体不应被忽视，政府应立足于我国现阶段国情，完善医保制度，合理配置医疗卫生资源，保证流动儿童与城市儿童一样，能享受到医疗保障的呵护。

2. 增加对流动儿童医疗保障的财政补贴，提高资金使用效率

在走访农民工子女学校中，我们得知大多数流动儿童没有参加医疗保险的原因是费用太高，支付不起，如果政府能在这一方面为流动儿童的医疗保障提供补助，将直接改善流动儿童生活状况。基本医疗服务应由政府、社会和个人三方合理分担费用，目前流动儿童的医疗费用主要由家庭承担，政府对流动儿童医保的财政投入不足，应加快填补这个缺口。另外，提高资金使用效率，对完善流动儿童医保体系具有重要意义。改善政府对医保的投资结构，把资金投到流动儿童医保建设中最需

要的地方上，满足他们的医疗需求。

3. 加快完善医疗基础设施建设，提高对流动儿童的保障水平

在调查走访中，我们发现，很多流动儿童所在的学校都没有医疗室和专职的校医。医疗卫生基础设施建设需要得到推进，这对改善流动儿童卫生环境、提高他们的生活水平有重要意义。大多流动儿童接受的医疗服务水平不高，主要表现在医疗设备落后、医护人员素质不高、医疗服务网络中断等。如何完善医疗基础设施建设、提升医护人员素质，让流动儿童享受优质的医疗服务，成为一个亟待解决的问题。但增大对医疗基础设施的投入，完善流动儿童医疗基础设施建设，培养一批高素质的医护人员，具有巨大的社会效应，将能显著提高流动儿童的保障水平，大量的流动儿童将因此收益。

4. 促进建立完善新时期合作医疗保障制度

政府要切实承担起组织合作医疗和资金支持的责任。没有政府出面组织，合作医疗就会失去组织基础；根据财政支付能力的具体情况，政府适当的资金支持能够引导和激励农民工参加合作医疗保障，其中基层政府的作用不容忽视。医疗保障改革的方向是要根据我国的具体国情，建立多元化的、多层次的医疗保障体系，目前我国医疗保障体制尚未健全，政府还应集合多方面的力量，积极探索多种形式结合的合作医疗保障形式，建立起一个可持续发展的医疗保障制度。

同样在政策方面，也应当增强在流动人口方面的可行性和可操作性，并体现出对流动儿童群体的特别关注。具体的政策建议有：

1. 细化与流动儿童相关的现有政策，提高其可行性，增强执行力度

希望对现有的与流动人口特别是流动儿童相关的政策在具体执行的细节上，能得到进一步的细化，使得政策的可行性和实际效用能得到显著的提高。北京市作为我国的首都和政治中心，其政策的制定，特别是近年来有关“三农”问题研究的不断深化，在全国也具有很强的表率性和导向性。但是在实际的实施上还存在很多疏漏，也存在机构不完善、执行不严格的现象。只有把现有的政策落到实处，流动儿童医疗保障才有实现的前提。

2. 由北京市根据其现状出台相关新政策，使流动儿童医疗保障针对性提高

现有的国家政策为满足多方需求，往往过于宽泛，以适用于全国。而中国由于人文、地理等多方面原因，各地差异较大，城乡二元结构在不同区域的差异也较大。我们对城镇流动儿童医疗保障问题的调查以北京市为例，希望北京市借助其良好的政治、文化优势，出台一系列有地域特色的政策并有计划地实施。这对于今后长三角、珠三角等流动人口聚集区，流动儿童医疗保障的进一步推进，也有着很强的现实意义。但其他地区在完善流动儿童医疗保障时，仍需因地制宜，避免一刀切，借鉴成功经验的同时，结合自身特点，建立最适合的医疗保障体系。

（三）新医改应争取切实将流动儿童纳入其中

1. 现存的问题与新医改中的相关政策

（1）目前很多流动儿童得不到完善的医疗保障，根本原因在于我国在这方面的医疗保障体系不健全。新医改中明确了加快建设覆盖全民的医疗保障体系的目标，并提出完善基本医疗保障，其他多种形式补充医疗保险，这将从政策上较为具体地填补流动儿童在医疗保障上的空白，使流动儿童不再是政策上的“孤儿”。

（2）大多数的流动儿童随父母居住在城镇较贫困的地区，这些地区医疗卫生状况堪忧。新医改中要求健全基层医疗卫生服务体系，加快基层服务机构建设，实现基层医疗卫生服务网络的全面覆盖，加强基层医疗卫生人才队伍建设，特别是全科医生培养培训，着力提高基层医疗卫生机构服务水平和质量。基层的医疗卫生服务状况的改善，将直接有助于流动儿童医疗保障水平的提高。

（3）在调查中我们发现，很多流动儿童在城乡流动的过程中出现医疗保险关系转移接续的脱节，他们的基本医疗保险问题亟须妥善解决。我国流动人口很多，医保以前是和户籍捆绑的，所以这个问题一直没有妥善解决。针对这一问题，新医改中明确指出，今后将以城乡流动的农民工为重点积极做好基本医疗保险关系转移接续，妥善解决农民工基本医疗保险问题，并且重视解决老人、残疾人和儿童的基本医疗保险问题，全面实施新型农村合作医疗制度。逐步提高政府补助水平，提高保障能力，完善城乡医疗救助制度。这将在政策的执行上，有效保障流动儿童充分享受医疗保险。

2. 结合对流动儿童医疗保障现状的调查，分析新医改实施中应该得到重视的方面与可能出现的问题

据调查，目前看病要自费的人有不少是流动人口。流动儿童中，有人在家乡参加了新农合医保，但由于他们随父母外出，这些医疗保障无法在别的城市提供保障。为此，希望新医改方案能突破地域的壁垒，提高报销比例、减少限制条件、降低付费比例。

政府早已认识到医保缺失的严重性，正在加强医保覆盖，展开医疗救助，许多地方城镇居民医疗保障已经大大改善，但城市流动人口依然是一个医保薄弱地带，正在建设中的农村合作医疗体系由于投入较少，保障力度不够，难以为流动儿童们筑起守护生命健康的坚固防线。许多人把希望寄托在未来的新医改方案上，城乡医保一体化，流动人口与城镇居民平等享受医保福利，应该成为我们追求的目标。

由于我国流动人口很多，医保以前是和户籍捆绑的，而这次新医改提出总体目标：扩大医保覆盖面，到2020年，覆盖城乡居民的基本医疗卫生制度基本建立。流动人口的医保问题本身就比较复杂，如何才能做到让人人都能享有医保，这是这次医改中面临的难点问题。

3. 新医改于流动儿童方面的前景展望

当前我国医药卫生事业发展水平与经济社会协调发展要求以及人民群众健康需求不适应的矛盾还比较突出。城乡和区域医疗卫生事业发展不平衡，资源配置不合理，公共卫生和农村、社区医疗卫生工作比较薄弱，医疗保障制度不健全，药品生产流通秩序不规范，医院管理体制和运行机制不完善，政府卫生投入不足，医药费用上涨过快，人民群众反映比较强烈。

医疗保障问题作为关系到国计民生的基础性问题，是与老百姓日常生活关系最密切、最具有实际价值的问题之一；同时也是目前比较完善，然而在流动人口上存在较大缺口的方面。新医改应当也必须在补全这一缺口方面，取得历史性的飞跃。基于社会主义初期阶段，我国流动人口以及其中流动儿童数量巨大且持续增多的现状，新医改在流动儿童医疗保障上的突破，也必然会很大程度上促进社会主义和谐社会的早日实现。

新医改的重心放在医疗卫生服务的公益性上，为提高流动人口特别是流动儿童的医疗保障水平，新医改提出了一系列解决措施，提高了制度的开放性和可选择性，以保证流动人口包括流动儿童最终都能被制度所覆盖。虽然新医改要走的路还很长，但是我们有理由相信，它能最终建立一个健全的医药卫生体制，提高全民健康水平。

儿童是祖国的花朵。我们有理由相信，流动儿童作为特殊的流动的花朵——蒲公英，也会和其他的小朋友一样，沐浴在逐步完善的医疗保障体制改革的春风中，健康、快乐、茁壮地成长！

参考文献

[1] 北京七年实现医保全覆盖 [N]. 京华时报，2008。

[2] 新医改方案解读：农民工成医保转移接续重点 [N]. 新京报，2009。

[3] 黄匡时. 改革开放以来北京市流动人口研究回顾与展望 [C]. 北京：北京市人口研究所，2008。

[4] 黄英. 90年代后期以来北京外来流动人口分布变化研究：[硕士学位论文]. 北京：首都师范大学，2005。

[5] 翟振武、段成荣、毕秋灵. 北京市流动人口的最新状况与分析 [J]. 人口研究，2007，2：30－40。

[6] 王义. 流动人口问题及其政府管理新探： [硕士学位论文]. 重庆：重庆师范大学，2005。

[7] 张勇、刘雪斌. 我国医疗保障制度初期探索 [J]. 南昌大学学报人文社科版，2009(4)：48－53。

附

城镇流动儿童医疗保障调查问卷1

孩子家长：您好！

城市流动儿童的医疗保障问题关系到流动儿童的健康成长，也牵动着每一位孩子家长的心。为了了解目前城市流动儿童医疗保障方面的状况以及存在的问题，我们设计了这份调查问卷，期望通过本次调查能够发现问题，从而向政府有关部门反映并提出改进意见，为政府部门制定政策提供参考。请您如实认真填写。我们承诺一定会为您提供的信息进行保密。占用了您的宝贵时间，谢谢合作！

一、基本情况

1. 孩子的学习阶段：学龄前______小学______初中______

2. 孩子性别男______女______　　3. 孩子年龄__________

4. 进城时间（含在城市出生）__________

5. 进城后现在家庭月收入（元）__________

（1）4000以上　（2）3000—4000　（3）2000—3000　（4）1000—2000　（5）1000以下

6. 现在北京的家中共有几个孩子

（1）1人　（2）2人　（3）3人或3人以上

二、医疗保障情况

1. 您的孩子进城后，每人每年的医疗费用支出__________

（1）100以下　（2）100—300　（3）300—600　（4）600—800

2. 您的孩子进城后的健康状况__________

（1）很健康　（2）较易生病　（3）经常生病

3. 您孩子进城后健康体检状况：

（1）从未进行过　（2）一年一次　（3）两年一次　（4）其他__________

4. 您孩子的疫苗接种情况：

（1）接种过__________（请回答4.1，4.2，4.3）（2）进城后从未接种（请回答4.4）

4.1　是否接种过以下疫苗（可多选）________________

1. 卡介苗　2. 甲肝疫苗　3. 乙肝疫苗　4. 脊灰疫苗（糖丸）　5. 百白破制剂
6. 麻疹疫苗　7. 风疹疫苗　8. 腮腺炎疫　9. 苗麻风腮疫苗（6.7.8的三联疫苗）
10. 流脑疫苗　11. 水痘疫苗　12. 流感疫苗

4.2　在哪接种的？（请在横线上填写 4.1 中的数字代码）

家乡__________　北京__________

4.3　接种费用支付方式？__________

（1）自费　（2）免费接种

4.4　进城后为什么不接种？__________

（1）不清楚接种地点　（2）费用太高　（3）其他

5. 进城后孩子得了常见病，您的治疗方式一般是__________

（1）去医院　（2）自购药品　（3）自行治疗　（如自配药）

（4）自行康复　（5）其他

6. 对孩子在北京医疗保障的建议____

____

城镇流动儿童医疗保障调查问卷 2

学校老师：您好！

城镇流动儿童的医疗保障问题关系到流动儿童的健康成长，也牵动着每一位教育者的心。为了了解目前城市流动儿童医疗保障方面的状况以及存在的问题，我们设计了这份调查问卷，期望通过本次调查能够发现问题，从而向政府有关部门反映并提出改进意见，为政府部门制定政策提供参考。请您如实认真填写。我们承诺一定会为您提供的信息进行保密。占用了您的宝贵时间，谢谢合作！

一、基本情况

1. 学校名称____________

2. 成立时间____________

3. 在校学生人数__________

4. 有/无校医室或卫生室

5. 学校全职/专职（持证上岗）的医务人员状况无________　有（全职/兼职）

二、流动儿童医疗保障情况

1. 在疫病（如流感）多发期是/否 对学生进行卫生知识传授，是 / 否 进行集体治疗

2. 在校学生参加有关医疗保障的保险（含商业保险）的情况__________

1. 曾经组织但现在停止　2. 计划组织　3. 现已组织（请回答 2.1 2.2）

2.1　费用来源__________ 1. 学生自费　2. 学校支付　3. 政府补贴

2.2　是/否 打算继续组织

3. 在校学生中，是否有因大病住院或进行手术　否＿＿＿＿＿＿　是＿＿＿＿＿＿（请回答 3.1 3.2）

3.1　平均每年有多少起＿＿＿＿＿＿＿＿＿＿＿＿＿＿＿＿＿＿

3.2　学校对患病学生有何帮助措施＿＿＿＿＿＿＿＿＿＿＿＿＿＿＿＿＿＿

4. 希望政府、社会为流动儿童提供什么医保服务＿＿＿＿＿＿＿＿＿＿＿＿

两种不同精算方法下变额寿险保额的比较

刘甲子 柯 嘉

一、引 言

股票、基金和投资型保险是目前家庭理财常选择的投资工具，基金和投资型保险是依靠专家替自己挣钱，比股票风险小，而投资型保险比基金多了保障功能，应首选投资型保险。在投资型保险中又有投连险、增额分红、现金分红和万能险之分。投连险设多个账户供客户自己选择，风险由客户自己承担，客户需时刻关注市场走势，以便实现账户转换，较复杂，且费用较多。增额分红、现金分红及万能险的收益率较稳定，风险比股票、基金和投连险要小。其中增额分红险的收益率比现金分红和万能险要高，应首选增额分红保险。

增额红利法是变额寿险红利分配方式的一种。这种方法通过增加保险金额来分配保单产生的盈余，保单持有人在发生保险事故、期满或退保时才能真正拿到所分配的红利。韩光华（2005）将增额红利法分为三种：定期增额红利、特殊增额红利、终了红利，并对增额红利法与另外两种红利分配方式（保单贡献法、重新估价法）作了比较，强调了增额红利法在灵活性与平滑性上的优势。南开大学的李秀芳老师在《寿险精算实务》中讲解了两种计算红利分配额的两种不同方法：缴清保费增额法与固定保费变额法。

本文沿用韩光华的分类方法，将上述两种计算方法分别归为定期增额红利与特殊增额红利，并从寿险精算学的基本原理出发分析这两种方法的内在逻辑，同时站在投保人的立场对二者的保障性与储蓄性进行比较，为投保人选择合适自己的险种。

本文所有的表格运算都用 Excel 完成，随机模拟程序用 Matlab 运行。

二、红利的产生

保单红利来源于保单定价时的保守假设。譬如过高死亡率与退保率假设，过低的利率设计及过高的预定费用率假设等等。随着保单年度的推移，原定价与保险责任结构中为应付不利偏差而作的过于保守的假设中所含的风险被逐渐释放，这种不再需要的超出应付风险的余额就形成了保单红利。

目前流行的红利计算方法是资产份额法。将保费与保险支出的差额用利率累计到某保单年度的积累值，在有效保单的分摊下，单位有效保单的分摊额，就是某保单年度单位有效保单的资产份额。在实际利率、死亡率与费用率积累累积下得到的实际与建立在经验的基础上的预计资产份额之差就是当期红利。计算公式为：

$$\begin{aligned}
{}_{k+1}D = &({}_{k}F + G)(i'_{k+1} - i) && (a)\\
&+ [(Gc_k + e_k)(1+i) - (Gc'_k + e'_k)(1 + i'_{k+1})] && (b)\\
&+ (1 - {}_{k+1}F)(q'^{(1)}_{x+k} - q^{(1)}_{x+k}) && (c)\\
&+ ({}_{k+1}CV - {}_{k+1}F)(q^{(2)}_{x+k} - q'^{(2)}_{x+k}) && (d)\\
&+ {}_{k+1}D(q'^{(1)}_{x+k} + q'^{(2)}_{x+k}) && (e)
\end{aligned} \qquad (2.1)①$$

其中：${}_{k}F$ —表示保单发行后第 k 年的资产份额；

G —表示年缴总保险费；

c_k —表示按总保费的第 k 年的比例，使 Gc_k 成为第 k 年的附加保费；

e_k —表示在 k 年保险单的整个费用。

${}_{k+1}CV$ —停缴保费时保单的现金价值。

（2.1）式表明，经验资产分额与预定资产份额存在差异，首先差异的结构由四个因素组成。因素（a）是经验利率与预定利率的差异，因素（b）是经验附加诸费用水平与预定费用水平的差异，因素（c）是经验死亡率与预定死亡率的差异，因素（d）是经验解约退保率与预定解约退保率的差异。保险人对这些差异的这种处理，可以看做保险人的潜在利润，是由投保人实际缴付的保险费高出经验保险费水平而形成的。保险公司在一定时期以红利的形式把超额资产份额返还给投保人，这就是分红保险中的红利。而（e）是由于红利只支付给期末生存者对红利数额产生的影响。

因素（a）、（b）、（c）分别代表利差、费差和死差，即所谓的“三差收益”。“三差收益”是寿险公司最主要的收益来源。三差中死差、费差的比例非常小，对于一个精算水平较高的保险公司而言不会在核保、费用方面产生较大的误差，因此一般分红保单的红利大部分来源于投资收益。而投资收益的多少取决于保险公司业务经营能力的强弱，这就表明所谓的保单红利不仅仅是盈利，也有可能是不盈利，没有盈利当然就没有红利可分。而在有盈利的情况下，分红保险的红利来源于该险种投资账户的可分配盈余。但可分配盈余并不等于盈余，红利的分配视保险公司的

① 参见李秀芳.寿险精算实务[M].北京:中国财政经济出版社,2006.

经营情况而定，保险公司每年度计算盈余并进行分配，而保监会规定可分配盈余至少为盈余的70%。在没有盈余的情况下，红利理论上可以为零。应该认识到，分红保险的主要功能依然是保险，而红利的分配只是其附属功能。消费者应该是在有保险需求的基础上才选择购买这类保险，不应该为追求红利而购买保险。

三、红利的分配方式

红利确定了之后便需要合理的分配出去。如何分配每年的红利对保单的销售尤为重要。分红保单红利的分配方式大概可以分为两种：一种为：美式红利(participating dividend)，即每年的红利可以现金形式领取或者积累；另一种为英式红利（with-profit bonuses)，即每年的红利用于增加保险金额等保险利益，在保单到期、保险责任发生、退保的时候可能有给付，年度红利不能够以现金方式领取。对于前者在市场上恐怕并不受欢迎，因为既然投保人购买的是死亡保险，显然更加注重保险保障性，否则的话可以选择基金。而且保额又远远大于所缴的保费，因此每年减少些缴费或返还些现金对有一定收入保障的投保人来说并不重要，这样投保人往往会选择增加将来的保额，由此产生了变额保险。

既然红利等于实际资产份额减去期望资产份额。如果仅仅将上一期末的红利用来增加本期的死亡给付，即 ${}_{k-1}D = b_k \cdot A^{1}_{x+k:1}$（$b_k$ 为增加的保额)，而每期的期望资产份额不变，那么保额就会随着每年投资收益的变动上下波动，一旦经济运行不利于投保人时，保额就会降低，投保人就会对该保险产生怀疑，产生对保险人不信任的情绪。因此保险人需要运用精算技术，将这一波动“修匀”。

变额寿险精算是现代寿险精算的基础，其实质是先按照保守的死亡率和利率计算并收取均衡保费，在保单运行过程中产生红利后合理的计算期望资产份额，将红利分配到期后各期的给付当中，使保额按一定可控的轨迹运行。

下面介绍两种红利分配方式①，为简化分析，先设定几个合理的假设条件：

①准备金等于期望资产份额，用 ${}_kV_x$ 表示。

②不计退保和费用影响。

③忽略实际死亡率与期望死亡率的差异。

④用 b_k 表示第 k + 1 年给付的死亡保费，i'_{k+1} 表示第 k 年的实际投资收益率，用 $P(A_x)$ 表示均衡保费。

（一）缴清保险增额

第一种方法称为“缴清保险增额”。按照这种方法，当年产生的红利被作为缴

① 参见李秀芳．寿险精算实务［M］．北京：中国财政经济出版社，2006.

清保费，即趸缴纯保费（不计费用），使以后各年的保额均衡的增加。这样即使以后的实际投资收益率回落到原来假设的保守水平（AIR），已增加的保额也不会降低，而保费只用于支持原给付水平。

假设第 k+1 期给付的保额为 b_k，可只由红利形成的给付为 b_k-1，于是第 k+1 期初的准备金为 $(b_k-1)A_{x+k}+{}_kV(A_x)+P(A_x)$，按实际利率积累到期末的资产份额为 $[(b_k-1)A_{x+k}+{}_kV(A_x)+P(A_x)-b_kA^1_{x+k:1}](1+i'_{k+1})$，令第 k+2 期给付为 b_{k+1}，则：

$$\begin{aligned}&[(b_k-1)A_{x+k}+{}_kV(A_x)+P(A_x)-b_kA^1_{x+k:1}](1+i'_{k+1})\\&=p_{x+k}[(b_{k+1}-1)A_{x+k+1}+{}_{k+1}V(A_x)]\end{aligned}\tag{3.1}$$

又由于：

$$\begin{aligned}&[(b_k-1)A_{x+k}+{}_kV(A_x)+P(A_x)-b_kA^1_{x+k:1}](1+i_{k+1})\\&=p_{x+k}[(b_k-1)A_{x+k+1}+{}_{k+1}V(A_x)]\end{aligned}\tag{3.2}$$

两式整理得：

$$\frac{1+i'_{k+1}}{1+i_{k+1}}=\frac{(b_{k+1}-1)A_{x+k+1}+{}_{k+1}V(A_x)}{(b_k-1)A_{x+k+1}+{}_{k+1}V(A_x)}\tag{3.3}$$

将责任准备金的缴清保费公式：

$${}_{k+1}V(A_x)=[1-\frac{P(A_x)}{P(A_{x+k+1})}]A_{x+k+1}$$

代入（5.1.3）可获保额的递推关系：

$$b_{k+1}-\frac{P(A_x)}{P(A_{x+k+1})}=[b_k-\frac{P(A_x)}{P(A_{x+k+1})}]\frac{1+i'_{k+1}}{1+i_{k+1}}\tag{3.4}$$

观察可发现按照这种方法，期望资产份额会随着红利的分配而不断变化。比如在第 k 期末，第 k+1 期末的期望准备金就从 $(b_k-1)A_{x+k+1}+{}_{k+1}V(A_x)$ 变为 $(b_{k+1}-1)A_{x+k+1}+{}_{k+1}V(A_x)$。

（二）固定费用变额法

这种方法假设准备金与保额同比例，但收取的保费不变，因此称为“固定费用变额法”。

这样假设第 k+1 期给付额为 b_k，则其期初准备金为 $b_kV(A_x)$，收取保费 $P(A_x)$，按实际利率 i'_{k+1} 积累到期末，并令第 k+2 期给付额为 b_{k+1}，则：

$$[b_kV(A_x)+P(A_x)-b_kA^1_{x+k:1}](1+i'_{k+1})=p_{k+1}b_{k+1\,k+1}V(A_x)\tag{3.5}$$

又由于：

$$[b_k V(A_x) + P(A_x) - A^1_{x+k:1}](1 + i_{k+1}) = p_{k+1\,k+1}V(A_x) \tag{3.6}$$

两式结合得：

$$b_{k+1} = b_k\left[\frac{V(A_x) + P(A_x)/b_k - A^1_{x+k:1}}{{}_kV(A_x) + P(A_x) - A^1_{x+k:1}}\right]\frac{1 + i'_{k+1}}{1 + i_{k+1}} \tag{3.7}$$

四、两种分配方法的比较

对于缴清保险增额（后面简称“第一种方法”），式（3.4）可化为：

$$b_{k+1} = b_k\frac{1 + i'_{k+1}}{1 + i_{k+1}} - \frac{i'_{k+1} - i}{1 + i_{k+1}}\frac{P(A_x)}{P(A_{x+k+1})} \tag{4.1}$$

对于固定保费变额法（后面简称“第二种方法”），式（3.7）可化为：

$$b_{k+1} = b_k - \frac{P(A_x)(b_k - 1)}{{}_kV(A_x) + P(A_x) - A^1_{x+k:1}}\frac{1 + i'_{k+1}}{1 + i_{k+1}} \tag{4.2}$$

由于 ${}_kV(A_x) + P(A_x) - A^1_{x+k:1} = \dfrac{p_{k+1}}{1 + i_{k+1}}V(A_x) = E_{x+k\,k+1}V(A_x)$，（4.2）式可化为：

$$b_{k+1} = b_k\frac{1 + i'_{k+1}}{1 + i_{k+1}} - \frac{1 + i'_{k+1}}{1 + i_{k+1}}\frac{P(A_x)(b_k - 1)}{E_{x+k\,k+1}V(A_x)} \tag{4.3}$$

现假设两种方法的期望死亡率、利率相等，即 b_k 相等。则（4.3）减（4.1）得：$b^{(2)}_{x+1} - b^{(1)}_{x+1} = \dfrac{i'_{k+1} - i}{1 + i_{k+1}}\dfrac{P(A_x)}{P(A_{x+k+1})} - \dfrac{1 + i'_{k+1}}{1 + i_{k+1}}\dfrac{P(A_x)(b_k - 1)}{E_{x+k\,k+1}V(A_x)}$

化简得：
$$\frac{(b^{(2)}_{x+1} - b^{(1)}_{x+1})(1 + i'_{k+1})}{P(A_x)} = \frac{i'_{k+1} - i}{P(A_{x+k+1})} - \frac{(1 + i'_{k+1})(b_k - 1)}{E_{x+k\,k+1}V(A_x)} \tag{4.4}$$

由此可知：

$$b^{(2)}_{x+1} - b^{(1)}_{x+1} > 0 \Leftrightarrow b_k < 1 + \frac{i'_{k+1} - i_{k+1}}{1 + i_{k+1}}\frac{E_{x+k\,k+1}V(A_x)}{P(A_{x+k+1})} = 1 + \frac{i'_{k+1} - i_{k+1}}{1 + i_{k+1}}E_{x+k}\left(1 - \frac{P(A_x)}{P(A_{x+k+1})}\right)\ddot{a}_{x+k+1} \tag{4.5}$$

比较式（4.1）与式（4.3）可看出，当 b_k 较小时，第二中的保额随实际利率上升速度快于第一种。因此可以想象在保单运行前期，只要实际利率高于期望利率，那么第二种的保额一定会大于第一种。另一方面，当保单的运行出现亏损，使得 $b_k < 1$ 时，一旦运行好转后又产生了红利，那么第二种保额的增长速度会非常迅速

（即 $\frac{b_{k+1}}{b_k} > \frac{1+i'_{k+1}}{1+i_{k+1}}$）。然而随着时间的推移，式（4.5）最后一项中的 $E_{x+k}(1-\frac{P(A_x)}{P(A_{x+k+1})})\ddot{a}_{x+k+1}$ 越来越小，那么逐渐变大的 b_k 就有可能使 $b^{(2)}_{x+1} - b^{(1)}_{x+1} < 0$，从而使第一种的保额反超第二种，甚至即使实际投资收益没变仍然大于预期，第二种保额增速也会越来越慢进而出现负增长①。而第一种方法只要实际利率不低于预期，保额就不会减少。另外，如果遭遇突然的经济波动，第二种保额会紧随经济波动同方向急剧震荡，而第一种的变化则温和得多。这是否说明第一种方法储蓄性强，第二种方法保障性强呢？

五、随机模拟实验

对于例 1 中的情况，假设相邻两期的实际利率之比服从对数正态分布，即 $\ln(\frac{1+i'_{k+1}}{1+i'_k})—N(\mu,\sigma^2)$。令 $i'_0 = 0.07, \mu = 0, \sigma = 0.01$。这一假设是合理的：

$\because\ 3\sigma = 0.03 \approx \ln\frac{1.1}{1.07},\ -3\sigma = -0.03 \approx \ln\frac{1.04}{1.07}$

$\therefore\ P(1.04 \leqslant 1 + i' \leqslant 1.1) \geqslant 90\%$

同时对两种给付方式模拟 1000 次，结果见表 1－1、表 1－2

表 1－1　死亡给付

	均　值	方　差
第 1 种	1.0645	0.0432
第 2 种	1.0825	0.0542

表 1－2　最后生存给付

	均　值	方　差
第 1 种	1.2357	0.2755
第 2 种	1.2318	0.2688

由此可见：第 1 种给付方式的死亡保额往往不如第 2 种高，但比第 2 种稳定；而第 1 种方式的生存给付均值大于第 2 种，但两者生存给付方差都较大。

六、对固定保费变额的再认识

首先看这样的一种情况：在例 1 的条件下，让利率在 0.08 和 0.085 之间交替变化，但始终高于定价时的期望利率 0.06。结果见表 2 与图 1。

① 这种情况是否会出现将在本章最后给出答案。

表 2

时　期	0	1	2	3	4	5	6	7	8	9
利　率	0.08	0.065	0.08	0.065	0.08	0.065	0.08	0.065	0.08	0.065
第 1 种	1	1.0009	1.0015	1.0053	1.0066	1.0131	1.015	1.024	1.0265	1.0377
第 2 种	1	1.0189	1.0113	1.0259	1.0236	1.0379	1.0365	1.051	1.05	1.0648
10	11	12	13	14	15	16	17	18	19	20
0.08	0.065	0.08	0.065	0.08	0.065	0.08	0.065	0.08	0.065	
1.0408	1.0541	1.0577	1.0731	1.0772	1.0944	1.0989	1.1179	1.1228	1.1435	1.1489
1.0643	1.0794	1.0792	1.0947	1.0948	1.1108	1.1112	1.1277	1.1284	1.1454	1.1475

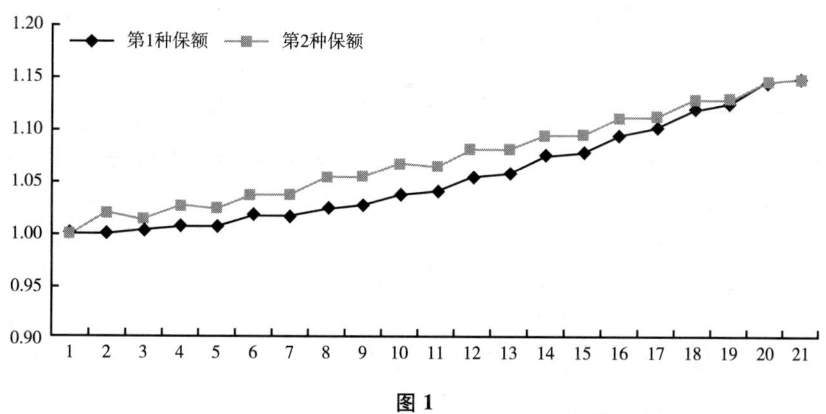

图 1

可以看到第 2 种保额在利率下降到 0.065 的后一期保额比前一期有所下降。这是因为第 2 种给付在当期死亡保额随准备金同比例变动后，保费并没有变化，更不能保证以后各期保额的变化趋势。而第 1 种方法的保额却是随时间一直上升的，因此第 1 种分红方法属于定期增额法，第 2 种属于特殊增额法。

由前面的分析已经可以看到，固定保费变额（第 2 种）方法随着时间的推移，保额变化会放缓。令人担心的是：在实际利率高于期望利率且保持不变的环境中，保额是否会随时间增加得越来越慢甚至最后不增反降呢？如果会的话，这种情况的发生无疑将使投保人对保险公司的信心产生动摇，不利于保险人的形象和保单将来的销售。

式（3.7）可变为：

$$b_{k+1} = \frac{1+i'}{1+i'}\left(b_k \frac{{}_kV(A_x) - A^{1}_{x+k:1}}{{}_kV(A_x) + P(A_x) - A^{1}_{x+k:1}} + \frac{P(A_x)}{{}_kV(A_x) + P(A_x) - A^{1}_{x+k:1}}\right) \tag{7.1}$$

为方便分析，令 $I = \frac{1+i'_{k+1}}{1+i'_k}, a_k = \frac{{}_kV(A_x) - A^1_{x+k:1}}{{}_kV(A_x) + P(A_x) - A^1_{x+k:1}}, c_k = \frac{P(A_x)}{{}_kV(A_x) + P(A_x) - A^1_{x+k:1}}$

则有：$b_{k+1} = I(a_k b_k + c_k)$。假设 $b_k \geqslant b_{k-1} \geqslant b_{k-2}\cdots$，则：

$$\begin{aligned} b_{k+1} - b_k &= I(a_k b_k + c_k - a_{k-1}b_{k-1} - c_{k-1}) \\ &\geqslant I(a_k b_k + c_k - a_{k-1}b_k - c_{k-1}) \\ &= I[(a_k - a_{k-1})b_k + c_k - c_{k-1}] \end{aligned}$$

注意到 $a_k + c_k = 1$，于是：

$$b_{k+1} - b_k \geqslant I(a_k - a_{k-1})(b_k - 1)$$

又由 ${}_kV(A_x) - A^1_{x+k:1} = vp_{k\,k+1}V(A_x)$ 得：

$$b_{k+1} < b_k \xrightarrow{\text{必要条件}} p_{k-1\,k}V(A_x) > p_{k\,k+1}V(A_x) \tag{7.2}$$

由此可见，在 i' 不变的条件下，$b_{k+1} - b_k > 0$ 至少需要三个条件：

① i' 较小。

② b_{k-1} 与 b_k 充分接近。

③ $p_{k-1\,k}V(A_x) > p_{k\,k+1}V(A_x)$

由前面对准备金随时间变化规律的分析可知，条件③在 d_k 充分大时是可以实现的。

由前面的分析已经知道，在正常情况下两全保险的准备金是随时间递增的，即 ${}_{k+1}V(A_x) > {}_kV(A_x)$，这样要使式（7.2）成立，需要 $p_{k-1} \geqslant p_k$ 即死亡率从某年（第 k 年）开始突然极大提高。见表 3 与图 2。

表 3

时　期	0	1	2	3	4	5	6	7	8	9
死亡率	0.002	0.0018	0.002	0.0021	0.0023	0.0024	0.0026	0.0028	0.003	0.0033
第 1 种	1	1.0189	1.0181	1.028	1.038	1.0483	1.059	1.0699	1.0812	1.0929
第 2 种	1	1.0189	0.9876	1.0112	0.9891	1.0101	0.9894	1.0095	0.9894	1.0091

时　期	10	11	12	13	14	15	16	17	18	19	20
死亡率	0.0036	0.0038	0.0041	0.0044	0.0048	0.7	0.7	0.7	0.7	0.7	
第 1 种	1.1048	1.1172	1.1299	1.143	1.1565	1.1704	1.171	1.1717	1.1727	1.1744	1.189
第 2 种	1.1048	1.1172	1.1299	1.143	1.1565	1.1704	1.1639	1.1584	1.1539	1.1509	1.1657

第 1 种情况是将最后 5 年死亡率上升到 0.6，其他条件不变。第 2 种情况则更进

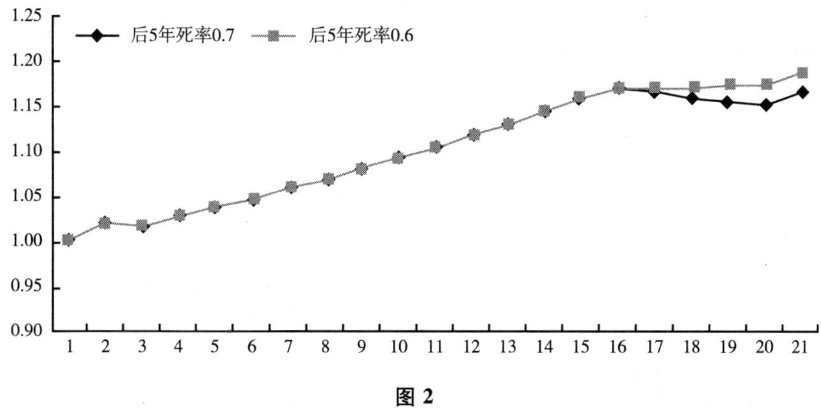

图 2

一步，上升到 0.7。可以看到，当最后 5 年死亡率上升到 0.7 时，从倒数第四年开始保额确实比上一年下降了。

现将死亡率突然大幅提高的时间再提前 5 年，即从第 10 年开始，死亡率提高到 0.6。结果见表 4 与图 3：

表 4

时期	0	1	2	3	4	5	6	7	8	9	10
保额	1	1.0189	1.0184	1.0283	1.0384	1.0488	1.0595	1.0706	1.082	1.0938	1.1059
时期	11	12	13	14	15	16	17	18	19	20	
保额	1.1028	1.1004	1.0985	1.0969	1.0958	1.0949	1.0944	1.0944	1.0955	1.1214	

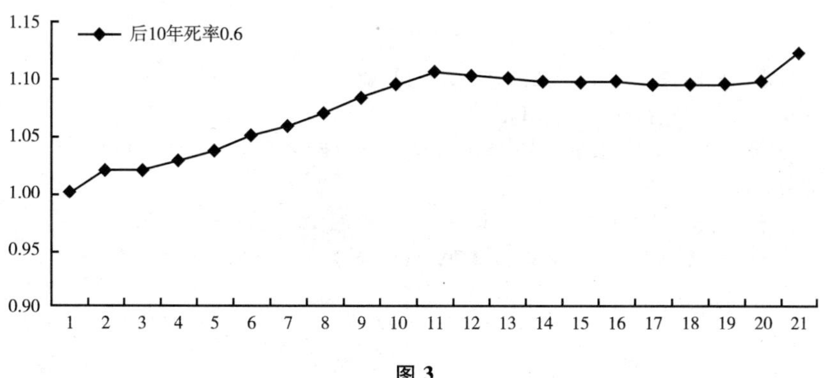

图 3

可以看到在这种情况下，保额从第十年便已经开始下降了。注意到上一种情况后

5年死亡率提高到0.6时保额并没有下降，这说明死亡率突然大幅提高发生在前期更容易使保额下降。这是因为式（3.7）右边括号内 $\frac{1}{b_k}$ 的权重 $\frac{P(A_x)}{{}_kV(A_x)+P(A_x)-A^1_{x+k:1}}$ 是随时间递减的，也就是 $\frac{{}_kV(A_x)-A^1_{x+k:1}}{{}_kV(A_x)+P(A_x)-A^1_{x+k:1}}$ 随时间递增（这一点从附录机模拟程序中的q（k）值可以得到验证）。因此在前期 b_k 对 b_{k+1} 反作用的影响更加明显。

综上所述，这一猜想在理论上是可以实现的。但是死亡率暴涨到如此高的高度在现实中是无法想象的，因此有理由相信，在实际利率比期望利率高并保持稳定的环境中，固定保费变额（第2种）给付方式下保额不会下降。

即使现实中真的存在死亡率突然大幅提高的生命表，由于其发生时间和强度是可预期的，因此保险人可提前采取有效防范措施或者在这种情况下不适用固定保费变额给付方式。

七、结　　论

缴清保险增额的死亡保障不及固定保费变额，但储蓄性强于后者。因此投保人在购买分红变额寿险时，应先清楚分红的方式，选择自己需要的类型。

最后值得一提的是，大多数情况下（只要实际利率不低于保守的预定利率），缴清保险增额两全保险的保额一般是逐年递增的，并且最后生存给付提高得更快。这在某种程度上会给被保险人带来额外的生存下去的动力，也许这才是真正的“保障性”所在。

参考文献

[1] 卓志．寿险精算［M］．西南财经大学出版社，2001。

[2] 李秀芳．寿险精算实务［M］．中国财政经济出版社，2006。

[3] 肖莺．中国寿险公司分红产品的现金流风险及管控研究．西南财经大学硕士论文，2006。

[4] 张宁．分红保险中的红利来源分析［J］．金融发展研究，2008.01。

[5] 万里祥．理财投资为什么首选增额分红保险［J］．卓越理财，2007.07。

保险二等奖

BAOXIAN ERDENGJIANG

2

论小额信贷和小额保险在农村市场的结合

——基于山东省寿光市和沂源县的实地调研

边文龙

一、引　言

根据世界银行扶贫协商小组（CGAP）的定义，小额信贷是指为低收入家庭提供的金融服务，包括贷款、储蓄、保险和汇款服务。保险是小额信贷的服务项目之一，但在我国的实际操作中，小额信贷主要指为低收入家庭提供贷款服务。小额保险主要是指面向低收入人群，依照风险事件的发生概率及其所涉及成本按比例定期收取一定的小额保费，旨在帮助低收入人群规避某些风险的保险。

在我国，小额信贷在农村市场上发展迅速，但同时也暴露出许多问题。目前在许多地区，小额信贷采取的是“五户联保”的模式，有些地方甚至实行的是“五户联保+强制保险”的模式。从农民的角度来看，他们普遍认为“五户联保”的条件过于苛刻，很多农民因为达不到贷款要求而放弃向银行贷款，在一定程度上制约了小额信贷的进一步发展。从银行的角度来看，他们认为采取“五户联保”的模式主要是为了降低信贷风险，农业受自然条件的影响很大，加之农民自身的素质不高，导致银行对于小额信贷的呆账、坏账率一直维持在较高的水平。

小额信贷和小额保险相结合成为解决上述矛盾很好的方法。本文想从另一个角度对两者结合的原因进行分析：保险，从本质上来说与看跌期权的性质十分相似。在保险合约中，如果被保险人发生意外事故，造成人身伤亡或者财产损失，其实就是意味着可保资产价值的下跌，此时，保险人将支付给被保险人或受益人一定的保险金额，被保险人或者受益人从资产的下跌中受益。如果在保险期间内被保险人没有发生保险事故，保险人将不进行任何支付，类似于看跌期权中当资产价值不变或上升时，买方将不行权，而投保人向保险公司支付的保险费恰恰就是看跌期权的期权费。提到看跌期权，可能很多人会想到投机，但是，创造期权最初的目的是为了套期保值，这也是期权最主要的作用，而保险恰恰是对可保资产的保值。在小额信贷中，我们可以利用小额保险对贷款人面临的风险进行“套期保值”，一方面可以使银行的贷款条件逐渐放宽，另一方面，农民的信贷风险明显降低，双方的矛盾得到缓解。

但是，如何让小额信贷和小额保险相结合成为当前议论的热点问题。类比期权市场，对于同一项风险，会有很多套期保值的方法。因此我们可以从中得到一点启示：必须对小额信贷与不同的小额保险险种进行创造型的结合，才能充分发挥小额信贷和小额保险的优势。本文将基于对山东省寿光市和沂源县的实地调研，指出目前在农村小额信贷和小额保险市场存在的问题，并对两者的结合方式提出自己的建议。

二、小额信贷和小额保险在农村市场存在的问题及发展前景

本文作者带领项目组到山东寿光市和沂源县进行实地调研，以发放调查问卷、对农民、村委会的干部和农村信用社、保险公司领导进行采访等多种方式获得了宝贵的数据和资料。其中调查问卷（大部分题目都可以多选）主要由四部分组成：农民面临的风险和困难、对农村保险市场的建议、对小额信贷及银行的建议和对小额信贷和小额保险相结合的看法。问卷共发放 200 份，在寿光市和沂源县各发放 100 份。下面主要从这四个方面阐述目前在贷款和保险市场中存在的问题，为小额信贷和小额保险的结合指明方向。

（一）农民面临的风险和困难

1. 市场价格的不稳定、恶劣天气和病虫灾害是农业生产中的主要风险。当被问及农业生产中面临的主要风险时，寿光的调研中有 57.14% 的受访者选择市场价格的不稳定，另有 38.78% 和 28.57% 的受访者分别选择恶劣天气和病虫灾害。在沂源的调研中，三项所占比例分别为 65.10%、36.46% 和 14.58%。在我们对农民的采访中，大家特别提及了种子和化肥的价格上升得过快，比如化肥的价格由原来的每吨 1350 元上升到现在每吨 2000 元左右。这个结果从一个角度说明了农民不能偿还贷款很大的原因来自于以上三个方面，这对保险公司也是一个很大的启示：应该开发应对以上三种风险的险种，以满足农民规避风险的需求。

2. 政府对农民的补贴和支持有待提高。在被问及在农业生产中面临的主要困难时，寿光的调研中有 51.52% 的受访者认为政府的资助太少，沂源的调研中也有 46.88%。而且绝大多数受访者在遇到困难时，都会选择自己承担，很少一部分人会选择求助政府或银行。其实小额信贷和小额保险的结合需要政府的参与，毕竟小额保险采取的是薄利多销的方式，而且面临的风险高且不易转嫁，政府的参与会提高农民和保险公司参与的积极性。一方面，政府应该给予农民更多的资助和补贴，在

对农民和村干部的采访会中，我们了解到，对于购买大棚的农民，政府每人每亩地只给予20元左右的补助，这对于购买大棚的农民来说是杯水车薪。另一方面，政府应该给予保险公司税收等方面更多的优惠，具体分析将在后文论述。

（二）对保险市场的建议

1. 保险的宣传力度明显不足

在被问及对农业保险的认识时，寿光调研中，有65.51%的受访者对农业保险不太了解或不了解，在沂源的调研中，这一比例也高达79.69%。在采访的过程中，大多数农民只听说过养老保险，对其他保险的了解少之又少。这一方面说明了：从目前来看，农村保险市场还是一个没有开发的市场，具有很大的市场潜力，但与此同时也说明了政府和保险公司加强保险的宣传力度的必要性。政府和保险公司可以采取定期派专业人员到农村举行宣讲会或者聘任当地比较有声望的人作为保险推销员和咨询员等多种方式，让更多的人了解农业保险，尤其是小额保险，为小额信贷和小额保险的结合打下良好的基础。

2. 保险公司的服务态度和理赔速度有待提高

在被问及目前保险公司开办的保险业务存在的问题时，在寿光的调研中，有34.48%的受访者认为拒赔现象严重，而且有36.78%的受访者认为理赔时办理手续过于麻烦。在沂源的调研中，两者的比例也分别达到了46.35%和37.50%。在对农民的采访过程中，我们深切地体会到他们对保险公司的服务态度和理赔速度有很大的意见，绝大多数受访者认为保险公司在理赔时态度冷淡，而且从申请理赔到真正获得赔款，中间的过程可能长达2个月甚至更长。当前在农村市场中，保险公司的业务操作存在很多不规范的地方，因此保险公司应该加强对公司人员的培训，改善服务态度，提高理赔速度和办事效率。

3. 农村潜在的保险需求很大，保险公司应加大小额保险的开发力度，迎合市场需求

在采访农民的过程中，我们了解到绝大多数农民认为保险是一个很好的规避风险的方法，但是由于保险公司的服务和险种不适合他们的需求等原因，他们的潜在需求并没有转化成实际需求，而小额保险险种的开发就是一个迎合农村市场需求很好的途径。毕竟对于农民来说，其收入相对于城镇居民来说还有很大的差距，因此保费低廉的小额保险更适合他们。保险公司也应该投入更多的精力来了解农村保险市场的真正需求，开发出适合市场的产品。

（三）对小额信贷及银行的建议

1. 银行贷款条件苛刻和贷款利息高成为农民关注的焦点

在被问及在贷款方面的主要困难时，在寿光调研中，有52.94%的受访者认为

银行的贷款条件苛刻，有45.88%的受访者选择贷款利息高。在沂源的调研中，认为银行贷款条件苛刻的比例竟然高达81.77%，另外有29.17%的人认为贷款利息高。前面已经论述，银行贷款条件苛刻成为农民非常关注的问题，而贷款利息高很大程度上也是因为农民的信贷风险较高。因此，如何降低贷款条件和贷款利息成为亟待解决的问题，而小额信贷和小额保险的结合正好提供了解决此问题很好的方法。

2. 农民的贷款需求很高，但是没有把潜在的贷款需求转化为实际的银行贷款

在被问及对于贷款的认识时，在寿光的调研中，有51.19%的受访者认为贷款是非常好的解决资金不足的手段，在沂源的调研中，这个比例也达到69.79%。与此形成鲜明对照的是，在被问及遇到困难时是否会选择银行贷款时，寿光的调研中只有11.46%的受访者选择此项，而沂源的调研中，也只有10.52%。从两项的对比中，我们发现，现实中农村潜在的贷款市场是十分巨大的，之所以没有把潜在的贷款需求转化为实际的银行贷款，一方面与"五户联保"制度过于苛刻有关，另一方面也与银行的宣传和服务有很大关系。在采访过程中，很多受访者也提到办理贷款的手续过于烦琐，而且银行的服务态度不是很好，因此，银行应该尽可能地精简贷款手续，在服务态度上也应该有所提高。

3. 小额信贷的信贷额应该因地区而异，银行应该在实行小额信贷前做好调研工作

在我们的调研中，很多农民提到银行应该适当提高最大限贷额。而且据我们了解，如果要进行大棚种植，需要3万到5万元的资金，如果发展种植业，肯定需要更多的金额。而且，从我们对寿光和沂源的对比中，我们也发现，不同的地区，由于当经济发展方向以及发展水平的不同，所需的信贷资金有较大的差距。因此，银行对于小额信贷的信贷额要根据经济的发展水平和当地的具体情况作出适当的调整，而且有必要完善对农村信贷市场的信用评级体系，逐步实现对不同等级的贷款人实行不同的贷款限额。

（四）对小额信贷和小额保险相结合的看法

1. 农民对小额信贷和小额保险相结合的认可程度较高，说明这种模式的结合有很大的发展空间

在被提及是否会选择小额信贷和小额保险的模式时，寿光的调研中有81.25%的受访者表示会考虑购买，并认为这是一种很好的结合方式。而在沂源的调研中，这一比例也达到83.75%。这说明，这种模式是有很大发展空间和市场潜力的，因此，我们应该加大对这种模式的开发力度。

2. 在推进这种模式的过程中要注意银行和保险公司的合作，加大宣传力度

在采访农民的过程中，许多人表示银行和保险公司有必要加强这种模式和相应

产品的宣传，尤其注重对这种新型产品的优势要用尽量通俗易懂的语言让农民真正明白，才能刺激购买产品的愿望和需求。前面的讨论中也提到过保险公司存在宣传力度明显不足的问题，因此借助这次与银行合作的契机，保险公司应该尽力做好宣传工作，努力改善在农民心目中的形象，为自身的发展创造更好的市场环境。

三、对于小额信贷和小额保险结合形式的探讨

总的来说，在小额信贷和小额保险发展的初期，我们应该坚持“政府、银行和保险公司相结合”的模式，政府的介入是十分必要的。首先，由于小额保险的保费低廉，采取薄利多销的方式，在这种模式没有完全被市场认可的情况下，多销的目标是很难实现的，因此，保险公司难以赢利，这就需要政府对保险公司给予必要的支持。另一方面，由于农业受自然条件的影响非常大，而且损失的分布和时间很难控制和计算，因此保险公司难以精确地计算保费。最后，小额保险从本质上来说也是社会保险的一个补充，政府应该负有很大的责任。

从外国经验来看，印度是小额信贷和小额保险发展比较发达的国家。1999 年至 2000 年，在修订改造以往制度基础上，印度构造了强制参与的、同农户银行信贷额度挂钩的、政府提供财政补贴的、覆盖到重要农产品和主产地的“政府—市场结合型”农业保险制度（NAIC 制度），并由新授权的专业农业保险公司 AICIL 负责实施。政府的有力支持主要表现在财政补贴和担保上，因市场价格风险的超额损失，由政府担保支付，从财务上解除了农业保险的后顾之忧。近年的实践表明，印度信贷和小额保险的模式颇有成效。

因此，对于我国来说，一方面，政府应为小额保险发展提供税收政策支持。比如，要适当减免保险公司经营小额人身保险业务的营业税，提高保险公司开办、经营小额人身保险业务的积极性，要适当减免保险公司营销员销售小额保险业务的营业税和所得税，尤其应该减少农村保险营销员的税收负担。另一方面，政府应该提供保费补贴来促进这种模式的发展。

具体来说，小额信贷和小额保险可以有以下几种结合模式：

1. 小额信贷和保证保险相结合

其实目前在一部分地区出现的“五户联保 + 强制保险”的模式中，强制保险从本质上来说就是一种保证保险，它是保险公司从非常全面的角度为被保险人做的担保，一旦被保险人在贷款期间由于可保风险的发生不能偿还贷款，保险公司将代替被保险人向银行偿还贷款。当然，这种模式最大的缺点就是保险公司面临的风险过高，容易出现逆选择和道德风险。

2. 小额信贷和人寿保险相结合

在这种模式下，小额保险以小额信贷的贷款人的生命或身体作为保险标的，

以贷款人的死亡作为保险事故，当保险事故发生时，保险人替被保险人偿还小额信贷机构的贷款。只要收到被保险人的死亡证明材料后，保险人就支付剩余的未偿还的贷款给贷款机构。保费与贷款的本金大小以及贷款期限长短相关，保费占贷款比例不宜过高，可以在被保险人申请贷款时直接扣除。从调研中我们也了解到，目前农民对人寿保险的了解是最多的，因此这种模式在推广上也相对容易。

3. 小额信贷和健康保险相结合

在这种模式下，以被保险人在保险期间内，因患疾病、生育所致残疾或死亡时，或因疾病、意外伤害不能工作而减少收入时，由保险人负责向信贷机构支付未偿还的贷款，承保的风险主要是因疾病导致的医疗费用开支损失和意外伤害致残导致的正常收入的损失。保险公司可以给予贷款人两种选择：一种是当发生保险事故时，仅对被保险人的医疗费用或收入损失进行赔偿，不替被保险人向银行偿还贷款；另一种选择是当发生保险事故时，不仅对被保险人支付医疗费用或收入损失，还要替被保险人向银行偿还贷款，但收取的保险费比前一种选择要高。但是，这种模式的复杂性在于如何确定保险人替被保险人偿还贷款的多少和期限。如果被保险人在保险期间内死亡，保险公司应该偿还所有剩余贷款，但是如果被保险人在保险期间内只是住院治疗或者残疾，偿还贷款的比例应视具体情况而定。

4. 小额信贷和意外伤害保险相结合

这种模式是指在保险合同有效期内，被保险人由于外来的、突发的、非本意的、非疾病的客观意外事故造成的身体的伤害，并以此为直接原因致使被保险人死亡或残疾的，由保险人替被保险人向银行偿还贷款。和健康保险一样，意外伤害保险也可以有两种方式供贷款人选择：一种是仅对由意外伤害造成的被保险人的损失进行赔偿，不替被保险人偿还贷款；另一种是不仅对由意外伤害造成的被保险人的损失进行赔偿，而且还要替被保险人偿还贷款。如果被保险人因意外事故死亡，保险人应该替被保险人偿还所有剩余贷款，但当被保险人残疾时，偿还的贷款金额应该与被保险人的残疾程度有关。

5. 小额信贷和新型保险相结合

在我们的调研中也注意到农民在农业生产中主要面临的风险是市场价格的不稳定、恶劣天气和病虫灾害，因此，保险公司可以针对以上风险开发出新型的险种，提高农民的抗风险能力，从而降低信贷风险。比如，在印度有一种名叫指数天气的保险，它按实际天气事件，比如降雨指数低于约定指数的偏差支付，保单利益的依据是客观独立的气象指标与约定承保指标，依照风险事件的发生概率及其所涉及成本按比例定期收取一定的小额保费。印度的新型保险险种值得我们去借鉴，比如我们也可以推出小额信贷和市场价格指数保险，当市场价格指数超过某一固定值时，由保险人替被保险人向银行提供部分贷款。

目前我国的小额信贷和小额保险的结合还处在探索和起步阶段，本文基于山东省寿光市和沂源县的调研，指出了目前农村市场中小额信贷和小额保险面临的主要问题，提出了几种可能的发展模式。总之，政府、银行和保险公司应该加强合作，努力探索出适合中国的小额信贷和小额保险的发展道路。

参考文献

[1] 曹雪琴：《农业保险创新和天气指数保险的应用》，《上海保险》2008年第8期。
[2] 郑竑：《论农村小额保险和小额信贷的结合》，《福建金融》2009年第6期。
[3] 张静：《我国开展小额保险研究》，硕士论文。

关于在贵州省都匀市开展政策性森林保险的可行性分析

任雅姗

近年来，贵州省都匀市在旅游业等新兴产业的带动下发展迅速。青云湖国家级森林公园的申报成功，石板街风情游等旅游特色的开发，使得这个有几百年历史的老城焕发出新的发展态势。贵州以山清水秀而闻名于世，在大力发展山水旅游的同时更加要注重自身森林资源的保护。

一、森林保护概念的提出及意义

近年来，对于保护自然资源，爱护自然环境的呼声不断提高。温室效应，各种极端气候的出现引起了人们心里对于自然环境的担忧，并一步步触动人们的内心防线。在联合国气候大会上，各国对于防治气候变化均表示出了高度的关注。森林资源的保护问题被提上了一个新的高度。

长期以来，中国缺乏对于森林保护意识的树立。大量木质家具的流行进一步加大了对木材的需求，使一直供不应求的木材供应市场形势显得更加严峻。由于中国经济的快速发展，木材需求量将会一直维持在较高水平，这将对森林资源的保护形成挑战。

加强森林保护具有很强的现实意义。森林中有丰富的物质资源，保护森林资源对于保护遗传多样性和物种多样性意义非凡。同时，森林对于净化空气，改善气候也有积极作用。因此，走可持续发展的道路，在经济发展的同时保护环境是建立良好的居住环境、发展环境的必然选择。

二、都匀市目前的森林资源及保护状况

（一）森林资源概况

都匀市是黔南布依族苗族自治州的首府，总面积227860公顷。全市现有林业用地140112.6公顷，占61.5%；非林业用地87737.4公顷，占38.5%。按照《森林法实施条例》计算，森林面积123331.66公顷，森林覆盖率54.13%。

在林业用地中，有林地115811.4公顷，疏林地1420.41公顷，灌木林地20778.37公顷，苗圃地81.96公顷，未成林造林地677.78公顷，宜林地492.13公顷，无立木林地849.65公顷，辅助生产用地10.9公顷。

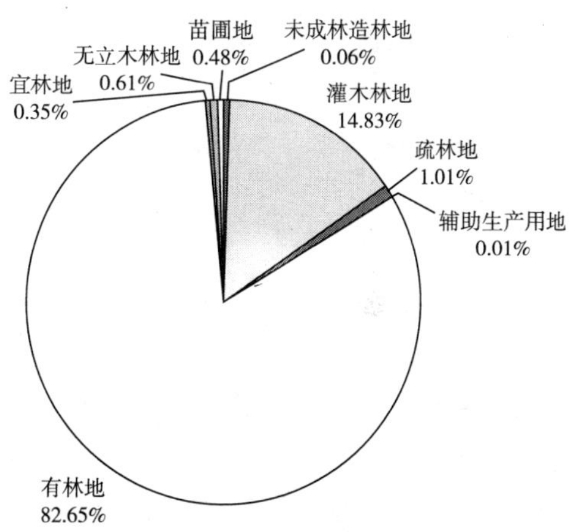

图1　各类森林面积构成图

（二）森林资源保护情况

都匀市现通过多种途径确保对森林资源的有效保护。

1. 管护机制

（1）森林防火指挥部统筹指挥

都匀市以森林防火指挥部统筹管理森林防火工作。对主要领导人签订“双向”责任状，明确防火目标和防火责任，保障森林防火工作的顺利进行。以下为都匀市森林防火指挥部成员结构图（图2）。

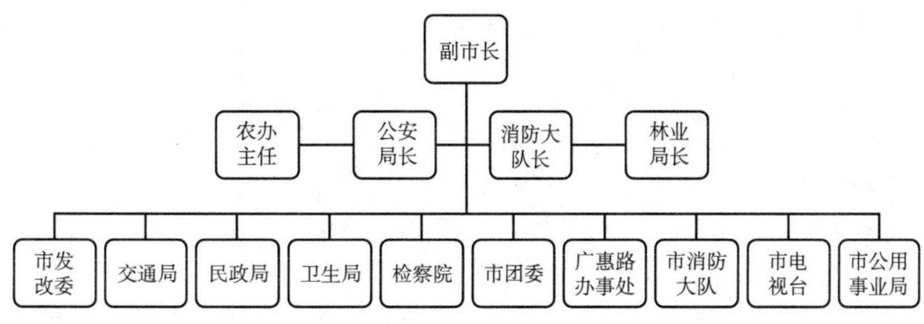

图2　都匀市森林防火指挥部成员结构图

（2）国有、集体、个人林区的管护协调发展

国有林区、集体林区和个人林区的护林防火工作都隶属森林防火指挥部管理，各林业局、林场、林业站的机构各自管辖相应区域。防火应急队员24小时随时准备应对火情。护林人员各自划分管辖区域，划分责任和有效管辖范围。但在紧急情况下，即在发生重大火情的情况下，相邻、相近区域的应急人员需要随时应对紧急调动人员的需要，特别是对火情可能蔓延到本区域林区的情况予以特别支援。

（3）三重激励机制共同保障

A. 经济机制

森林资源管护实行管护承包制，管护工资与管护实绩挂钩，兑现奖惩。对于自身管护的区域，如在一定管护期内未发生火灾事故，则相应工资上涨；若火灾发生在管护区域内，则对管护人员采取经济惩罚措施。以这样的奖惩机制保证管护人员对管辖片区的尽力保障，最大限度减少火灾发生的可能性。

B. 保障机制

根据管护面积的大小，从管护资金中提取相应经费。主要用于管护人员的培训、组织森林火灾的扑救、森林病虫的防治、检疫、监督的开支。

C. 监督机制

市天然林资源管护领导小组对全市森林资源管护进行监督，各林业站对该片区管护情况进行定期与不定期检查，管护人员工资实行报账制。

另外，还通过划分禁伐区、限罚区、商品林经营区等对森林资源进行切实保护。

2. 植树造林

从1995年到2006年，都匀市通过人工造林、封山育林、飞播等营造林面积合计58056公顷，进入有林地面积48121公顷，综合成林率为82.89%。见下表。

工　程	天保工程	退耕还林	珠防工程	长防工程	世行DFAP工程	面上工程（含社会造林）
造林面积（公顷）	14750	7067	1133	380	79.7	34647

3. 其他保护方式

根据《森林防火条例》等法律法规，对于过失或故意引起森林火灾的人处以相应处罚，加大宣传森林防火知识，普及森林防火意识等。黔南州一年投入30余万元，通过设立警示牌，发送宣传短信，放映电影等方式在全市范围内进行防火意识培养。都匀市林业部门还与市电视台、检察院等建立合作机制，通过电视台宣传护林防火知识，还通过曝光故意纵火烧山的行为威慑犯罪行为。黔南州2009年侦破森林火灾刑事案件53起，抓获作案人员5人，直诉33起，34人；投送起诉20起，20人；立案查处火灾行政案

件42起，处理42人。通过宣传和处罚结合的方式达到良好的培养防火意识的目的。

三、都匀市目前森林保护面临的困境

仅2009年，黔南州共发生森林火情387起，其中较大火情71起，一般火情316起。火场面积3137公顷，受灾面积621公顷，森林火灾受害率0.56‰。其中，95%的森林火灾是人为用火引起，其中生产性用火（烧荒、烧灰、烧田坎、烧牧坡、炼山造林等）引起的火灾占71.7%；非生产性用火（野外吸烟、烧火取暖、上坟用火、小孩玩火、痴呆弄火、烧火驱兽等）引起的火灾占26.1%，其他（故意放火、境外烧入等）引起的火灾占2.2%。

（一）市民防火意识薄弱，农民受教育程度低

农村的经济发展与农民思想意识的不对等是造成这部分火灾的原因。农村改变原有的生产方式和生活方式后，大量树叶枯枝不能得到及时清理，形成火灾隐患。并且，农民为了使增加土壤的肥沃度，在原来的田地上焚烧杂草引起火灾。由于缺乏防火意识或防火经验，往往在大火引发周围荒草燃烧后没有采取及时有效的措施制止，使得大火蔓延，造成更大损失。而部分市民也缺乏相应的防火意识，根据传统习俗在过年过节期间带烟花爆竹上山燃放，这给冬季本就严峻的防火任务又增加了新的负担。这类原因引起的火灾也占一定比例。

（二）护林人员工资低，人数少，护林任务繁重

都匀市护林人员大致分为两类，一类是正式员工，主要负责国有林区的管护，工资待遇享受国家事业待遇标准，工资水平较高；另一类是在农村地区聘请的护林人员，为合同制员工，主要负责看护集体林区，工资待遇较低。都匀市的林地面积国有林地8521.25公顷，仅占6.08%，而集体林地和个人林地各占36.02%和57.90%，集体林地和个人林地的管护工作占整个森林防火体系的大部分。但合同制员工的工资水平却很低，远低于正式的护林人员。这就造成了农村护林人员数量不足，而管辖面积过大，护林任务过重的情况。加之农村普遍劳动力外出，青壮年劳力不足，使护林工作的展开受到很大限制。

（三）国家对护林防火工作投入不足

国家对林业部门的护林防火资金并不能满足护林防火工作的需要。近5年来，都匀市财政每年用于森林防火的专项经费约为120万元，除去护林员工资，消防用具、宣传开支等支出都比较拮据，不能完全满足消防需要。这就造成了消防用具的更新换代不能及时进行，宣传工作没有及时到位的情况。

四、实行政策性森林保险的意义

（一）保护森林资源，维护生态稳定

开展政策性森林保险，有利于保护森林资源，维护生态稳定，为大力发展旅游业打下基础。都匀市作为全国优秀旅游城市，森林资源的保护必不可少。优质的森林资源对大力扶持生态游，农家乐等特色旅游项目有积极作用。

（二）财政资金的投入产生乘数效应

财政资金的投入会产生乘数效应，其效应机制是以少量资金撬动巨大的社会资源，在收入分配、劳动力资源配置等方面发挥作用。通过财政资金的投入，不仅能够提高林业经营者的经营环境，而且对于促进地区保险业的发展，提高保险保障民生的作用都有积极效果。

（三）改善林业经营者收入水平

保险是集合大多数可能发生相同损失的人的保险资金形成基金，对少数实际遭受损失的人进行补偿的方式。保险本身就是一种风险分散机制，在少数人因保险事故的发生而遭受损失时，通过经济补偿，弥补受害人的一部分或全部损失，达到保障经济稳定运行的目的。林业产业横跨一、二、三产业，产业链长，风险大。通过保险分散风险，是改善林业经营者收入稳定性的重要方式之一。

五、实行政策性森林保险的可行性分析

（一）政府对发展政策性森林保险积极重视

2009 年，中共贵州省委、贵州省人民政府提出了《关于进一步加快林业改革发展的意见》。意见中指出，2010 年要在全省 9 个市（州、地）各选择 1 个县（市、区、特区）开展森林火灾保险试点，省财政补贴一定比例的保费，并优先纳入中央森林保险保费补助的试点申报范围；其他具备条件的县（市、区、特区）可积极探索开展森林火灾保险工作，各级各有关部门要给予大力支持。各级财政要列出森林保险专项资金，对森林保险保费进行补贴，逐步建立全省政策性森林保险制度。

州政府及市政府也对森林防火工作予以特别关注。除不定期亲临检查工作，召开防火工作会议外，还深入火情发生地勘察，大力鼓励宣传防火等，充分展现对森林防火工作的支持和重视。

（二）护林管理体制较成熟

护林管理体制的完善可以有效规避开展政策性森林保险中逆选择的问题，同时也保障了风险分担的对等性，减少购买保险过程中的道德风险，为保险公司积极参与政策性森林保险铺平道路。通过对市民的前期宣传，火情的及时处理，事后的认真总结，加大打击犯罪的力度等方式，对护林防火工作的有序开展提供保障。

防火指挥采取宣传教育、火源管理、防患排查、预测预报的方式进行。在火情发生前，积极防范，制定应急预案，加强宣传，提高市民防火意识；对于可能引发森林火灾的火源加强管理，对火源使用者加强培训，提高处理应急火情的能力；对可能引发火灾的情况及时进行排查处理，及早消除隐患，防范森林火灾。

（三）林业税费扶持制度保证交纳保费的可行性

按照国家财政部、国家林业局《育林基金征收使用管理办法》（财综［2009］32号），我省的育林基金征收标准将由原来的20%调减到10%，并适当调整征收范围，让利于民。继续对以林区“三剩物”（采伐、造材、加工剩余物）和次小薪材（次加工材、小径材、薪材）为原料生产加工的综合利用产品实行增值税即征即退政策。另外，全省范围内即将全面启动地方公益林森林生态效益补偿，补偿标准为每亩每年5元，由省、地、县三级财政按照4:3:3的比例分担，今后将视财力情况逐步提高补偿标准。此外，国家此前已经出台了一系列林业税收优惠政策，这些政策将进一步增加林业经营者的收入，从而保障林业经营者具有缴纳保费的能力。

（四）森林火灾损失可控

都匀市以往的森林火灾受害率是比较低的，这对于本地保险公司参与政策性森林保险，以及政府投入来说都是有利的。以下为都匀市历年森林火灾情况统计。

年度	起火数	过火面积（亩）	受灾面积（亩）	受害率（‰）
2000	—	1480	357	0.27
2002	115	1990.5	280	0.1996
2003	48	4699.5	465	0.33
2004	30	3118	260	0.16
2007	36	1563.3	202.95	0.129
2008	142	4787.35	378	0.1911
2009	24	4705.95	534	0.27

（五）开展政策性森林保险已有经验有借鉴

贵州省的政策性森林保险由中国人民保险公司贵州分公司及其分支机构经营。现已在贵州省开展的政策性森林保险金额为每亩400元，保险费每亩2元。保费低，保障林业经营者的缴纳能力。并且，人保财险公司从1982年以来开始经营农业保险，已经具备一些林业保险的知识和经验。人保公司的福建南平分公司早在1985年就与邵武市林业部门共同签订了森林火灾联合保险协议书。人保公司有关政策性森林保险的经验多，可以适应在都匀市开展的政策性森林保险的需求。

都匀市开展政策性森林保险是一项一举多得之方式。既可以借此保护森林资源，大力发展旅游业，振兴老城，又可以提高林业经营者的抗风险能力，提高农民的收入水平，改善他们的生活状态，另外，还可以通过政策性森林保险在农村培养森林防火的意识，减少森林火灾发生次数，减少国家和个人的损失。

参考文献

［1］都匀市第三次森林资源规划设计调查成果（1995—2006）［Z］. 2007。

［2］黔南州森林防火指挥部2009年度工作总结［Z］. 2009。

［3］都匀市天然林保护工程实施方案（附件）［Z］. 2001。

［4］都匀市森林防火工作简报［Z］. 2009。

［5］黔南州森林防火指挥部关于进一步加强2010年春季森林防火工作的通知（黔南森防指通字［2010］02号）［Z］. 2010。

［6］都匀市森林防火指挥部2000—2009年工作总结［Z］。

［7］政策性森林保险制度［N］. 黔东南日报，2010－1－18。

［8］黄伟纲. 建立林业保险制度的思考［DB/OL］，www. cnki. net。

［9］中国保监会，国家林业局. 关于做好政策性森林保险体系建设促进林业可持续发展的通知［EB/OL］。

保险公司资本结构分析

——以中国平安保险（集团）股份公司为例

李 莎 王 韦 张建刚

一、引 言

资本结构是指公司债务资本与权益资本的比率，即公司的股东权益与债权人权益在公司总权益中如何分配的问题。通常我们用财务杠杆来衡量公司的资本结构，而它又有多种表达形式，比如权益资本/总资产、负债/资产、责任准备金/股东权益等。由于公司的融资能力、税收以及破产的可能性等都与公司所处的行业相关联，最优资本结构受到一些行业相关变量的影响就成为一个自然的结论。公司的最优资本结构可能随行业不同而有所不同（DeAngelo 和 Masulis，1980）。而保险公司的资金大部分都来自保单保费收入——负债资本，这种保险公司高度负债经营决定了它天然具有高杠杆的特点。这就使保险公司在高财务杠杆的效应下要么带来更加丰厚的报酬，要么造成更加巨大的损失，具有很大的财务风险。所以，资金来源中股权资本与负债资本所占比例就决定了一个保险公司的投资策略、财务稳定性、偿付能力状况等各方面。保险公司这种特殊的融资特点决定了对于保险公司资本结构分析的重要性。

对于保险公司财务管理，各国采取的都是偿付能力管理，对于具有高负债的保险公司来讲怎样的资本结构、怎样的财务杠杆才是最优的在中西方的研究中都没有定论，尤其是中国保险业仍处在一个不够成熟市场中。对保险公司资本结构的研究更不多见。本文将从中西方资本结构的理论研究入手，建立保险公司股东收益率的模型，分析保险公司资本结构的特殊之处以及控制保险公司财务杠杆的重要性，并以中国平安保险集团股份公司为对象，从资本结构角度分析近十年来其资本结构变化情况及其资本充足情况并对解决未来资本充足问题提出相应的解决措施。

二、中西方现代资本结构理论介绍

现代资本结构理论起源于 MM 定理，Modigliani 和 Miller（1958）通过设定没有税收、没有破产成本、市场完善、信息充分等一系列严格的假设条件，得出公司价值与所采取的融资方式（股权融资和债务融资）。

1. 建立模型

保险公司的资金来源分为两个方面，一部分来自于股东投入的资本金，记为 S；另一部分来自于保单的保费收入，其中风险保费收入用 P_1 表示，储蓄保费用 P_2 表示（为了简化，没有考虑附加保费），其余变量如下所示：

R_V：投资资产收益率；

R_S：股东收益率；

i：储蓄保费的承诺利率；

L：保单的赔付额；

K：保单的赔付率$\left(K=\frac{L}{P_1}\right)$。

基于以上假设，保险公司股东收益率的表达式（不考虑税收）为：

$$R_S=\frac{(P_1+P_2+S)\times R_V+(P_1-L)-P_2\times i}{S} \tag{1}$$

其中分子第一项为投资收益，第二项为理赔收益（可能为负），第三项为储蓄保费的承诺利息。

经化简可得：

$$R_S=R_V+\frac{P_1}{S}(R_V+1-K)+\frac{P_2}{S}(R_V-i) \tag{2}$$

2. 财务杠杆的表示

从以上模型中可以看到股东收益除了投资资产收益外，还与保单的赔付额、承诺利率、权益资本和负债资本有着密切关系。又由于保险行业天然具有“高负债”的特点，P_1 和 P_2 远大于 S，所以，$\frac{P_1}{S}$和$\frac{P_2}{S}$起到了“双向放大”作用：当时，P_1 和 P_2，即负债越大，股东的收益率也就越大；而当时，负债越大，股东的收益率就越小，小于投资收益率甚至小于零。

在此模型中，财务杠杆即$\frac{P_1}{S}$和$\frac{P_2}{S}$，通常我们写作$\frac{(P_1+P_2)}{S}$，本文分析平安集团公司财务杠杆采用总负债/股东权益。

3. 财务杠杆的效应

以上表达式分析表明，财务杠杆效应具不确定性，可能是正向积极的，给公司带来丰厚的利润回报；也可能是负向消极的，给公司造成不良影响甚至巨额损失，使公司面临财务危机。一方面，财务杠杆具有正效应，即企业合理使用财务杠杆可使权益资本利润率提高；另一方面，财务杠杆负效应是与正效应相对而言的，是由于财务杠杆不合理使用而导致公司权益资本利润本大幅度降低甚至为负。

在保险公司财务管理活动中，正确认识和利用财务杠杆，有利于作出正确的举债经营决策，提高权益资本净利润率，降低财务风险。财务杠杆可以为投资者带来额外收益，也可以放大其财务风险。企业在运用财务杠杆时，应注意扩张其积极作用，限制其消极作用，以促进财务杠杆作用的发挥。

没有关系的结论。MM 定理指出在一个理想的世界中资本结构的无关性，其重要性更在于由此推导出的一个直接推论：如果在现实世界中资本结构确实影响公司的价值，那么一定是 MM 定理的某一（些）条件没有得到满足。自 MM 定理诞生以来，理论界对资本结构和公司价值之间的关系进行了激烈的争论，20 世纪 60 年代和 70 年代，通过放松没有税收、没有破产成本的假设，分别产生了米勒模型（Miller model）和平衡理论（the tradeoff theory）。同时，由于产权理论、不对称信息理论在 20 世纪 70 年代的出现和发展，所有权、控制权、委托、代理、激励、信号等概念也融入了资本结构理论，为研究资本结构问题拓展了思路，提供了新的分析工具。

20 世纪 70 年代以来，随着不对称信息理论、企业前沿理论和行为金融学的发展，资本结构理论与之交融发展，呈现为蓬勃、庞杂的理论演变态势。西方资本结构理论演变历程表明：合理的资本结构是提高公司价值的内在基础，完善的市场环境是提高公司价值的外部条件；全面、准确地研究资本结构与公司价值之间的关系，必须将股权和债权结合起来，同时考察公司现有资本结构和资本结构的变化对公司价值的影响。

在我国企业资本结构理论研究上，由于我国金融市场相对发达国家来讲发展历史较短，对公司资本结构的研究并不够深入。到 20 世纪 90 年代初期，有关企业资本结构研究的重点一直主要是介绍国外企业资本结构理论体系的形成及其发展。随着社会主义市场经济体制的确立，国家投资融资体制的改革，企业的建立和发展主要依靠银行贷款，这时许多的学者才开始资本结构理论的研究。在企业资本结构影响因素的分析上，一些学者试图通过利用我国上市公司的数据，从不同角度来实证研究我国上市公司资本结构形成的影响因素，主要结论有：（1）不同行业的资本结构有显著差异；（2）企业的资本结构与获利能力有显著关系；（3）资产担保价值和成长性等因素对企业的资本结构没有显著的影响。同时，有研究发现我国当前特殊的资本市场以及在此基础上的公司治理结构等制度性因素影响，是造成上市公司股权融资偏好行为的重要因素。从总体上看，近十几年，我国在资本结构理论探讨上取得了一些成绩，但是与国外相比，我们在进行经验检验和通过建立计量模型进行定量研究方面存在明显不足，还有许多问题需要我们作更深层次的研究，如企业是否存在最优资本结构以及如何决策其最优资本结构等。

同时，我国保险行业起步晚，将资本结构的研究引入保险行业更是少之又少。通常很多都是将保险公司资本结构分析与偿付能力相结合，因为偿付能力反映的同资本结构类似也是公司资产和负债的一种关系，用定量分析的方法论证资本结构对偿付能力的影响，并认为偿付能力危机与财务杠杆同方向变化：当其他因素不变时，财务杠杆变大保险公司偿付能力危机就会增大。

本文也认同这样的观点，但诸如此类研究并没有给出资本结构的度量——财务杠杆的实际意义以及具体度量方法。本文将建立保险公司股东收益率的模型，借此分析控制财务杠杆对于控制保险公司财务风险的重要性，并以此为基础实证分析近十年中国平安保险（集团）股份公司的资本结构变化。

三、对保险公司资本结构的分析

保险行业天然具有“高杠杆”的特征。保险公司股东以其投入的资本为限承担责任，但其财务管理目标为价值的最大化，所以说其权益资本天然具有风险的有限性和收益的无限性，即 $-100\% < R_V < \infty$。这就使股东有强大的激励扩大其收益而不考虑风险，一个是通过投资品种的选择增大 R_V（投资收益率），二是不断地增加其债务资本的融资而并不扩充资本，即财务杠杆 P/S 的不断增大。

由以上对财务杠杆的分析我们知道，财务杠杆不仅可以当公司收益时成倍放大其收益，还会在公司遇到困难出现亏损时成倍放大其亏损。P/S 的扩大使公司面临了更大的财务风险，不仅股东的权益难以保障，债权人（投保方）的利益更是缺乏保障。

按照风险与价格的对等性，保险公司理应将公司风险反映在保单的价格中，但是，现实中保险公司和公司的债权人（投保方）并没有在保单价格中考虑公司的财务风险，也可以说投保方对保险公司的财务风险是麻木、不敏感的。这种现象的最重要的原因即“保险保障基金制度”。在保险公司被撤销、被宣告破产等情形下，应用保险保障基金向保单持有人或者保单受让公司等提供救济，可以减少保单持有人的损失，确保保险机构平稳退出市场，维护金融稳定和公众对保险业的信心。即，保险公司具有债务资本的偿付刚性。

基于以上公司股东趋利的动机、财务杠杆双面的放大效应以及保险这一特殊行业的债务资本偿付刚性的特点，使保险行业必须进行资本监管，控制其财务杠杆。我国保险法中早已有偿债能力相关规定：比如第六十九条规定“设立保险公司，其注册资本的最低限额为人民币二亿元”，这一条就限制了公司 S 的最低值，并且“国务院保险监督管理机构根据保险公司的业务范围、经营规模，可以调整其注册资本的最低限额，但不得低于本条第一款规定的限额”。

同时对保险公司偿付能力的监管以及破产监管都是为了更好的保护债权人——投保方的利益。

但是，最低资本限额只适合于刚开始从事保险业务的公司的偿付能力的控制，而对于大部分已经开业的保险公司，其作用是极其有限的。而且，最低资本限额没有考虑保险公司的资产和负债的风险性，不能反映保险公司业务的规模和风险的大小对其偿付能力的要求。

四、中国平安集团股份公司资本结构变化情况及其原因

我们用 P 表示总负债，S 即股东权益，财务杠杆即 P/S，那么 1998 年到 2007 年间平安集团公司负债、股东权益、保费收入如下表，并以此计算出股东权益增长率、负债增长率及财务杠杆的变化：

表 1　1998—2007 年平安保险（集团）股份公司财务杠杆相关数据

单位：百万元

年份	负债总额	股东权益	保费收入	股东权益增长率	负债增长率	保费收入增长率	财务杠杆
1998	28407.62	4150.99	17041.5	—	—	—	6.84
1999	40314.40	4721.66	22174.5	0.14	0.42	0.3	8.54
2000	59266.00	4956.00	27322.0	0.05	0.47	0.2	11.96
2001	88748.00	6184.00	46457.0	0.25	0.50	0.7	14.35
2002	131374.00	13269.00	61971.0	1.15	0.48	0.3	9.90
2003	167917.00	14882.00	67459.0	0.12	0.28	0.1	11.28
2004	208338.41	30176.74	65607.7	1.03	0.24	0	6.90
2005	254914.90	32664.01	71609.0	0.08	0.22	0.1	7.80
2006	403872.31	36667.87	85955.0	0.12	0.58	0.2	11.01
2007	541886.00	109218.00	100945.0	1.98	0.34	0.2	4.96

数据来自 1999—2008 年中国保险年鉴。

相应的线形图为（图 1、图 2）。

从表 1 我们可以看出 P/S 的波动很大，在 2001 年以前稳步上升，之后曲折下降。其原因本文将分别从负债和股东权益这两个方面入手进行分析：

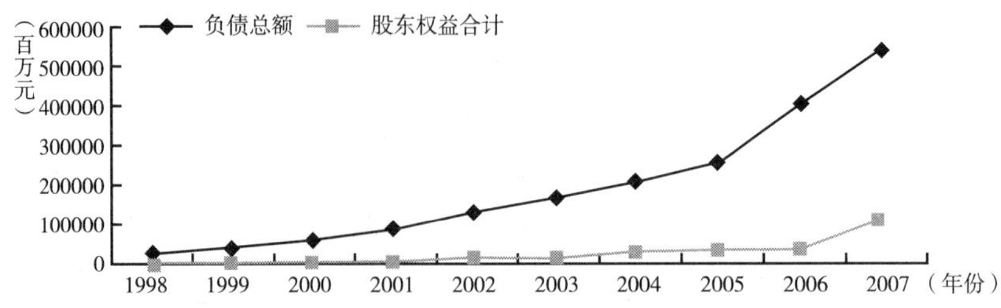

图 1　1998—2007 年中国平安集团公司负债与股东权益变化

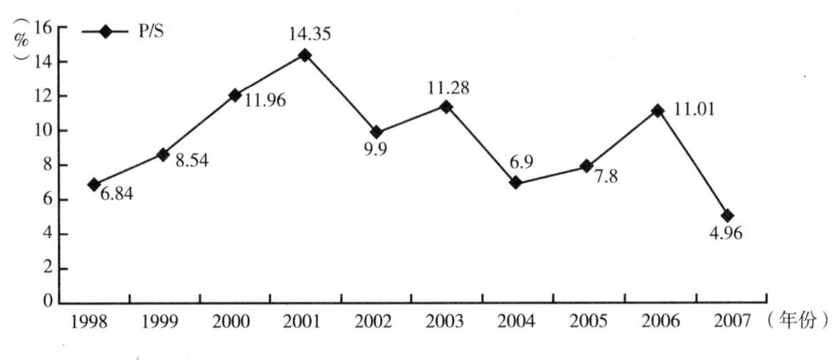

图 2　1998—2007 年中国平安集团公司财务杠杆变化

1. 就负债的增长来看，平安集团公司的负债扩大得很迅速，经历了 3 个明显的上升阶段，1998—2002 年增长率达 45% 左右，2003—2005 年增长率达 25%，2007 年增长率恢复到了 34%；其中有两个明显的拐点，分别是 2003 年的突然下降和 2006 年激增到 58%。1998—2001 年保费收入的增长直接反映到了负债的增长上，而到了 2003 年，保费收入的迅速下降也直接影响到了负债的增长率。不过考虑到保险公司的特点，在负债方面占主要比重的是各种责任准备金，因此前期的保单卖出后，后期的责任准备金提留依然会持续较长的时间，这也是为什么在保费收入基本没有增长的情况下负债依然能有着 20% 左右的增长。而到了 2006 年 7 月 28 日，平安举资 49 亿元人民币收购深圳市商业银行 89.24% 的股份，这使得平安的负债在保费收入没有明显提升的情况下迅速增加。

2. 就股东权益来看，有 3 个年份的增长率格外突出，分别是 2002、2004、2007 年，股东权益增长率均在 100% 以上，说明在这三年中分别进行了资本扩充。而且，2001 年的增长较往年也有所突破，这是由于 2000 年平安证券获中国证监会批准增资扩股至 10 亿元人民币。同时，在 2002 年的时候平安于 10 月 8 日与汇丰集团（HSBC）在上海签署《认购协议》，以 6 亿美元（约人民币 50 亿元）参股平安，成为手握10%股权、排位在前五名的平安保险股东。而到了2004年6月24日，中国平安保险（集团）股份有限公司首次公开发行股票在香港联合交易所主板正式挂牌交易。这次的IPO上市使得平安的股东权益再次翻了一番。2007年3月1日，中国平安顺利回归A股市场。平安此次发行总股份为11.5亿股，发行定价为33.8元人民币/股，创下有史以来全球最大保险公司IPO和中国A股市场第二大IPO的纪录，这次史无前例的上市计划将股东权益增加了2倍。而其余的年份，股东权益的增长主要依靠公司利润的增加。

3. 因此就P/S这个将债务资本和权益资本结合的指标而言，在2001年以前不断上升，负债的增长大大超过了所有者权益，由以上的分析，随着P/S的增大，保险公司因此而承担财务风险以几何倍数增加。2002年间，平安高层决定扩充资本，扩大股东权益S，以减小财务杠杆，避免过大的财务风险。从图表中我们也可以直观地看到P/S的三次下降均对应了平安的三次重大融资行为。特别是2007年回归A股的这一次特大融资，不仅成功消化掉了2006年负债的大额增加造成的杠杆提升，而且将P/S拉低到了1998年以前的水平，这在本文看来是非常成功的。

五、未来解决资本充足的措施

简单来说有两方面措施：政府监管、企业自律。

一方面，由于保险公司资本结构不合理，资本不够充足，财务杠杆过大，财务风险太高事关经营的可持续性，也关系到公司偿付能力，关系到每个被保险人利益，因此，对于资本不充足的保险公司，保险监管部门就要采取一系列措施。

根据《保险公司偿付能力管理规定》，监管部门可以采取的主要措施包括：责令增加资本金或者限制向股东分红；限制董事、高级管理人员的薪酬水平和在职消费水平；限制商业性广告；限制增设分支机构、限制业务范围、责令停止开展新业务、责令转让保险业务或者责令办理分出业务；责令拍卖资产或者限制固定资产购置；限制资金运用渠道；调整负责人及有关管理人员；直到接管等。

采取这些措施，就是为了让保险公司想办法增加资本和实际资产，限制包括董事、高管们的薪酬和股东分红，减少其他的业务成本开支，期望能通过这些途径，提高资本充足率，防止风险的扩大和带来更严重的后果。这既是保证保险公司安全稳定和持续经营的需要，更是帮助被保险人去监督管理保险公司，维护消费者的根本利益。

另一方面，保险公司更应严格自律，不能置被保险人的利益于不顾。从上面的分析中我们看到平安集团公司能够比较好地控制其财务杠杆，在融资过程中将债务融资（保单融资）和权益融资（直接投资、发行股票、留存收益等）相结合。

在2009年5月，中国平安集团旗下平安产险成功发行20亿元十年期（5+5）

次级定期债务（既具有债权性质，又具有股权性质）。此次成功发债开拓了新的融资渠道，通过资本性债务夯实资本实力，不仅直接提高了公司的偿付能力，而且优化了资本结构、有利于提高核心资本回报率。这样看来，平安保险集团股份公司能够做到很好的自律，但其原因更是值得我们深思和其他保险公司借鉴的。在本文看来其中重要的一点是其“长远”的经营理念及其企业使命中对“责任”的强调。

具体而言，保险企业自律方面应做到以下几点：

1. 强化公司管理层资本结构管理的意识，加强风险控制。
2. 建立利益共同体，将全局利益和局部利益很好地结合在一起。
3. 建立资本结构财务杠杆预警指标体系。

六、小　结

由于保险公司具有高负债的特点，其高财务杠杆所带来的财务风险将非常巨大，甚至有可能影响到整个社会经济生活的正常运转，特别是在这个金融危机中濒临破产的 AIG 集团就是一个最好的例子。因此，如何控制保险公司的财务风险应成为保险业界及监管机构共同认真研究的课题。本文借分析中国平安保险（集团）股份公司的财务杠杆找到衡量、控制财务风险的方法，并希望平安集团成功的经验能为更多人所用，不仅增强保险公司的核心竞争力，提高行业监管水平，更能稳定社会经济发展。

参考文献

[1] 郭春丽. 西方资本结构理论演变及其启示 [J]. 山西财经大学学报，2005（3）。
[2] 杜媛. 关于西方现代资本结构理论的几点认识 [J]. 财会月刊，2008（8）。
[3] 李正春. 我国资本结构理论研究 [J]. 黑龙江科技信息，2008（13）。
[4] 张勇. 资本结构对寿险公司偿付能力的影响 [J]. 中山大学学报，2002（6）。
[5] 王棣华、陈艳红. 发挥财务杠杆作用，优化企业资本结构 [J]. 西部财会，2008（2）。
[6] 李彤彧. 论保险公司自身偿付能力管理 [J]. 辽宁财专学报，2004（1）。
[7] 中国保险年鉴委员会. 中国保险年鉴 [M]. 1999—2008。

"保证保险"的伪保险性探讨

李 慧

2009年10月1日即将实施的新保险法对于财产保险业务范围增加"保证保险",而实际中,"保证保险"是保险业务还是担保保证业务,在学界的争议尚多。在现实操作中,很多经营"保证保险"业务的公司将此业务做成担保,而法律规定又对于实践具有引导作用,笔者认为,我们并不能因为保证业务是保险公司开办的,就为其冠以"保险"之名,而忽视保险所体现的风险分散职能。若对"保证保险"的含义和性质认识不清,势必影响整个行业的发展方向,新保险法的即将实施和AIG破产危机使我们看到研究"保证保险"性质的迫切性和现实意义。

一、"保证保险"业务与保险业务的区别

(一)存在原因不同

"保证保险"作为一种"舶来品",在国外尤其是在经济发达国家已经发展得比较完善。从"保证保险"产生的背景来看,保证业务由产生到近代保证均由个人作出,且往往是无偿的。但随着经济发展,由公司来保证的情况逐渐产生。19世纪后半叶,便出现了专门的担保公司,以收取费用为代价提供保证业务,保证由无偿走向有偿。20世纪60年代,出现了银行为国际工程建筑项目提供独立担保业务,70年代保险公司也开始涉足这一业务,由此产生了"保证保险"。在实际操作中,债务人以"投保人"的身份选择"保证保险"作为债务的担保形式,债务人作出这样的选择主要基于这样的理由,即保险公司作为保证人,具有雄厚的资本,可以获得债务人的信任。因此,"保证保险"的产生及存在的前提是社会对于保险公司充当"担保人"具有市场需要,这种需要并非保险属性中的分散风险,而是任何一个经济实体在理论上都可以承担的有偿或无偿的"担保"责任。

（二）运作方式不同

“保证保险”和普通保险业务的一个重大区别在于其运作方式上的不同。保险是保险公司根据大数法则和概率论预测保险标的的可能损失的情况，据以计算保险费率并向投保人收取保费，表面上看是保险公司将单个个体的风险集于一身，但实际上则是保险人以中介人的身份聚集共同的社会基金，从而将单个人的风险分散给众多投保人，体现为一种“我为人人，人人为我”的互助共济关系。（由图 1 所示）

但在“保证保险”中，保险人（保证人）一一收集研究投保人（被保证人）的信息，在经验判断的基础上收取担保金，而独立承担被保证人的违约风险。（由图 2 所示）

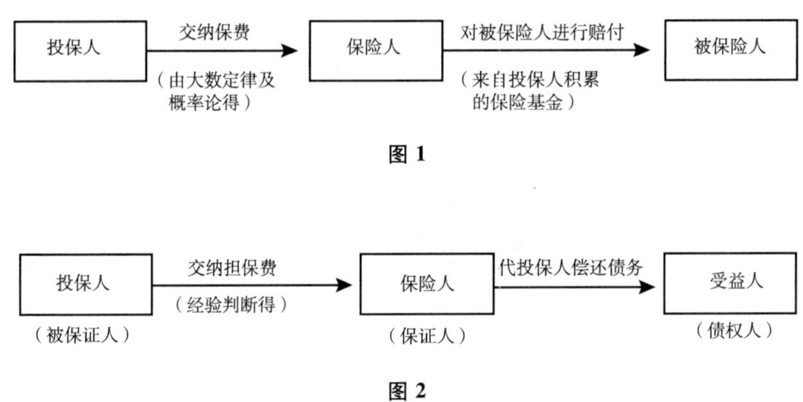

图 1

图 2

（三）履约前提不同

“保证保险”履约的前提必须是债务人（被保险人）无力承担对于权利人所造成的利益损失，只要债务人有承担这种损失的能力，即使这种担保事件的发生属于保险人的担保范畴，保险人也不承担任何责任。而在普通保险业务中，只要发生保险责任范围内的损失，无论被保险人是否有能力承担，保险人都必须按照保险合同约定对其进行赔偿，不能以被保险人有能力承担损失为由拒绝承担赔偿责任。

（四）赔偿要求不同

在“保证保险”中，投保人（也是“保证保险”的被保险人，即债务人）对于保险人支付给债权人的任何补偿都有偿还的义务，即保险人并不因为债务人（投保人）支付了“保费”并且是合同保护的对象而放弃向其追偿的权利。这一点和普通保险业务大不相同。在保险业务中，保险合同规定保险事故发生，保险人向被保险人履行经济赔偿责任后，除了可对造成保险事故的第三者进行追偿外，不得以任何借口要求被保险人偿还保险人所付出的经济赔偿。

（五）损失预想不同

在一些“确实保证保险”（又称“合同保证保险”）的业务进行过程中，保险人（保证人）经过认真审查投保人（被保证人）的担保申请和与权利人签署的合同文本，除了收取以保费名义的担保金外，还要求被保证人办理反担保手续。从这一点我们可以看出，在“确实保证保险”中并无预想的损失，名义上的保费实则是保险公司收取的担保金；而普通保险非但有预想的损失，而且据以为保费计算的根据。

（六）客户动机不同

保险的根本职能在于保障，在普通保险业务中，投保人是通过交纳保险费积累共同的保险基金，转移自己的风险，其根本动机在于风险事故发生时获得保险赔偿；而在“保证保险”中，投保人（债务人）是利用保险人（保证人）的经济实力和影响力为其提供保证担保，从而间接提高其资信度，以获得和受益人（债权人）的合作机会。

二、保证保险“保险说”的存在原因及缺陷

（一）“保险说”的存在原因

1. 保证合同是单务无偿性合同，而保险合同为双务有偿性合同，故“保证保险”合同符合保险合同之特征。

2. “保证保险”中的保险人享有诸多权利，可积极制约投保人，控制风险，不同于保证人被动消极的给付。

3. “保证保险”中保险人的责任是一种定额责任，一经确定便独立存在，而保证责任是一种补充责任。

4. “保证保险”是以转嫁被保险人（即债权人）所面临的投保人（即债务人）不能履行债务的风险为目的的一种保险，其经营的是信用风险。

（二）“保险说”存在的重大缺陷

1. 以“有偿性”作为“保证保险”从保证业务走向保险业务的桥梁的观点并不能令人信服。由担保和“保证保险”的发展历史我们可以看到，早在19世纪后半叶，就出现了以收取费用为代价提供保证业务的专业担保公司。显然，以收取费用为判断“保证保险”性质的依据并站不住脚。

2. 在“保证保险”中，保险人虽然比担保公司的保证人有更多可以制约被保证

人的权利，但在实践中我们可以看到，在一些确实保证中，保险人甚至做出了要求投保人提供反担保这一有违保险经营原则的条件，而且在履行赔偿责任后，保险人具有向被保险人追偿的权利。这一点也和普通保险大相径庭。

3. “定额责任”只是保险人控制风险的一种手段，保险人将其代债务人偿还的债务额限定在一定范围内，实际上这与保证合同中的保证人对其责任范围加以明确并无本质区别。

4. 对于“‘保证保险’经营的是信用风险”之说实则没有弄清信用保险与保险公司经营的保证业务之间的区别。信用保险是债权人投保，以转移其面临的债务人不能偿还债务的风险，它才是真正的经营信用风险的保险；而“保证保险”则是债务人通过交纳担保金，以寻求保险公司对其偿还债务的能力予以担保，当债务人不能偿还债权人的债务时，由保险人代其偿还，它实际上只是保险公司经营的保证业务。

三、“保证保险”性质的实证分析

在对“保证保险”的性质作了理论上的探讨后，笔者根据某财产保险公司的“个人汽车消费贷款保证保险条款”（以下简称“车贷险条款”）对“保证保险”的性质进行实证分析。

（一）“保证保险”被保险人从属

“车贷险条款”规定“本保险的被保险人为经国家银行监管部门批准经营汽车消费贷款业务并向投保人发放汽车消费贷款的商业银行或其他的金融机构”，如此规定被保险人，笔者觉得不妥。在“保证保险”业务中，债务人为了能够和债权人达成交易，通过投保“保证保险”的方式，寻求保险公司对于其偿还债务的能力予以担保，当债务人不能偿还债权人的债务时，由保险公司代债务人偿还其对于债权人的债务。所以，在某种意义上，“保证保险”和责任保险有些类似，形式上获得保障的是被保险人，实际上获得保障的是债务人（“保证保险”）和受害人（责任保险），所以笔者认为“保证保险”的被保险人实则为债务人，而债权人只是“保证保险”中的受益人。

（二）实证分析

1. “车贷险条款”第三章（保险责任）第五条规定：在保险期间内，因投保人未按期履行《借款合同》规定的还款义务，致使被保险人（实为“受益人”）按《借款合同》和《抵（质）押合同》依法行使抵（质）押权，若被保险人（实为“受益人”）实现抵（质）押权后所得经济补偿不足以清偿投保人尚欠被保险人

（实为"受益人"）的贷款本金和贷款利息，其差额部分由保险人根据本保险合同的约定承担赔偿责任。投保人对于自己的行为投保，而保险事故的发生，在一定上取决于投保人的主观意愿，违反"保险事故必须是客观的、不确定的、偶然发生的危险"的保险学原理。

2."车贷险条款"第四条规定"本保险合同生效前，投保人必须先与被保险人（实为'受益人'）签订《汽车消费借款合同》（以下简称《借款合同》）和《抵（质）押合同》，并办妥相应的财产抵（质）押登记手续"，"保险人承担保险责任以投保人向被保险人（实为'受益人'）提供有效抵（质）押为前提"。同时，"车贷险条款"类似的规定还有很多，这相当于保险人（保证人）要求投保人（被保证人）提供的反担保，也在一定程度上对"保证保险"的担保性提供了佐证。

3."车贷险条款"第四十一条规定：被保险人（实为"受益人"）在获得保险赔偿时，应将相关追偿权益书面转让给保险人，并协助保险人向投保人追偿欠款。在上面笔者已经证明，"保证保险"的被保险人实则为债务人，而"保证保险"条款又允许保险人履行赔偿责任后向债务人（实际意义上的"被保险人"）追偿，这有伪保险的经营原则。

4.同样，根据"车贷险条款"第三章第五条规定，我们可心看到"保证保险"履行的是"被保险人（实为'受益人'）实现抵（质）押权后所得经济补偿不足以清偿投保人尚欠被保险人的贷款本金和贷款利息"，即差额，也就是说保险人是在债务人（实际上的被保险人）"无能力"的条件下给予赔付，而不是普通保险中的保险责任范围内的保险事故发生即赔付。

四、法律承认"保证保险"保险性质的影响及建议

在对"保证保险"性质的界定尚存在很大争议的情况下以法律形式承认其的保险属性，会对保险业的发展起一定误导作用，尤其是在我国保险公司盲目发展、管理松弛的现状下，势必会导致保险公司对于"保证保险"的滥用，以为其可以应用于一切合同保证保险之中，而忽略其所存在的风险。鉴于"保证保险"的风险性，英美等西方国家对其应用范围有严格的限制，尤其是不涉及借贷合同项下的借贷保证。纵观我国"保证保险"的发展我们可以看到，从 1997 年 7 月中国人民银行批准中国平安保险公司试办汽车分期付款"保证保险"起，"保证保险"被广泛应用于房屋、汽车销售及其他信贷领域。自 1998 年汽车消费信贷保证保险开办至 2003 年 8 月这一期间，全国各大保险公司汽车消费信贷保证保险保费收入为 39.7 亿元，"保证保险"的发展达到了鼎盛时期。在这个过程中，往往是银行和保险公司签订《合作协议》，在"互惠互利"的基础上开办信贷业务，表面上达到了"一举三得"的良好效果：银行的信贷业务飞速发展，保险公司的保费迅速上升，而借款人也能

更加便捷地从银行贷款。但实则是保险公司成了最终受害者：产险公司的平均赔付率高达 135.57%，个别保险公司的赔付率竟达到 400%。保险业不得不于 2003 年 8 月全面停止汽车消费信贷保证保险这一业务。

“保证保险”在我国的发展刚刚十余年，人们对其的认识和理解还不完善，在新保险法允许财产保险公司经营“保证保险”业务的情况下，笔者提出如下建议：首先，监管部门应加强监管，对“保证保险”的应用范围进行严格审批，并对其保费的确定依据、准备金的计提标准给予明确的规定，以加强风险控制，不做被“信用保证”压倒的第二个 AIG；其次，在贷款“保证保险”业务中，保险公司应注意“保证保险”流入时的风险控制，防止银行等贷款部门因为借款人投了保而放松对于借款人资信度进行审查；再次，相比“保证保险”，业界更应引导债务人利用人寿保险、健康保险、意外伤害保险等更具保障性质的险种来保障其自身利益；最后，学界不该因为保险法对于“保证保险”的保险性给予了肯定而放弃对于其性质的研究，相反，我们更应加强对于“保证保险”的理论进行深层次探讨，以指导实践发展。

我国机动车辆保险市场需求因素实证研究

——基于弹性理论和需求理论的视角

肖 杰

保险产生于风险，也就是保险学中常常提到的“No risk, No insurance”，反映了人们对于安全的需求。机动车辆保险是以机动车辆本身及机动车辆的第三者责任为保险标的的一种运输工具保险，国外称为汽车保险。根据马斯洛需要层次理论，机动车辆保险属于第二层次（对安全的需求）中对财产安全的需求，这是影响机动车辆保险需求的根本因素，而影响其需求的具体因素可分为宏观因素和微观因素，宏观因素包括经济发展、文化背景及相关政策法规等，微观因素则包括价格、消费者偏好、营销渠道及产品服务等，通过分析这些因素，就能对机动车辆保险市场的需求因素的影响权重作出判断。

一、影响机动车辆保险需求的因素分析

机动车辆保险作为一种无形产品，根据经济学的需求理论，其需求受到很多综合因素的影响，下面从宏观因素和微观因素两个方面具体阐述。

（一）宏观因素方面

1. 经济发展

保险产品以保障为目的，以经济补偿为职能，它必须以经济发展为前提，随着市场经济的逐步发展，保险产品的需求也就愈加明显。国内生产总值作为反映经济发展的一项重要指标，关系到消费者收入水平，一方面直接影响消费者对于机动车辆保险的现实购买力，另一方面通过影响汽车消费而间接影响机动车辆保险的需求。

2. 文化背景

从世界范围来看，社会文明程度越高，保险业就越发达，保险产品需求量就越

大。受几千年思想的无形影响，特别是在农村，很多人存在拜佛求仙来保佑平安这样一种侥幸心理，再加上我国保险业起步较晚，人们对保险缺乏正确认识，造成人们要求转嫁风险的意识淡薄，这在一定程度上制约着机动车辆保险产品的需求。

3. 国家政策法规

保险业对政策敏感度很强。一方面，社会保障政策对公民个人提供某种形式的补贴以弥补他们由于退休、失业、伤残、丧偶、生育等原因所造成的收入损失，所以社会保障程度越高，它对商业保险的替代效应就越大。另一方面，我国以法律手段鼓励支持人们参加保险，不断出台了一系列相关的法律法规，并对原法律法规不断完善（如 2006 年 7 月 1 日实施的《机动车交通事故责任强制保险条例》和于 2009 年 10 月 1 日起施行的新保险法），这对保险需求影响同样显著，将迎来机动车辆保险新的繁荣。

（二）微观因素方面

1. 机动车辆保险产品的价格

保险产品的需求建立在一定的货币支付能力基础之上，所以机动车辆保险产品的价格无疑是影响其需求的首要因素。一般来说，两者呈反方向关系变化，当机动车辆保险价格上升时，由于消费者货币收入的限制，人们会考虑削减保险需求。

2. 消费者偏好

消费者偏好表现为消费者的焦虑成本，即对风险的认识、态度和厌恶程度，目前我国财产保险中，机动车辆保险是投保意识很强的险种，随着对交通意外事故第三受害者赔偿标准的提高，除交强险外，越来越多的车主还将主动购买商业第三者责任险，这无疑将增加消费者对机动车辆保险的需求。

3. 机动车辆保险销售渠道

目前我国保险销售的渠道可以分为直接销售和间接销售。直接销售指保险公司采用电话、邮寄、互联网及分公司来销售保险产品；间接销售指通过保险代理公司、保险经纪公司等中介渠道销售保险产品。保险销售是保险经营活动的起点，销售渠道的不同将直接影响到保险产品的成本和销售量。

4. 机动车辆保险的服务

机动车辆保险的需求还受到其服务的影响，未来的机动车辆保险市场是买方市场，产品要提高竞争一方面要做好防灾防损工作，另一方面要注意避免拖赔欠赔等问题的出现，这些问题往往是消费者十分关心的问题，因此机动车辆保险行业应树立服务意识，提高服务效率，提升行业形象。

上述各因素对机动车辆保险需求影响的重要性是有差别的，要想具体研究它们的重要性，应进行实证分析。为了避免建立模型后变量之间的相关性，本文在对影响机动车辆保险需求的宏观、微观因素分析时，主要考虑消费者收入水平、机动车辆保险的价格以及其替代品的价格（这里考察两家保险公司并以第二家公司的机动车辆保险产品作为替代品），以便建立模型量化分析。

二、实证分析

（一）需求模型的变量分析

基于对上述需求因素的分析，本文以机动车辆保险的价格、消费者的收入水平和机动车辆保险替代品的价格为解释变量，以机动车辆保险的保费收入为被解释变量，建立需求模型来研究各因素对机动车辆保险需求的影响。其中机动车辆保险的价格即保险费率的制定以损失率为基础，而损失率与赔付率联系密切，所以用赔付率（本文采用中国平安保险股份有限公司机动车辆保险的综合赔付率）代表机动车辆保险保险的价格是合理的；消费者收入水平可用国内生产总值GDP代表，在这里之所以不采用人均可支配收入是因为机动车辆有一定比例的公用车，而并不全是私家车；关于替代品的价格，本文采用另一保险公司（太平洋财产保险公司）的赔付率作为替代品的价格；至于机动车辆保险的需求方面，用机动车辆保险保费收入（本文采用中国平安保险股份有限公司机动车辆保险的保费收入）代表显然比较合理。现将各变量表示如下（表1）：

表1 需求模型各变量分析

被解释变量	y 保费收入（用平安保险股份有限公司机动车辆保险的保费收入代表）
解释变量	x_1 价格（用平安保险股份有限公司机动车辆保险的综合赔付率代表）
	x_2 消费者收入水平 （用国内生产总值GDP代表）
	x_3 替代品价格（用太平洋财产保险公司机动车辆保险的综合赔付率代表）

（二）需求模型数据的收集整理

数据的准确性是建立模型的必要前提，依照上面的需求模型变量分析表，收集并整理模型中各变量的数据，以便建立需求模型。各变量数据如下（表2）：

表2 1992—2006年国内生产总值

年 份	GDP（百万）	年 份	GDP（百万）
1992	2692350	1994	4819790
1993	3533390	1995	6079370

续表

年　　份	GDP（百万）	年　　份	GDP（百万）
1996	7117660	2002	12033270
1997	7897300	2003	13582280
1998	8440230	2004	15987830
1999	8967710	2005	18321740
2000	9921460	2006	21192350
2001	10965520		

数据来源：根据中华人民共和国国家统计局整理。

表 3　中国平安保险股份有限公司汽车保险业务数据表

单位：百万

年　　份	保费收入	保费赔偿	赔付率
1992	10.69	2.29	0.214
1993	135.39	33.91	0.250
1994	423.54	190.53	0.450
1995	1058.57	435.72	0.412
1996	1724.32	757.47	0.439
1997	2143.00	1097.00	0.512
1998	2112.30	1294.80	0.613
1999	2370.71	1263.26	0.533
2000	2819.33	1392.47	0.493
2001	3880.00	1633.48	0.421
2002	5110.67	2495.27	0.488
2003	4825.97	3339.93	0.692
2004	6575.00	3170.90	0.482
2005	7907.57	4004.76	0.506
2006	11659.82	5838.94	0.501

数据来源：根据《中国保险年鉴》资料整理。

表 4　中国太平洋财产保险公司汽车保险业务数据表

单位：百万

年　　份	保费收入	保费赔偿	赔付率
1992	167.28	78.95	0.472
1993	529.29	301.25	0.569
1994	1260.70	824.36	0.654
1995	2338.80	1284.63	0.549

续表

年　份	保费收入	保费赔偿	赔付率
1996	3048.79	1597.90	0.524
1997	3278.47	2176.69	0.664
1998	3224.09	2204.90	0.684
1999	3520.00	2047.00	0.582
2000	4189.00	2157.00	0.515
2001	5238.00	2593.00	0.495
2002	6423.00	3593.00	0.559
2003	6208.00	4446.00	0.716
2004	7944.00	4219.00	0.531
2005	8966.70	5049.70	0.563
2006	11571.10	5868.36	0.507

数据来源：根据《中国保险年鉴》资料整理。

（三）用加权最小二乘法（WOLS）估计常弹性需求模型

根据以上数据就可以通过建立需求模型来分析各因素对机动车辆保险需求的影响。本文将对各变量的数据取对数来建立常弹性模型（也叫对数模型），该模型具有两个优点，一方面通过对变量取对数来降低波动性，提高精确度，另一方面，常弹性需求模型的斜率参数就代表弹性，而不必再进行计算，从而简化了计算步骤。

将各表中的变量数据做对数处理，分别记作 $\ln y$、$\ln x_1$、$\ln x_2$、$\ln x_3$，然后用加权最小二乘（WOLS）方法估计常弹性需求模型，结果如下：

	Confficient	Std. Error	t - Statistic	Prob.
C（1）	-22.18025	8.181453	-2.711040	0.0203
C（2）	2.536947	1.190781	2.130490	0.0565
C（3）	1.933091	0.505255	3.825972	0.0028
C（4）	-1.281309	1.899269	-0.674633	0.5138
R - squared	0.935000	Mean dependent var		7.413268
Adjusted R - squared	0.917273	S. D. dependent var		1.804612
S. E. of regression	0.519047	Akaike info criterion		1.749534
Sum squared resid	2.963508	Schwarz Criterion		1.938347
Log likelihood	-9.121505	Durbin - Watson stat		1.987102

注意到模型系数 C（4）是不显著的，即解释变量 $\ln x_3$ 与被解释变量 $\ln y$ 没有显著的关系，所以应将该解释变量归为白噪声（white noise），从模型中去除，之后重新估计该常弹性需求模型，结果如下：

	Confficient	Std. Error	t - Statistic	Prob.
C（1）	-25.82678	6.000597	-4.304035	0.0010
C（2）	1.883431	0.676613	2.783616	0.0165
C（3）	2.173927	0.349338	6.222988	0.0000
R - squared	0.932311	Mean dependent var		7.413268
Adjusted R - squared	0.921030	S. D. dependent var		1.804612
S. E. of regression	0.507126	Akaike info criterion		1.656743
Sum squared resid	3.086125	Schwarz Criterion		1.798353
Log likelihood	-9.425573	Durbin - Watson stat		1.783897

由模型的估计结果可以看到：模型的修正拟合优度为 $R^2 = 0.921030$，说明模型拟合的效果很好；模型的 $DW = 1.783897$，说明模型的解释变量之间不存在自相关问题；各解释变量的系数在5%的显著水平下是高度显著的。因此该常弹性需求模型的表达式为：

$$\ln y = -25.83 + 1.88\ln x_1 + 2.17\ln x_2$$
$$se = (6.0006)(0.6766)(0.3493)$$
$$t = (-4.30)(2.78)(6.22)$$
$$p = (0.0010)(0.0165)(0.0000)$$

为了观测模型拟合的效果，现给出模型的残差效果图1，它反映了模型的拟合值与真实值之间的误差：

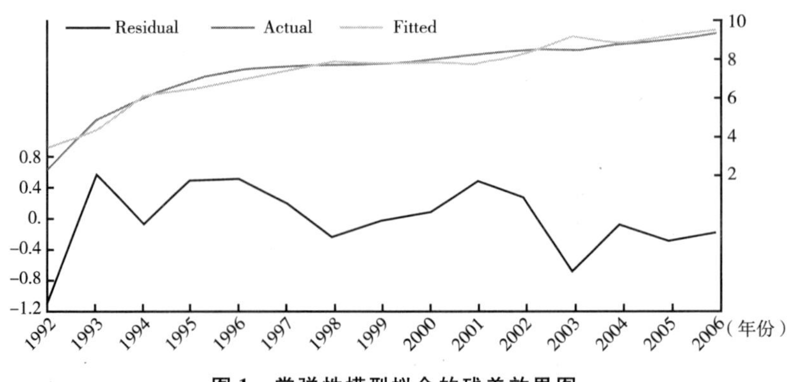

图1 常弹性模型拟合的残差效果图

（四）模型的经济解释

由常弹性需求模型函数 $\ln y = -25.83 + 1.88\ln x_1 + 2.17\ln x_2$ 可以直接得到几个重要的经济学参数：需求的价格弹性 $e_1 = 1.88$，需求的收入弹性 $e_2 = 2.17$。它们的经济含义如下：

1. 需求的价格弹性 $e_1 = 1.88$ 表示机动车辆保险的价格水平每增长 1%，消费者机机动车辆保险的需求上升 1.88%，机动车辆保险的需求对于其价格来说是富有弹性的，之所以价格水平与需求成正比而非反比，是因为这里的价格水平代表赔付率，即消费者观察到机动车辆保险的赔付率增长时，会认为购买机动车辆保险“物有所值”，从而增加购买量导致需求上升。由于需求的价格弹性 $e_1 = 1.88 > 1$，再结合需求价格弹性与收入之间的关系：$\frac{d(P*Q)}{dP} = Q(1-e_d)$（其中 P、Q 分别代表产品的价格和数量，e_d 代表需求的价格弹性）可知，机动车辆保险的价格与保费收入成反比，因此机动车辆保险的价格（费率）降低会使保费收入增加。可见，机动车辆保险市场面对日益激烈的价格竞争时，可以利用降价策略来提高保费收入。

2. 需求的收入弹性 $e_2 = 2.17$ 表示消费者收入水平（国内生产总值）每增长 1%，消费者对机动车辆保险的需求增长 2.17%，机动车辆保险的需求对于消费者收入水平来说是富有弹性的，由此可以得出机动车辆保险属于商品中的奢侈品，并且可以预见，如果我国的经济增长不出现大的波动，机动车辆保险市场将以一个较高的增长率发展。

3. 模型中的解释变量 $\ln x_3$ 不显著意味着它是白噪声（white noise），从而交叉价格弹性在本文中没有太大意义，即中国太平洋财产保险公司机动车辆保险价格对中国平安保险股份有限公司机动车辆保险需求的影响很小。

三、促进我国机动车辆保险业发展的几点建议

通过对常弹性需求模型的分析，得出机动车辆保险的需求与其价格及消费者收入水平间的定量关系。另外，虽然消费者偏好、与机动车辆保险相关的法律法规及其服务质量这些因素不能进行量化，但它们对于机动车辆保险的需求同样有着重要的影响。当前，机动车辆保险市场面临着不良竞争等问题，并可能受到经济增长放缓的冲击，因此正确制定机动车辆保险的发展策略就显得尤为重要。

（一）加大宣传力度，改善消费者偏好

尽管机动车辆保险在我国是投保意识最强的险种之一，但 2006 年机动车辆投保

率也只有30%，而交强险只针对第三者责任且保额有限，发生意外事故后，事故双方都不能得到充足保障。因此，保险行业可通过加大对机动车辆保险的宣传力度，改善消费者偏好，在降低消费者焦虑成本上下功夫，以提高消费者的保险意识，从而增加消费者的需求。

根据上述常弹性需求模型，需求的收入弹性 $e_2 = 2.17$，宏观经济增长放缓势必带来机动车辆保险需求增长的下降。尽管近几年城镇化和交通道路发展迅速，汽车行业也取得长足进步，给中国机动车辆保险带来了充足的保源，但投保率的偏低使得这些有利因素被大大抵消。因此，从被保险人的角度出发，加大机动车辆保险的宣传力度，提高消费者偏好就成为应对经济增长放缓这一不利影响的良药。

（二）在日益激烈的市场竞争中，打好价格牌

如上文所述，由常弹性需求模型函数 $\ln y = -25.83 + 1.88\ln x_1 + 2.17\ln x_2$ 得到的需求价格弹性 $e_1 = 1.88 > 1$，结合收入与需求价格弹性的关系 $\frac{d(P*Q)}{dP} = Q(1 - e_d)$ 得出机动车辆保险的价格与保费收入成反比，因此机动车辆保险的价格（费率）降低会使保费收入增加。但另一方面机动车辆保险市场竞争日益激烈，价格下降的空间被进一步压缩，面对如此困境，在机动车辆保险市场竞争中要打好价格牌，不能为了增加保费收入而盲目降价，这样很可能会适得其反，弄巧成拙。

（三）树立服务意识，提高服务效率，提升公司形象

考虑到被保险人焦虑成本的重要性以及机动车辆保险市场在未来很长时间内将一直是买方市场的现状，优质的服务对于保险公司提高机动车辆保险市场生命力的作用将更加突出，这里的服务包括机动车辆保险售前、售中和售后服务。在售前阶段保险公司可通过加大机动车辆保险的宣传力度，提高消费者对机动车辆保险的偏好，以此来提高保源；在售中阶段，保险公司要做好防灾防损工作，积极地定时为投保的机动车辆勘察，以降低机动车辆保险的高赔付率；在售后阶段，对于保险责任范围内的保险事故，机动车辆保险行业要注意避免发生拖赔欠赔问题，要立足于被保险人的角度，提高服务效率，树立行业的品牌形象。

总之，通过对机动车辆保险需求因素的分析，掌握各因素的不同影响，从而制定相应的发展战略，最终促进机动车辆保险市场的优化发展。

参考文献

[1] 王绪瑾.《保险学》[M]. 第三版. 北京：经济管理出版社，2003. 第233页。

[2] 孙祁祥，孙金勇. 保险需求因素分析. [J]. 改革，1997年（第5期）：第97页。

[3] 达摩达尔·N·古扎拉蒂.《计量经济学基础》[M]. 第四版. 北京：中国人民大学出版社，2005. 第370—373页。

[4] 高鸿业.《西方经济学》[M]. 第三版. 北京：中国人民大学出版社，2004. 第48页。

从博弈角度分析我国政策性保险

张　妍

政策性保险，是不以营利为目的的由政府和保险公司共同提供的保险形式，它所涉及的大多是高风险、高损失、高赔付，同时又对国民经济及人民生活水平有重要影响的险种，比如农业保险、出口信用保险、巨灾保险等，而商业保险公司往往不愿意或者没有能力参与这些险种的承保。

政策性保险对国民经济的发展及和谐社会的建设有着非常重要的保障作用，但它的特殊性要求政府必须参与其中，制定相关的法律规则予以扶持，以保证对风险损失的补偿，同时拓宽风险分担的途径。同时，也要求全社会不断加强保险意识，以更好地推动政策性保险的发展和完善。这就涉及一个三方问题，即政府、保险公司（为了方便分析，将本文所指的保险公司定义为商业性保险公司，下同）、居民（为了方便分析，将本文所指居民定义为需要政策性保险的个人及企业，下同），如何理清并协调三者之间的关系，是政策性保险得以顺利发展的关键。

本文试图将近几年被广泛运用到各研究领域的博弈论思想及方法引入本次研究分析，从博弈的视角解读政策性保险实施中出现的典型问题，打开政策性保险研究的思路，通过深入探讨政策性保险实施困难的原因，理清政府、保险公司与居民之间的关系，从而进一步探讨政策性保险如何能更有效地实施，并给出适当的建议。

一、我国政策性保险的市场环境

（一）政策性保险的内涵

所谓政策性保险，是为实现特定的政策目标而在政府的干预下（或强制，或扶持）开展的一种保险业务。它是在一定时期、一定范围内，国家为促进有关产业的发展，运用政策支持或财政补贴等手段对该领域保险的实施给予保护或扶持的一类特殊形态的保险业务。

政策保险业务体系在各国之间尤其是在发达国家与发展中国家之间存在着一定程度的差异。不过，从世界范围内考察，最典型的政策性保险是农业保险、出口信用保险、海外投资保险以及地震等巨灾保险等。

需要指出的是，在政策性保险的具体经营实践中，它通常与商业性的财产和责任保险构成不同层次的交叉关系。例如，出口信用保险在一些国家通常被列入国家政策保险范畴，但它与商业信用保险既有区别又有联系。国家并不强制出口商一定要向政策性保险机构投保出口信用险，但一旦投保，政策性保险机构不能拒绝。

（二）政策性保险的特点

1. 政策性保险介于商业保险与社会保险之间，其性质突出地体现在它的政策性上

政策性保险通常不受各国商业保险法的具体规范和制约，将何种保险业务作为政策性保险，或在什么时候将其列为政策性保险，并享受国家直接的政策支持，亦是国家在商业保险和社会保险制度之外另行安排的，保险双方缺乏完全的自主权。

2. 政策性保险的目的不是赢利，而是为特定的产业政策服务

政策性保险追求的是为产业发展政策配套服务的宏观效益，只要国家的相关产业政策得到落实和发展，政策性保险业务即使亏损也会开办，而国家将会充当经营主体的经济后盾，对经办主体给予经济上的补偿。

3. 政策性保险的经营特色

（1）主体：一般是国家或由国家确定的特定保险机构，既可以在政府职能部门中设置专业机构，也可以单独成立专门的公营保险公司，还可以委托商业保险公司经营此类业务。

（2）实施方式：通常表现为对承保方强制而让投保方自愿的经营方式。

（3）承保金额的确定：通常根据投保标的价值的一定比例来确定，不能足额投保，以便让投保人自己分担一部分危险责任，进而达到促进其重视危险管理的目的。

（4）保险危险与保险费率：一方面，由于政策保险为特定的产业政策服务，其承保危险通常有相关的政策法规规定统一的承保责任范围。另一方面，这也为保险费率的统一提供了条件，通常采取单一费率制，保险双方在费率上缺乏弹性，从而不会出现商业保险中的讨价还价现象。

（三）政策性保险的市场现状

总体来说，我国的政策性保险仍然处于不断探索和完善的阶段，在近几年的实施过程中，效果还是很明显的。

1. 农业保险实施已破冰，并继续进行积极探索

在各方的大力支持下，政策性农业保险试点稳步推进，取得了阶段性成效。2007 年《政策性农业保险条例》草案的出台，更对农业保险的实施起到了积极的带动作用。

具体数据如表1所示。

表1 2007年农业保险实施情况

项目	承保数量	提供保障（亿元）	保费收入（亿元）	参保农户（万户次）
种植业	4.05亿亩	1540	73.7	6600
养殖业	4933.4万头	433	37	1438.6

数据来源：中国保监会官方网站 http：//www.circ.gov，cn 公布数据整理。

2. 出口信用保险为企业保驾护航

当前，受全球金融动荡的影响，国际贸易信用风险不断加大。作为我国唯一的出口信用政策性保险公司，中国信保的保费规模每年以70%的速度增长，出口信用保险业务对我国一般贸易的渗透率从2%提高到7%以上，为数千家企业提供了多种风险保障服务。从图1中，我们可以更清楚地看到我国的信用保险支持出口情况。

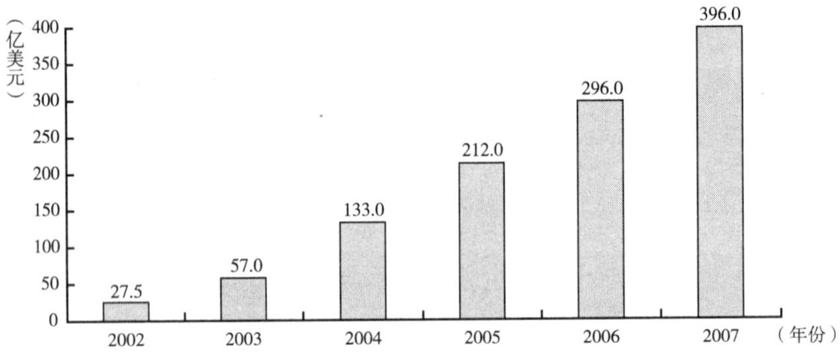

图1 信用险支持出口的情况（纵轴为承保金额）

数据来源：根据2008中国保险年鉴的相关数据整理。

3. 巨灾保险机制建设呼声高涨

2008年3月，出席“两会”的全国人大代表和政协委员们纷纷表示应尽快建立巨灾保险基金。相关部门应加快对巨灾保险的研究，在《保险法》中增加巨灾保险的有关内容，确立巨灾保险的政策性保险地位，应尽快设计单独的地震保险、洪水保险等保险条款，推动巨灾保险的发展，满足我国巨灾保险的迫切需要。

从上面三点可以看出，随着市场经济的发展和国民收入水平的提高，政策性保险的重要性日益凸显，并得到了各有关部门的高度重视，其中一些险种开展已经较为成熟（如出口信用保险、生猪保险等），一些处于进一步探索试点阶段（如农作物保险等），一些则尚处于起步阶段（如巨灾保险中的洪水保险等）。但是，我们应该看到，我国的政策性保险起步较晚，底子还不成熟，与发达国家及国际水平相比，无论是保费收入还是赔款支出都满足不了政策性保险的发展需要，在一定程度上，制约了国民经济的发展。具体数据比例如图 2、图 3 所示。

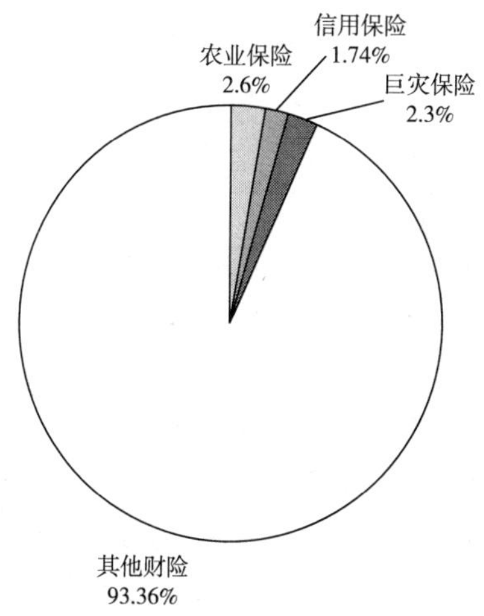

图 2 2007 年财产险保费收入比例

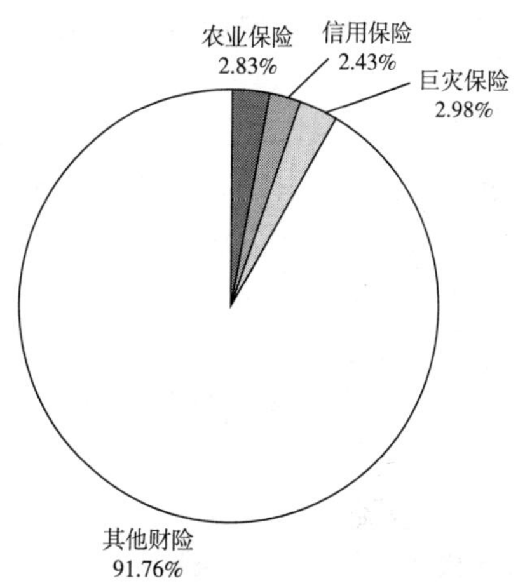

图 3 2007 年财产险赔款支出比例

数据来源：根据 2008 中国保险年鉴的相关数据整理。

由此可见，政策性保险的发展有很大的上升空间，在研究如何提高政策性保险的实施效率之前，首先要了解一下在我国，是哪些因素制约了政策性保险的发展。

（四）政策性保险存在的问题

通过对我国政策性保险情况的调查研究，本文认为以下四点制约着我国政策性保险的有效运行。

1. 政策性保险的法律法规不健全

我国迄今为止还没有制定出专门的关于政策性保险的完善的法律体制。《保险法》仅在《附则》第一百五十五条规定："国家支持发展为农业生产服务的保险事业，农业保险由法律、行政法规另行规定。"而对其他形式的政策性保险，虽然有一些《规定》或者《管理办法》，但对政策性保险总体的界定（如具体的险种范围、性质等）、规划、实施、监管没有形成一个系统的认识和规范，从而导致实务中出现了诸多问题。

2. 国民收入较低，居民保险意识差；保险公司因风险较大、承保能力较低，缺乏积极性

一方面，我国的国民收入平均水平不高，居民可支配收入较少，再加上保险意识淡漠，存在着"搭便车"心理（如对待农业、巨灾风险，即使不投保，危险发生

政府也会出面救济），很多需要保险保障的人未必选择投保。而大部分中小企业也为了缩减成本，不愿意缴纳这笔“不在预算之内的钱”。

另一方面，由于政策性保险的特殊性，商业保险公司如果承保，保险范围较小、保费累积较低而承担风险较大，对于追求企业利益最大化的他们来说，也是“不划算的”。

3. 国家的灾后救济和捐赠带来财政负担，使居民存在着普遍的依赖心理

在农业或巨灾风险来临后，我国基本上还是以政府的灾后救助为主要保障手段，这不仅给国家和地方各级财政带来了负担，对一些纳税人不很公平，同时增强了居民对政府灾后救济的依赖心理，最终不利于减灾政策的贯彻和实现可持续发展的目标。

4. 政策性保险体制研究不够深入，缺乏理论依据和相关人才

我国从20世纪80年代才开始正式研究政策性保险的相关领域，由于种种原因，其理论和实践发展较为缓慢，目前还处于进一步改革和探索的阶段。与此同时，熟悉国外模式又对本国体制政策有深入理解的相关人才较少，所以我国的政策性保险研究依然任重而道远。

二、有关政策性保险的博弈分析

（一）居民投保难问题与博弈时序中的“先动优势”

如上所述，政策性保险实施困难的重要原因之一是居民收入较低并对政府的救助形成了依赖心理。政府的救济方式并不是对遇到风险灾害的居民的最好的补偿方式。其原因如下：

首先，这不是一种稳定的补偿方式，它依赖于事故发生时社会的承受能力和社会成员的意识，并不带有保障性，受灾害人群对补偿没有预期，是一种被动的补偿方式。其次，无论什么补偿方式受灾人群都必须接受并有一种被施舍的感觉。最后，社会救济只是一种平均的基本补偿方式，无法使受灾人群按其实际损失得到足够的补偿，这样就无法恢复生产和保持人们原有的满足度，从而大大降低社会福利。

在现行救灾制度下，政府和居民之间的行为符合一个不完全信息下的序贯博弈。在灾害或危险事故没有发生时，居民由于缺乏风险和保险意识，受经济条件制约没有投保。而一旦灾害发生，造成一定地域内的大量人口同时受灾，政府由于其救灾责任必须利用财政资金对灾民进行救济，还要动员和组织全社会对灾区进行捐赠。一方面政府救济责任给财政造成巨大的压力，另一方面，对居民而言，若每次所得到的援助大于其受灾损失，则完全失去对保险的需要；若援助仅能解决基本的生存，又会在灾后陷入贫困。本文用博弈论来描述这一过程。博弈的时序如图4所示。

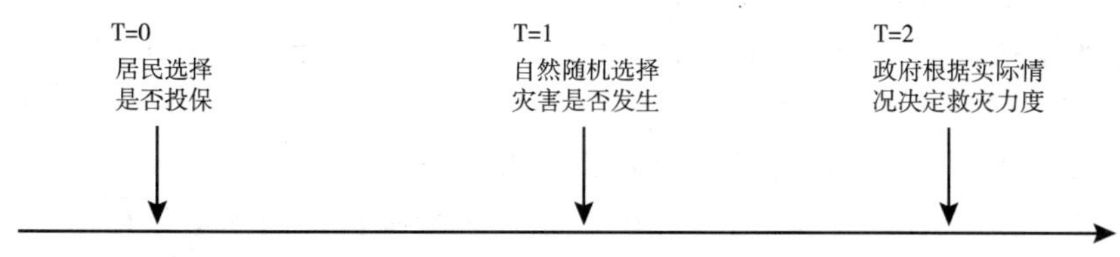

图 4　博弈的时序图

假定居民的总初始财富为 W。

现在居民有两种选择，投保或否。若居民投保，则政府采取低救济水平，灾后救济支出为 G，其他社会救济（如个人捐赠等）为 D；若居民不投保，政府则需要采取高救济水平，灾后救济支出为 g = G + R（R 为居民不投保时政府支出的灾后重建费用等），其他同上。

下面我们则用博弈论来进行分析。首先我们采用博弈论中最典型的二叉树模型来清楚显示居民及政府的行动时序。如图 5 所示。

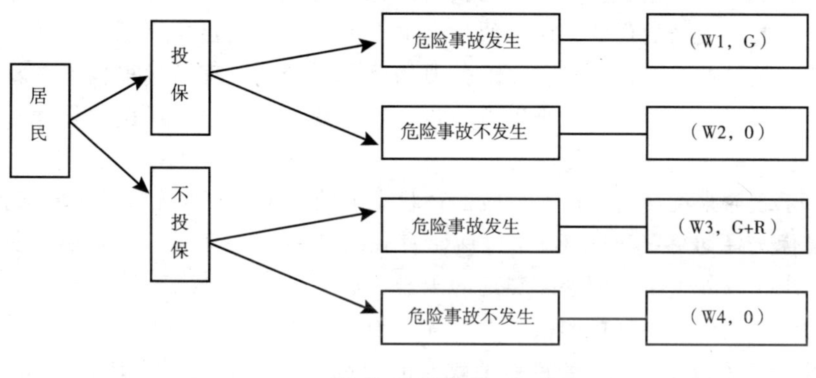

图 5　序贯博弈

在 T = 0 阶段，居民首先行动，决定是否投保。在 T = 1 时，若投保且危险事故发生，则居民受损后的财富总量为 W1，政府为救灾支付的金额总量为 G。其他项类似，且易知 W2 < W4 = W。现在，我们建立如下的收益分析图（如图 6）。

居　民	政　府	结　果	收益（居民）	收益（政府）
投　保	救　助	（W1，G）	W1	− G
投　保	不救助	（W2，0）	W2	0
不投保	救　助	（W3，G + R）	W3	−（G + R）
不投保	不救助	（W4，0）	W4	0

图 6　政府与居民的收益分析

现在我们引入居民的效用函数 u。

设危险事故发生的概率为 p，危险事故发生造成的损失为 L，居民的可支配收入用 I 表示，居民需要支付的平均保险费用 P 表示，保险公司的灾后赔偿为 X，则当投保且灾害发生，居民的效用可表示为 u（W1）=u（W－L－P+X+G+D），若灾害不发生，则 u（W2）=u（W－P），因此，参加保险的期望效用为 pu（W－L－P+X+G+D）+（1－p）u（W－P）。若居民未投保，则灾害发生时，居民的效用可表示为 u（W3）=u（W－L+G+D+R），若灾害不发生，则 u（W4）=u（W），此时不参加保险的期望效用为 pu（W－L+G+D+R）+（1－p）u（W）。

若按期望效用决策，则当居民参加保险的期望效用大于不参加保险时，他们才会投保。通过比较上面的两个期望效用可知，我们只需主要比较 X－P 和 R 的大小，但同时，也应考虑到居民本身的可支配收入 I。于是，居民投保与否主要取决于以下两点：

（1）可支配收入 I 与保费 P 的大小。只有当 I>P 且差额较大时（也就是基本的生存和生活得以保障后），居民才有能力选择投保。

（2）保险契约决定的 X－P（也就是居民通过保险实际得到的赔偿）与政府重建投资 R 的大小。只有当 X－P>R 时，且满足上面第一点时，居民才会投保。

但是，鉴于我国的现状，居民的收入水平大多无法满足这个条件，并已形成了依赖于政府救济的习惯，同时，保险公司的赔付额较低，理赔过程也存在着不规范或者拖沓的现象，使得居民更难以放心投保。因此，在我国，居民的最优选择是不投保。

而对于政府来说，通过图 6 比较四种状态下的支付可知，无论居民的选择如何，政府的最优选择均是（W1，G），也就是存在着唯一的均衡解。但是如上所诉，受经济发展水平及外生给定的保险契约的限制，居民往往不会自动选择对政府来说最优的行动，即投保。在这样的博弈时序中，存在着居民的“先动优势”，即居民通过率先行动（不投保），直接制约了政府的救灾选择（政府只得选择高赔偿方式，即 G+R）。

（二）保险公司积极性差与博弈中的均衡解

1. 博弈模型的建立及解释

在传统的理论与以往的实践中，较多的是把保险公司与政府分开研究，这就造成了两种对立的局面：一是把政策性保险当做商业保险来运作，由于操作不规范、风险估计不够或其他原因给保险公司带来巨额亏损，从而打击了公司的积极性；二是把政策性保险完全当做与商业保险业隔绝的纯由政府负责的险种，这样既没有利用好商业保险公司在市场调查、产品推销及理赔方面的优势，同时又增加了不必要的成本，政府统得太死，从而限制了政策性保险的健康发展和实施。

事实表明，在政策性保险的实施上，保险公司与政府的关系类似于一个简单的双方博弈过程。我们可以用下面的支付矩阵来研究（如图7）。假设保险公司与政府的满意程度可以用数字衡量，数字大小仅用来方便比较，无实际代表意义。

政府 \ 保险公司	开　办	不开办
扶　持	1，1	-1，0
不扶持	0，-1	-2，0

图7　政府与保险公司的支付矩阵

在此，我们有必要对图7作一个简单的解释。

首先，通过对国外政策性保险（如美国的洪水保险计划）及我国试点地区（如江苏淮安市的农业保险）的成功经验来看，政策性保险的实施需要政府部门及保险公司的有效配合（即扶持、开办），其结果是，政府部门的救灾支出有所减少，保险公司则因为有政府做“最后承担者”，顺利开展了保险业务，降低了承保风险，同时，居民的保险意识也日益增强。

其次，如果政府不扶持而保险公司开办，我们已经知道，政策性保险的承保风险是非常大的，那么保险公司最可能遇到的结果是巨额的亏损。如果政府不扶持保险公司也不开办，对于公司而言没有什么损失（不考虑机会成本），但是政府却要承担灾害造成的大部分损失，这不仅对财政构成了巨大压力，同时也使居民形成了依赖心理，不利于灾后的重建工作，不符合可持续发展的要求。

最后，政府扶持而保险公司不开办的情况极为少见，这里不再累述。

2. *模型无法有效实施的原因*

表面上，人们认为政府与保险公司对于政策性保险的实施初衷应该是相同的，即政府要通过财政支出减少灾害带来的损失和降低保险公司承担的风险，保险公司则要积极响应政府号召，责无旁贷地承担其为社会分担、转移风险的重任。而事实是，保险公司与政府之间是一个由寄生到共生的连接体，他们在这个连接体中的地位及关系（谁更依赖谁）在不同国家表现不同，至少这是由于他们所关心的侧重点不同，力量对比也不同造成的。从表2、表3中，我们可以清楚地看到这两点。

表2　政府和保险公司各自的关心点

政　　府	保险公司
政策性保险实施的整体产业效应	平均年损失
从经济、环境、社会角度评测财政支出效果	灾害发生的可能性
产业的发展情况及变化	公司的发展战略
财政能力	风险的变化
风险的变化	

表 3 政府和保险公司各自的力量

政　　府	保险公司
法律及政策的制定	风险的测定
土地的使用	理赔能力——专业，快速
行政权力	营业网点的广泛分布
国家财政力量	
数据及人才储备	

对于政府而言，其实施政策性保险，是从宏观角度出发，为了扶持某一产业的发展或促进整个国民经济的增长，即使亏损，国家也会做风险的“最后承担者”。而对于保险公司，他们追求的是股东利益最大化，公司经营的原则使他们只能承保那些能够给公司带来利润或者至少不会带来损失的风险。至于社会责任，从我国保险业的现状来看，要求保险公司承担过多的社会责任，是超出公司能力范围的，并且有失公平。

三、建立我国政策性保险体系的构想

由前面的分析，我们已经对政策性保险的概念、市场现状、目前存在的问题等有了较为全面的了解，同时，运用博弈论原理，探讨了政策性保险中的三方关系，如何使得政策性保险制度有效地运作起来，有以下几点值得思考：

（一）改变政府的“后动劣势”为“先动优势”

通过前面的博弈论分析可知，居民投保是对政府最优的行动选择，但这一最优的结果却由于居民的“先动优势”不能自动实现。那么，应该如何引导居民自动选择政府期望的行动呢？首先，政府要改变在博弈中的“后动劣势”。在条件允许的情况下，例如居民可支配收入要达到一定水平，考虑地方性自然条件差异等，政府可以承诺不再对受灾者实行无偿的救济和灾后重建，这时，政府和居民之间的博弈是一个主从博弈（Stackelberg 博弈），政府是主方（leader），居民是从方（follower）。行动时，政府首先对居民进行承诺，只要承诺是可信的，且具有一致性，即政府出具有关政策性保险的明确的政策法规，并在较长时期内稳定地执行，则现在居民只需在投保或不投保间进行抉择。易知此时参加保险的期望效用 $pu(W-L-P+X+G+D)+(1-p)u(W-P)$ 总是大于不参加的 $pu(W-L+G+D+R)+(1-p)u(W)$，因此在政府承诺后，居民投保的效用大于不投保的效用是自动满足的。这样，政府的承诺就诱使居民选择了对政府来说最优的行动，从而变政府在博弈中的“后动劣势”为“先动优势”。

这里需要强调两点：一是在何种情况下政府可以承诺不再对受灾者实行无偿的救济和灾后重建。首先，居民的可支配收入需要达到一定水平，有一定的能力承担政策性保险的低额度保费。其次，居民的“财产质量”问题，即居民财产的抗风险能力问题。例如居民依赖政府救济，在每次灾害过后低水平建设房屋，如土坯房等基本无法防灾抗灾的建筑，政府应予以纠正，并不对这些居民给予无偿的救济和贷款优惠。最后，政府还要综合考虑各地方的经济发展水平、文化素质差异、政策的政治影响等诸多方面，在统一的政策性保险法律基础上，实行不同程度的“因地制宜”措施。

二是政府承诺的可信性问题。由博弈论的重复多次博弈原理可知，只要双方不能确定哪次博弈是最终博弈，为了不损害各自利益，他们就会将合作均衡解进行下去，即居民投保且政府低水平救济。为了使博弈重复进行，政府必须保证其政策的连贯性和可信性，即通过立法和行政手段，明确政策性保险的实施方式、承诺方法、承诺条件等具体问题，以确保承诺的顺利进行，给居民强有力的说服，使之实现与政府的良性互动。

由此可见，为了使模型得以顺利实现，政府应该在居民行动之前便作出行动或承诺，以取得“先动优势”。在实际操作中，政府决策者在率先行动（设计一个政策性保险体系）时，应该考察以下几个关键内容：

1. 法律框架

任何制度的实施都必须依靠完善的法律体系的支持。就其重要性来说，政策性保险应该单独立法，以明确其在国家政策保护支持体系中的地位和作用，解决当前运行中的突出问题。其涉及的内容主要包括：政策性保险的机构设置、监督和管理方法、鼓励开展政策性保险的措施、鼓励投保人减灾的措施、费率制定原则、承保范围、保险基金的管理和运营等。

2. 机构设置

机构设置的主要任务包括确定政府、保险公司、居民、再保险人等利益相关者在政策性保险中的作用，建立监督和管理框架，还包括销售和理赔管理程序等方面的详细规定。

同时，政府还应充分考虑政策性保险所涉及的相关机构，如财政部、农业部、民政部等各部门的互动互助模式，建立起长效的配合机制和数据资源共享渠道。

3. 保险范围的设计

这首先包括要识别和确定承保风险和承保范围。根据不同地区潜在被保险人的实际经济能力及不同的保险需要设计不同的保费水平，规定保险项目的参与要求。还包括一般保单通常规定的其他内容，如免赔额、赔偿限额、承保标准等。

例如，在美国的NFIP（美国国家洪水保险计划）中，对处于不同风险等级的洪泛区有着明确的界定，并投入大量人力物力测定、研究出洪水风险等级图，对每一区域的不同质量等级的房屋规定了严格的承保及优惠标准等。

4. 如何扩大投保范围

（1）保单持有人有限度的承担第一层责任：政策性保险的特殊性要求保单规定一定的免赔额，在保险人开始赔偿之前，投保人已经承担了一定的损失。一方面，这样的规定可以有效地减少投保人的道德风险，使他们注重防灾减灾，更重要的是，可以大大降低保险保费水平，从而吸引更多居民投保，扩大参保范围。

（2）政府制定相关优惠政策，对投保人进行保费补贴：政府制定有关规则，通过对居民根据其财产的防灾标准实施费率优惠政策，并且控制对低标准标的的最高赔偿限额来鼓励居民减灾。例如，采用了改进的防风窗板或者地基的房屋将在费率上获得一定比例的减免（如美国的 FRPCJUA，即佛罗里达州居民财产责任联合承保协会规定的优惠比例为 3%—7%）。

（3）政府对参保居民给予一定的税收优惠，提高他们的可支配收入。

（4）政府还可以根据不同地区的经济情况，从财政中拨出一定款项建立“居民保费补贴基金”，从而减轻居民的投保负担。另外，有关部门还可以组织大型的宣传活动，让老百姓了解政策性保险的意义和他们能够从中得到的保障。

5. 风险融资和转移策略

主要涉及政策性保险融资体系中各种融资渠道及其限额，包括整个保险市场、再保险市场及资本市场。如果需要被保险人或者保险公司承担损失摊派，要规定其条件和限度等。其中，一个很重要的问题是政府作为“最后承担者”的责任。

政策性保险的风险应由不同层次的承担者逐层分散，最终中央政府或国家财政充当高层的超赔再保险人，保护商业保险人不至于直接因为承保巨灾风险而导致破产，同时，保障居民起码的最低生活水平。

6. 减灾措施的实施

从长远的角度看，如果使政策性保险的可保性提高，并且政府干预和财政压力最终能降到低水平，除了需要我国保险公司的承保能力得到大幅度提高外，最重要的条件是防灾减灾措施取得突出成绩，使得灾害损失在一定程度上具有可控性。所以，政策性保险的一个永久主题就是鼓励防灾减灾措施。

（二）建立政府与保险公司之间的良性互动

通过前面的博弈论分析可知，政府与保险公司合作是博弈的最优解，只是由于双方的关心点及力量对比不同，在现实中难以实现有效的配合。这就要求我们应当从怎样促进二者的良性互动为出发点，寻找解决问题的途径，以下几个方面应该着重考虑：

1. 运营效率——保险公司举办，政府支持

我们已经知道，在政策性保险的运营中，保险公司在营销网络、承保系统和保

单管理及服务体系中具有明显的优势，其进行承保、损失核定、处理理赔等方面的专业性和效率都比政府单独组建部门或者临时利用各个部门（如建设部、林业部、农业部、科技部等）要好很多。因此，我国的政策性保险应该采取“保险公司举办、政府支持”的模式，其详细的分工及责任限定有待进一步研究实践，这里不再累述。

2. 费率的补贴问题——税收优惠政策

中国幅员辽阔，各地自然灾害的类型和程度相差比较大。因此，政策性保险应针对不同等级的风险水平实施不同的精算费率。由于政策性保险的特点，灾害发生的不确定性和损失分布的年度波动较大，保险公司应提取和积累足够的准备金。政府可以借鉴美国的巨灾保险项目，对保险公司的巨灾准备金的积累给予税收优惠，允许准备金在税前提取，从而享受免税待遇。

3. 政府建立紧急贷款制度和专项基金，鼓励保险公司运用多种风险融资手段

作为政策性保险体系的领导者，政府应该加强风险管理意识，建立紧急贷款制度，以确保在发生巨额损失时保险公司可以快速贷款，以保障灾后的理赔及重建工作的顺利开展。同时，政府应该从国家财政、保险公司准备金中计提专项积累基金，用于政策性保险的进一步开发实施。另外，政府应运用其他手段鼓励保险公司分散风险，如在国际再保险市场中寻求巨灾超赔再保险等，并提供相应的政策支持。

（三）其他建议

1. 地方政府的作用

在保险公司和再保险业承担了一定的保险损失后，地方政府也可以作为高层超赔再保险人为政策性保险提供保护。各省区市政府可以针对本地区的自然灾害特点，建立特定的政策性保险基金，在中央政府开始承担责任以前，发挥分散风险和降低损失的作用。

这种安排可以促使地方政府制定合理的土地使用规则，实施较高的建筑标准，以促进防灾减灾。

2. 政府应积极组织有关政策性保险的研究及试点工作，培养相关专业人才

政策的有效实施离不开实践的检验和修正，随着改革的不断深入，政策性保险的发展取得了显著成效，但也浮现出诸多问题。这就要求我们从经济发展和人民生活的实际需要出发，进一步深入研究国内现状，借鉴国外经验，积极广泛地开展政策性保险的试点工作，为进一步理顺政府、保险公司、居民的关系，完善我国的政策性保险体系而努力。

（四）小结：建立一体化的、多层次的、由保险公司主办的、由政府支持的、可持续发展的中国政策性保险体系

所谓“一体化”的政策性保险体系，是指建议单独建立政策性保险体系，从法

律、机构、运作方式等一系列环节明确政策性保险的实施及地位。以确保政策性保险的顺利开展。

所谓“多层次”的政策性保险体系，是指建议风险融资结构方面要实现多层次和分层设置，使风险由不同层次的分担者逐层分摊。具体渠道包括居民、保险公司、再保险市场、紧急贷款安排、地方政府和中央政府等。目的是确保损失的可承保性，提高居民的保险自助意识，降低保险公司的风险，确保国家政策的顺利实施。

所谓“由保险公司主办，政府支持”的政策性保险体系，是在前述条件下，由保险公司经营政策性保险单，政府并不提供直接的保险产品，而是以“最后承担者”的身份为保险公司及居民提供最后保障。政府是支持而不是代替保险公司。由此，可以保证政策性保险的实施范围及成效。

所谓“可持续发展”的政策性保险体系，是指通过保险公司开办的、政府支持的政策性保险运作，以保险促进防灾减灾、以防灾减灾促进保险发展，从而形成政府、保险公司与居民的良性互动，持续降低保险损失的社会成本，以保证国家相关政策的有效实施，实现经济社会的可持续发展。

参考文献

[1] 张洪涛. 保险学 [M]. 北京：中国人民大学出版社，2002。

[2] 曾立新. 美国巨灾风险融资和政府干预研究 [M]. 北京：对外经济贸易出版社，2008。

[3] 江生忠. 中国保险业发展报告 2007 [M]. 北京：中国财政经济出版社，2007。

[4] 张照贵. 经济博弈与应用 [M]. 成都：西南财经大学出版社，2006。

[5] Roger A. McCain. Game theory：a non-technical introduction to the analysis of strategy [M]. 北京：机械工业出版社，2006。

[6] Georges Dionne. Handbook of insurance [M]. 北京：中国金融出版社，2007。

[7] 袁建华. 商业保险与政策性保险探讨 [J]. 哈尔滨金融高等专科学校学报，2006 (12)。

[8] 度国柱. 浅议强制或政策性保险的“不赢不亏”原则 [J]. 中国保险，2007 (4)。

[9] 笙君竹. 2008 年中国保险市场展望 [J]. 中国保险，2008 (1)。

[10] 黄薇. 建立我国保险信誉机制的博弈论分析 [J]. 哈尔滨金融高等专科学校学报，2005 (12)。

[11] Colin Green，Edmund Penning-Rowsell. Flood Insurance and Government：“Parasitic” and “Symbiotic” Relations [J]. The Geneva Papers on Risk and Insurance，2004 (7).

[12] 吴秀君. 基于博弈论的洪水保险需求分析 [J]. 武汉大学学报，2007 (8)。

人民币升值与我国保费增长联动关系研究

——基于 VAR 模型的实证分析

骆俊峰

一、人民币升值与保费收入联动的理论与实证回顾

人民币升值对我国保费收入的影响目前国内还没有完整而清晰的界定，新开放经济宏观经济学认为资本市场和外汇市场是具有互动关系的系统，外部冲击会通过外汇市场的传导引发资产价格的变动，作为资本市场重要的组成分子，一般而言，人民币升值会通过财富效应、替代效应、贬值效应影响保费收入。

财富效应主要是指由于本币升值引发国内各类资产价格上涨，对保险公司业务产生的推动作用，特别是对投资和承保业务产生的推动作用，这种效应在我国保险行业的反应最为强烈，2001 年我国加入世贸组织之后投连险及时问世，2005 年我国汇改之后，投资连结产品在我国保费收入比重急剧上升。

刘冀广（2008）认为人民币升值之后，一方面，在价格上涨的过程中，保险企业的投资业务投资收益较高，投保人获得的投资收益也会相应提高，增强了投资型产品的吸引力。另一方面，人们在资产价格上升的过程中实现了个人财富增值，也会相应增加保险消费方面的支出。因此，在货币升值的情况下，投资型产品业务规模会取得较大增长。

贬值效应指的是由于外币贬值，直接导致保险公司现有外汇资产缩水，从而对外汇持有人造成损失。但是由于我国保险企业国际化刚刚起步这种贬值效应较弱。

替代效应指的是由于不同币种之间汇率的波动，投保人会倾向于用具有升值趋势的货币进行投保，减少对具有贬值趋势货币的保险需求，以规避汇率风险或由货币升值中获得额外收益。

但是目前国内缺少运用相关数理模型找出人民币实际有效汇率波动与保费收入增长之间关系的文章，本文在前人的基础上运用 VAR 模型找出了汇率波动与保费收

入增长相对精确的关系，运用 Johansen 方法对保费收入季度环比指数、人民币实际有效汇率、利率进行协整检验，找出了三者的协整方程。并运用脉冲响应分析方法对汇率、利率波动对保费收入的冲击方向和保费收入的响应程度进行了详细分析。

二、指标选择与模型的构建

一般而言，研究汇率对保费收入的影响可以从两个角度入手：一是从开放经济模型出发，进行理论推导和计量检验；二是在保费收入与汇率之间建立模型，并进行计量检验。本文从第二个角度研究汇率对我国保费收入的影响，为了提高实证研究的有效性，将采用协整、格兰杰因果检验对我国的保费收入和汇率之间的关系进行分析。

本文的目的主要是分析汇率改革以来我国保费收入与汇率之间的联动关系，因此采用 2000 年第一季度至 2009 年第四季度的保费收入环比指数 PI、汇率 REER、利率 R 共 44 组样本数据检验保费收入波动与汇率之间的关系。其中，保费收入以 2000 年第一季度为基期的定基数据。利率数据以三个月的银行同业拆借利率表示。考虑到双边汇率仅能反映同单个国家的经济关系，因此本文中的汇率采用实际有效汇率（Real Effective Exchange Rate）。实际有效汇率将中国的主要贸易伙伴的货币加权计算，因而更能真实地反映人民币的总体波动程度及其在国际贸易和国际金融中的总体地位。该数据采用国际清算银行 BIS 计算的实际有效汇率，以 2000 年第一季度为基期，采用间接标价法，因此指数上升表示人民币升值，而指数下降则表示人民币贬值。由于对变量进行自然对数变换后不改变原序列的协整关系，并能消除时间序列中存在的异方差现象，所以对汇率、保费收入以及利率进行自然对数变换分别记为 LNREER、LNPI、LNR，实证分析时均采用变量的对数形式。

从图 1 可以看出，以 2000 年第一季度为基期的保费收入指数 LNPI 呈现了明显的上升趋势，这反映了我国保费收入增长率不断提高，对于人民币实际有效汇率 LNREER 在 2005 年 7 月汇率改革之前基本保持平稳，但是 2005 年之后我国人民币实际有效汇率 LNREER 波动增大，总体上呈现了上升趋势，这说明 2005 年 7 月至 2009 年 12 月之间以一揽子货币表示的人民币升值了。

图 2 描绘了我国银行同业拆借利率 LNR 先开始大幅下跌，自 2005 年 11 月以后不断上涨，在经历了从 2006 年 7 月到 2007 年 7 月将近一年的调整后，再次大幅上涨，到 2008 年金融危机之后，利率开始了大幅度的下降。

模型的建立：

将保费收入、人民币实际有效汇率、贸易顺差分别用 PI、REER 和 R 表示，则保费收入和汇率之间的 VAR 关系模型可表示为方程（1）：

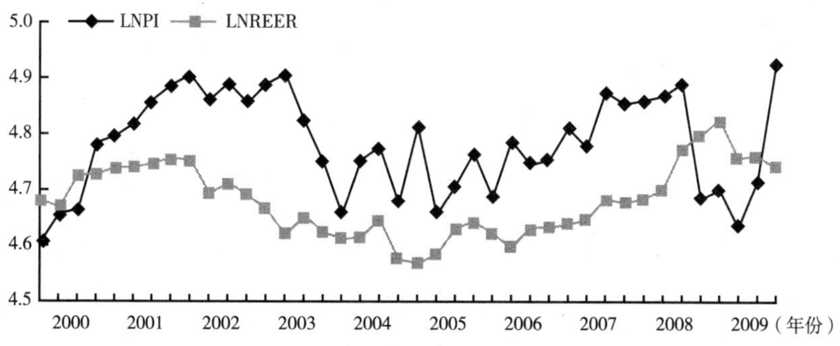

图 1　2000—2009 年保费季度增长和人民币实际汇率变化趋势

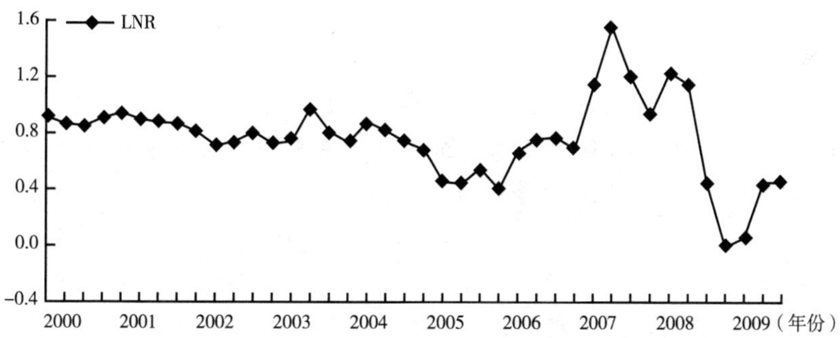

图 2　2000—2009 年银行间 7 天同业拆借加权平均利率（%）变化趋势

数据来源：保费收入 1999 年及其以后数据来自各年度保险年鉴，以及中国保监会网站。人民币实际有效汇率来自国际清算银行网站。银行间 7 天同业拆借加权平均利率（%）来自人民银行网站。

$$Y_t = C + \sum_{i=1}^{n} AY_{t-i} + \varepsilon_t \tag{1}$$

其中，为 LNPI、LNREER 和 LNR 所构成的列向量，A 为系数矩阵，C 为截距项，为随机误差矩阵。t 表示时期，i 表示滞后期，k 表示最大滞后阶数。这里对最优滞后阶数的选取是基于无约束的 VAR 模型的残差分析来确定的，即根据 AIC 与 SC 准则确定。

三、实证分析

1. 平稳性检验

在对时间序列数据进行计量分析时，首先要对各变量进行平稳性检验，否则，直接对非平稳的时间序列进行回归将导致谬误回归（spurious regression）现象。采用 ADF 检验方法分别对变量 LNPI、LNREER、LNR 进行单位根检验，利用 Eviews5.0 软件，检验结果见表 1。

表 1　变量 LNPI、LNREER、LNR 的单位根检验（ADF 检验）

指　标	ADF	检验形式 (c, t, k)	AIC	1% 显著水平临界值	5% 显著水平临界值	10% 显著水平临界值	结论
LNPI	-3.935588	(c, t, 3)	-2.230915	-3.632900	-2.948404	-2.612874	平稳
LNREER	-6.356863	(c, t, 5)	-3.960866	-3.615588	-2.941145	-2.609066	平稳
LNR	-4.756144	(c, 0, 1)	-0.336234	-3.632900	-2.948404	-2.612874	平稳

注：C，T，K 分别代表所设定的检验方程固有截距、时间趋势和滞后阶数，N 指不含 C 或 T，滞后阶数由 AIC 最小原则确定。

由以上的单位根检验结果可以看出，所有时间序列变量的 ADF 统计量的绝对值均高于 5% 的临界值水平，ADF 值均小于不同检验水平的三个临界值，自然对数数列拒绝原假设，即自然对数序列在 5% 的显著性水平下均是平稳的，因此可以得出结论 LNPI、LNREER、LNR 可以进行协整分析。

2. 协整检验

Engel 和 Granger（1987）指出，如果序列都是同阶积整的，那么两个或多个非平稳序列的线性组合可以是平稳的，即存在协整关系，这种平稳的线性组合可以被解释为变量之间长期稳定的均衡关系。如果保费收入、人民币实际有效汇率、利率之间存在协整关系，那么我们可以得出三者之间在长期中具有均衡稳定关系的结论。关于协整关系的检验主要有两种方法：一是 Engle 和 Grange 提出的基于协整回归残差项的 EG 两步法；二是 Johansen（1990）提出的基于 VAR 模型对协整向量系统进行极大似然估计和检验。EG 两步法在建立两个变量之间关系时较为常用，Johansen 的检验方法不仅能精确地检验出协整关系的个数，还可以同时给出这些向量。利用 Eviews 5.0 软件提供的 Johansen 方法对保费收入季度环比指数、人民币实际有效汇率、利率进行协整检验。

表 2　变量 LNPI、LNREER、LNR 的协整检验（Johansen 迹检验）

零假设协整向量数目	Trace 检验值	迹统计量	5% 显著水平临界值	P 值	结　论
0	0.476229	37.31844	35.19275	0.0291	拒绝
至多一个	0.258398	14.03718	20.26184	0.2868	接受
至多两个	0.086964	3.275265	9.164546	0.5305	接受

注：显著性水平为 5%。

表2显示，在5%的显著性水平下，变量LNPI、LNREER、LNR之间存在一个协整关系，这证实长期中人民币实际有效汇率、利率、保费收入增长之间存在稳定的均衡关系。保费收入、人民币实际有效汇率、利率三者的协整关系如方程（2）所示：

$$LNPI = 0.0644LNREER - 0.0206LNR + 0.342 \quad (2)$$

$$(0.24344) \qquad (0.06665) \quad (1.12165)$$

由方程（2）可以知，保费环比增长指数与人民币实际有效汇率之间是正相关，人民币实际有效汇率每上升10%，保费季度增长指数将增加0.644%，人民币升值会导致保费收入上升。

3. 格兰杰因果检验

利用Granger因果关系检验保费增长与汇率、利率变量之间的因果关系。Granger因果关系检验涉及滞后阶数的选定，这里对最优滞后阶数的选取是基于无约束的VAR模型的残差分析来确定的，即根据AIC定阶准则确定，最后确定最优滞后阶数k=6。

表3 LnPrice、LnREER、LnR的格兰杰因果检验

原假设	F统计量	P值	结论
LNPI不是LNREER的Granger原因	1.43257	0.25290	接受
LNREER不是LNPI的Granger原因	2.12291	0.09391	拒绝
LNPI不是LNR的Granger原因	0.55525	0.78184	接受
LNR不是LNPI的Granger原因	2.12291	0.09391	拒绝

注：显著性水平为5%，滞后介数为6。

从表3的检验结果可以看出，在5%的显著水平下，人民币实际有效汇率与保费增长之间存在单向因果关系，人民币实际有效汇率是引起保费增长变动的格兰杰原因，而保费增长与利率之间也存在单向因果原因，利率也是影响保费增长变动的格兰杰原因。

4. 脉冲响应分析

脉冲响应函数能够描述一个内生变量对误差冲击的反应，即在随机误差项上施加一个标准差大小的信息冲击后，对内生变量的当期值和未来值带来的影响，由此来判断变量间的动态关系。为了进一步得到各个变量对通货膨胀的影响程度，在上述检验因果关系的基础上，用脉冲响应函数可以得到LNREER、LNR对LNPI的冲击及LNPI响应情况。通过表4提供的测算结果可以发现，在脉冲响应的1—9期上，LMPI对于LNR的平均脉冲响应值要高于LNREER，无论正向冲击还是反向冲击。

表 4　LNPI 对于各变量的脉冲响应值

时间间隔	1	2	3	4	5	6	7	8	9	10
LNPI 对于 LNREER 的脉冲响应值	0	-0.019	0.0075	0.0091	0.0323	0.026	0.025	0.0272	0.000452	-0.011
LNPI 对于 LNR 的脉冲响应值	0	0.0445	0.00667	0.0145	0.0144	-0.03	-0.01	-0.028	-0.011	0.02

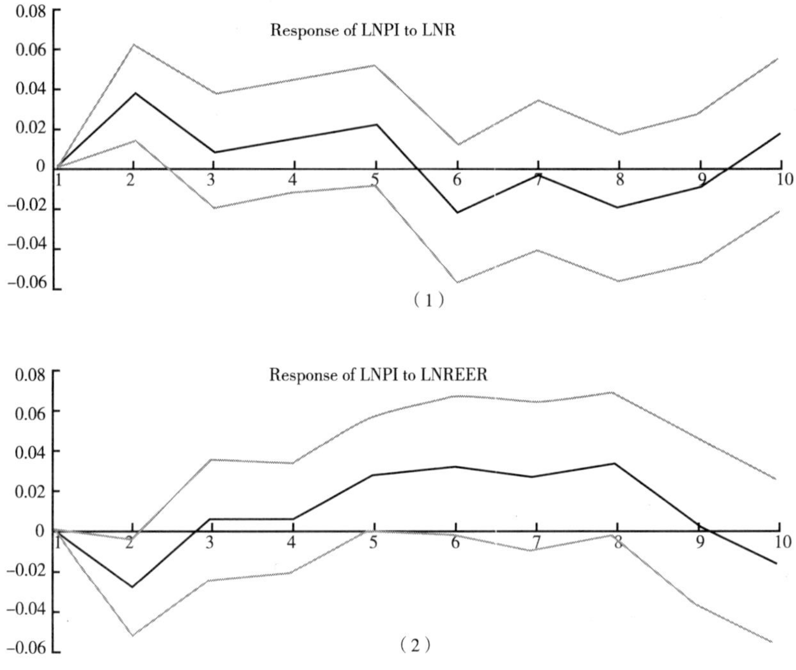

（1）

（2）

图 3　LNPI 对与 LNR 和 LNREER 的脉冲响应图

图 3 描述了保费季度环比增长指数对人民币实际有效汇率的响应程度。其中，实线部分为计算值，虚线部分为响应函数值加（或减）两倍标准差的置信带，横轴表示冲击作用的滞后月数，纵轴表示各自时序指数，实线表示脉冲响应函数。

从图 3（1）可以看出，短期利率的变化对我国保费增长的影响方向较为复杂，在第二期达到正向影响最高的 0.0445 之后，逐步开始下降，总体而言利率波动对我国保费收入的冲击增长呈反向关系，即利率下降保费收入将会上升，这与我国的实际情况是相一致的，但是在第 8 个季度之后，两者将会逐步呈现正相关的关系。

从图 3（2）可以看出从第二期之后人民币实际有效汇率的提高对中国保费收入的增长具有较为明显的正冲击，并且该冲击在 8 个季度后会逐渐平稳，并转为负值。

故从短期来看，人民币升值会导致保费增长向相同方向运动，即保费收入上涨。但是在一个较长的期间内，两者之间将会呈现反向的运动关系。

四、结论与政策建议

随着我国汇率制度改革的不断完善，人民币汇率波动将更加富有弹性，汇率将会对我国保险市场产生更重要、更直接的影响。未来一段时期内，人民币升值将会是大概率事件，我国保险业应当及时采取措施应对人民币汇率变动对我国保险业的影响。

本文通过对我国 2000—2009 年的人民币实际有效汇率与保费收入环比增长指数、短期利率的季度数据进行实证分析，得出以下结论：

1. 人民币实际有效汇率、保费收入增长指数、短期利率三者在长期内存在均衡稳定关系，人民币实际有效汇率与保费增长指数在短期内呈正相关，人民币升值导致保费收入增长，但是这种正相关会在汇率波动的第 8 个季度之后逐渐减弱并转为负相关，并且负相关程度较高。

2. 汇率影响利率的传导过程，以及对整个经济环境的影响和财富效应是汇率对保费收入影响的最重要途径，人民币升值之后必将带来国内持续较长时间的低利率，在低利率环境下，一方面投资型产品比重将会大幅度的上升，另一方面我国保险企业将会面临较为沉重的利差损风险，另外出口的下降、人民币升值之后违约率的升高将会对出口信用险的增长产生抑制效应。

3. 对于因人民币升值而流入保险市场的境外资本，我们一方面要充分利用外资对保险市场发展的积极影响，另一方面也要考虑外资过度流入保险市场和所带来的负面效应。一方面要加强对外资保险业的资本偿付能力监督，另一方面要核查由于人民币升值之后所带来以外币计价的资本金缺口。

4. 保险公司应当加强对汇率波动周期的判断，根据本文的结论，人民币实际有效汇率的上升对保费收入正相关的影响将会持续 8 个季度，在这个周期之后将转为负相关，保险公司应当合理安排保费收入的时间匹配，以应对汇率波动周期带来的负面影响。

参考文献

［1］王绪瑾．保险学（第三版）［M］．北京：经济管理出版社，2004。

［2］刘冀广，李敏．论人民币升值对保险业的传导机制［J］．保险研究，2008，(12)。

［3］曹传碧．从人民币的升值谈保险公司的汇率风险［J］．集团经济研究，2006（15）。

［4］盛春凤．我国财产保险企业的汇率风险管理．复旦大学优秀硕士论文，2008。

［5］吴祥佑．论汇率利率联动与首先经营稳定性．厦门大学博士论文，2009。

［6］张晓桐．计量经济学软件 EViews 使用指南［M］．天津：南开大学出版社，2006。

我国寿险公司偿付能力研究

杜 美 庞 欣

一、引　　言

在全球经济危机大环境的影响下，许多保险公司纷纷出现盈利下降甚至亏损的状况，这对被保险人的利益构成了潜在的威胁，甚至对整个经济的正常运行和社会稳定产生了一定的负面影响。偿付能力往往是衡量寿险公司经营情况的重要指标，对偿付能力的监管越来越受到各方的重视。

二、文献回顾

国际上对保险公司偿付能力的监管大体可分为静态监管与动态监管两部分。各国对寿险公司偿付能力实行不同的静态测试方法：美国主要采用风险基础资本（RBC）标准；加拿大采用最低持续资本和盈余要求（MCCSR）；日本与欧盟主要采用“偿付能力界限”标准。动态偿付能力监管方面：美国采用现金流量测试（CFT）、加拿大采用偿付能力动态测试（DST）及动态财务分析（DFA）。在偿付能力研究方面，国外学者多采用定量分析法。Beaver（1966）最早给出了破产预测模型；Trienschmann 等人（1974）运用多变量判别分析法（MDA）对公司财务数据进行分析，开始了保险业偿付能力监测模型的实证研究；Omori，Nakagami，Ide 和 Matsumura（1998）构建了评估偿付能力风险的 ONIM 模型。我国学者对保险公司偿付能力的研究目前多停留在定性分析以及对国外偿付能力监管方式的介绍与分析的层面上。

本文采用定量分析与定性分析相结合的方法，以 13 家保险公司作为样本，在实证分析过程中，主要通过描述性分析方法对样本公司偿付能力进行评价，进而推断寿险公司整体的偿付能力。此外，本文也采用了因子分析与主成分分析相结合的方法提取主要成分，分别对样本公司进行偿付能力评价。

三、实 证 分 析

（一）指标的选取

本文在选取指标时考虑多方面因素对统计结果的影响，并参考保监会 2003 年公布的《保险公司偿付能力额度及监管指标管理规定》中关于寿险公司偿付能力的监管指标，同时也在误差允许的范围内对部分指标进行了一定的调整。指标如下：

1. X1（自留保费增长率）=［（本年自留保费－上年自留保费）/上年自留保费］×100%；

2. X2（退保率）=［退保金/（上年末长期责任准备金＋本年长期险保险收入）］×100%；

3. X3（保费收入增长率）=［（本年保费收入－上年保费收入）/上年保费收入］×100%；

4. X4（偿付能力额度变化率）=［（本年偿付能力额度－上年偿付能力额度）/上年偿付能力额度］×100%；

5. X5（资产负债率）=［负债/资产］×100%；

6. X6（盈余缓解率）=［（摊回分保费用－分保费用支出）/（资产－负债）］×100%；

7. X7（融资风险率）=［卖出回购证券/（实收资本＋公积金）］×100%。

（二）数据的整理

本文从多方面因素考虑，选取了 13 家具有代表性的保险公司作为研究样本（见表 1）。

表 1　各寿险公司各变量的整理数据表

X	X1	X2	X3	X4	X5	X6	X7
中国人寿	0.072	0.07237	0.0853	0.4737	0.8088	0.0007	0.0007569
太平人寿	0.415	0.129167	0.4271	0.4337	0.9292	0.0043	0.00E+00
太平洋人寿	0.371	0.053077	0.3396	1.4477	0.922	0.0385	0.7980893
平安人寿	0.148	0.04808	0.1574	0.6358	0.9297	0.0059	0.0711584
新华人寿	0.084	0.112897	0.2372	-0.3383	0.9789	0.1141	2.7457563
泰康人寿	0.768	0.037951	0.6852	1.6104	0.9434	0.0033	4.160919
生命人寿	0.908	0.045239	0.9076	0.3002	0.8724	0.0017	0.3635969
信诚人寿	0.844	0.042312	0.8663	0.2651	0.9089	0.0057	0.00E+00
上海友邦	0.115	0.002383	0.1284	10.3916	0.9748	0.0094	0.9299613
中美大都会	3.41	0.050807	3.3458	-0.8126	0.9817	0.0639	0.00E+00
中英人寿	2.227	0.025979	2.3237	0.9718	0.828	0.0105	0.00E+00

续表

X	X1	X2	X3	X4	X5	X6	X7
民生人寿	1.858	0.093632	1.8151	5.5576	0.6818	0.0115	0.00E+00
合众人寿	0.89	0.036563	0.8945	22.5818	0.8321	0.0034	0.00E+00

注：数据来源于《中国保险年鉴2007》和《中国保险年鉴2008》，在对所需数据进行整理与对相应变量进行计算整理后得出表1。

（三）表述性分析（表2）

表2　单变量分析——基础分析①

Statistics								
		X1	X2	X3	X4	X5	X6	X7
N	Valid	13	13	13	13	13	13	13
	Missing	0	0	0	0	0	0	0
Std. Deviation		1.0014	.03549	.98577	6.52248	.08576	.033289	1.29624
Skewness		1.530	.785	1.533	2.556	-1.256	2.269	2.147
Std. Error of Skewness		.616	.616	.616	.616	.616	.616	.616
Kurtosis		2.013	.231	1.851	6.758	1.680	4.983	4.046
Std. Error of Kurtosis		1.191	1.191	1.191	1.191	1.191	1.191	1.191

从表2可以看出我国寿险公司资金的整体状况。其中，方差最大的是偿付能力变化率（X4），可知我国寿险业偿付能力不够稳定。退保率（X2）的峰值系数最小，说明这个变量在不同寿险公司里面的变化幅度很大，显示出经营成果差异较大，也反映出投保人对不同的寿险公司的满意度差异比较大。

（四）主成分分析及小结

表3　方差分析表

Total Variance Explained						
Component	Initial Eigenvalues			Extraction Sums of Squared Loadings		
	Total	% of Variance	Cumulative %	Total	% of Variance	Cumulative %
1	2.303	32.906	32.906	2.303	32.906	32.906
2	1.903	27.18	60.086	1.903	27.18	60.086
3	1.237	17.676	77.762	1.237	17.676	77.762

① 标准差（Std. deviation）；偏度（skewness）；峰度（kurtosis）。

续表

Total Variance Explained						
Component	Initial Eigenvalues			Extraction Sums of Squared Loadings		
	Total	% of Variance	Cumulative %	Total	% of Variance	Cumulative %
4	0.754	10.764	88.527			
5	0.574	8.206	96.733			
6	0.228	3.25	99.983			
7	0.001	0.017	100			

Extraction Method: Principal Component Analysis.

表 4 主成分载荷矩阵

Component Matrixa				
	Component			Zscore (X1) =0.851C1 +0.485C2 +0.151C3
	1	2	3	
X1	0.851	0.485	0.151	Zscore (X2) = -0.251C1 +0.347C2 -0.841C3
X2	-0.251	0.347	-0.841	Zscore (X3) =0.846C1 +0.502C2 +0.141C3
X3	0.846	0.502	0.141	Zscore (X4) =0.168C1 -0.624C2 +0.295C3
X4	0.169	-0.624	0.295	Zscore (X5) = -0.548C1 +0.434C2 +0.526C3
X5	-0.548	0.434	0.526	Zscore (X6) = -0.278C1 +0.794C2
X6	-0.278	0.794	-0.001	Zscore (X7) = -0.628C1 +0.296C2 +0.352C3
X7	-0.628	0.296	0.352	

X1（自留保费增长率）、X3（保费收入增长率）、X7（融资风险率）在第一公共因子的载荷值较高，反映自留保费增长率、保费收入增长率、融资风险率的公共特性，将其定义为保费收入管理指标。

X4（偿付能力额度变化率）、X6（盈余缓解率）在第二个主成分（C2）的因子载荷系数较大，而 X2、X3 分别表示各自险种所占比例的变化率与各自退保情况，因此，可以将其定义为经营状况指标。

X2（退保率）、X5（资产负债率）与第三个主成分（C3）的相关程度较高，这个变量是关于资产与负债、保费收入与支出的变量，因而定义为资产项目指标。

第一主成分（C1）

=0.851ZscoreX1 -0.251ZscoreX2 +0.846ZscoreX3 +0.169ZscoreX4 -0.548ZscoreX5 -0.278ZscoreX6 -0.628ZscoreX7

第二主成分（C2）

=0.485ZscoreX1 +0.347ZscoreX2 +0.502ZscoreX3 -0.624ZscoreX4 +0.434ZscoreX5 +0.794ZscoreX6 +0.296ZscoreX7

第三主成分（C3）

$$=0.151ZscoreX1-0.841ZscoreX2+0.141ZscoreX3+0.295ZscoreX4+0.526ZscoreX5+0.00ZscoreX6+0.352ZscoreX7$$

为了了解各个寿险公司偿付能力的综合水平，以这 3 个主成分的方差贡献率为权重，构造出一个新的综合评价。

函数 C：

$$C=0.32906\times C1+0.2718\times C2+0.17676\times C3+E$$

本式中，E 为调节项（残差项或其他控制变量），Ci 的系数随所选取的样本公司的不同以及所选年份数据不同而发生变化。

表 5　主成分贡献表

X	C1	C2	C3	C
中国人寿	-0.28586	-1.49569	-1.42624	-0.7527
太平人寿	-0.58726	0.09844	-1.93502	-0.50852
太平洋人寿	-1.28861	0.153289	0.06721	-0.37049
平安人寿	-1.02453	-0.92339	-0.061	-0.59889
新华人寿	-3.53298	3.253926	-0.61097	-0.38614
泰康人寿	-2.22156	0.395038	1.586803	-0.34317
生命人寿	0.325775	-0.49208	-0.05892	-0.03696
信诚人寿	0.160788	-0.37212	0.118482	-0.02729
上海友邦	-1.5499	-1.82641	1.963708	-0.65932
中美大都会	2.846558	4.075667	1.056428	2.231189
中英人寿	2.735222	0.517565	0.45823	1.121723
民生人寿	3.121924	-0.41377	-1.96257	0.567933
合众人寿	1.300409	-2.97048	0.803885	-0.23737

表 5 中，C1、C2、C3 分别代表相应各保险公司对应于不同主成分的得分情况。从表 5 中可以看出：

第一主成分，民生人寿、中美大都会人寿、中英人寿得分较高，而新华人寿、泰康人寿得分较低。在其他主成分不变的前提下，第一主成分得分越高，寿险公司的偿付能力也越高。就自留保费增长率和保费收入增长率而言，中美大都会人寿、中英人寿、民生人寿增长率较高，而这 3 家寿险公司的融资风险率相对较高，新华人寿和泰康人寿的融资风险率这一指标较高。融资风险率较高的公司往往偿付能力较差，这也就解释了新华人寿、泰康人寿第一主成分总体较低的原因。

第二主成分，中美大都会人寿与新华人寿的得分较高，而合众人寿的得分较低。就构成第二主成分的偿付能力额度变化率而言，新华人寿和中美大都会人寿这一指标都呈现负值，说明两公司偿付能力下降；合众人寿这一数值较大，说明偿付能力不稳定。由于第二主成分指标较大，说明公司的偿付能力较差，可知新华人寿、中美大都会人寿呈现偿付能力较差的趋势。

第三主成分，各寿险公司呈现出友邦（上海）、泰康人寿相对较高而太平人寿、民生人寿相对较低的现象。就退保率而言，太平人寿、新华人寿、民生人寿相对较高，而友邦（上海）相对较低；就资产负债率而言，民生人寿相对较低，而友邦（上海）相对较高。资产项目指标较高，一定程度上反映寿险公司的偿付能力处于较差的状态。

对于总指标 C，中美大都会与中英人寿的得分排名最前，其他一些合资公司的总指标也较高，而一些传统意义上的中资大公司的排名与它们的资产总额相比并不是特别靠前。由于中外合资公司引进了外国先进的资产评估方法与有经验的精算人才，使得这些寿险公司的经营处于一个比较理想的状态。

四、结论与启示

（一）样本公司得分角度

从表 5 中可以看出，中外合资保险公司在第一主成分因素优于国内独资公司。为了弥补中资寿险公司这方面的不足，需要通过人才输送，学习国外的一套成熟的精算以及风险控制理论来提高中资公司的市场竞争力，并需要在保费收入管理方面借鉴合资寿险公司的经验及有效的管理手段，增强自身的核心竞争力。

从第二个主成分因素可以看出，样本公司得分情况呈较分散趋势，小型寿险公司的得分普遍偏低。新进入保险业的小型公司，急于追求保费上规模，扩大市场份额，在竞争银行保险、银邮保险的代理渠道中争相提高手续费，增加名目繁多的费用，表面的繁荣之下潜藏风险。这就需要保险监管部门及时对其进行监管与控制。此外，部分公司经营中的短期行为比较突出，当市场环境走势良好时其盈利状况喜人；但当市场环境出现低迷时，加之国际市场普遍通胀，人民币升值加快，保险公司的投资收益降低，其偿付能力就会受到威胁。

从第三个主成分因素可知，样本公司的得分普遍偏低。退保率偏高的原因从寿险公司的角度而言，是在分配资金时，保险公司有大量的资本和责任准备金，一部分分配到银行存款和金融衍生物的投资，投资收益提取部分作为公积金，但需要与承担赔偿或给付责任的期限相匹配。当匹配不恰当，公司的流动资金不足，偿付能力出现问题时，投保人对保险人的信心将大大降低，以致退保事件频频发生。

（二）我国寿险业总体角度

1. 在保险资金运用问题上，要实行专业化道路，采用先进的技术分析指标与风险管理工具，提高保险资金运用的效率，有效地规避风险。此外，由于保险资金来源的多种多样，决定了保险资金的运用也要实行多元化，对寿险公司投资组合进行科学合理的配置将显得尤为重要。

2. 完善寿险公司企业制度，积极推动寿险公司上市。从国外寿险公司的情况看，资本市场已成为寿险公司融资的重要渠道，寿险公司上市能够扩大其资产规模，增强偿付能力，有利于保险公司的规范经营与资本市场的长期稳定。

3. 完善监管体系。尽管我国保险监管部门出台了一系列的政策，但由于管理模式陈旧，监管指标为静态指标等因素，往往不能满足现阶段寿险公司面临的复杂的外部经济环境与内部经营环境的需要。需要逐步建立动态监管体系，从根本上解决寿险公司偿付能力问题。本文采用的是保监会发布的静态测试指标，虽从总体上能够反映我国寿险公司偿付能力的现状，但却忽略了经济环境等因素对寿险公司偿付能力的影响，因而，结论存在一定的局限性。

参考文献

[1] YOUG Duck Kim, Danr, Anderson, Terryl, Amburgey, James Hickman. The Use of Event History Analysis to Examine Insuer insolvencies [J]. The journal of Risk andIsurance, 1995.

[2] Esteban Flores, José Garrido Robust logistic regression forinsurance risk classification [R]. Working paper, Concordia University, 2001, Novermber.

[3] CHEN Chuzhi. On the choice of the Regulation Methodin Life Insurance Company's Compensation Capacity [J]. MODERN FINANCE AND ECONOMICS. 2004 (5).

[4] 赵宇龙，瞿玲．我国保险公司偿付能力监管指标预警能力的实证研究［J］．精算通讯，2002（3）。

[5] 占梦雅．中国寿险业最低偿付能力额度要求研究［J］．财经理论与实践，2007（4）。

[6] 王晓军．国外寿险偿付能力监管体系及其对中国的启示［J］．财经论坛，2006（10）。

[7] 王敏，陈迪红．英国寿险偿付能力监管体系变化及启示［J］．金融经济，2007（9）。

中国环境污染责任保险承保范围的合理界定

金 缦

自我国从 90 年代初试点商业环境责任保险至今，国家先后两次调整激励政策协助各保险公司对环境污染责任保险进行推广，但年保费规模始终无法扩大，使该保险呈现叫好不买座的现象。笔者从该保险的承保内容着手进行分析，并指出其中存在的一些缺陷，进而对该保险的承保责任、范围和条件提出优化目标和建议。力求使该保险健康发展，真正实现在推广初期，国家设想的通过市场化的保险行为约束企业污染造成的各种不良效应的实际目的。

据中国绿色国民经济研究报告结果显示，中国 2004 年因环境污染造成的经济损失相当于当年国内生产总值的 3.05%，全国用污染损失表示的环境退化成本为 5118.2 亿元，①，而这个损失的计算基础仅限于目前披露的民事纠纷和行政处罚所带来的经济损失，由于环境污染及环境侵权行为所造成的损失有长尾效应和雪球效应，可推断目前环境污染所带来的对今后 20 年甚至 50 年的损失将远远大于 2004 年披露的损失数据并成倍增长。

2003 年 Tillinghast Towers Perrin 公司公布数据显示，历史上最大的单件环境污染责任损失额由于多年的积累，已达到 380 亿至 530 亿美金的损失额度，比历史上最大的地震损失（1994 年的 Northridge 地震）还高至少 2.23% 倍。② 污染数字的庞大不仅仅在于其造成的负的外部性的波及范围广和时间长，并且这种污染的外部不经济会在很大程度上导致经济的无效率。即任何个人、企业的控污私人边际收益等于私人边际成本，而其社会边际收益都是远远小于社会边际成本的。

在这种私人控污决策缺乏效率的条件下，政府的反污染计划，即明确并加强产

① 环境保护总局等. 中国绿色国民经济核算研究报告 2004（公众版），第 11 页。

② 黄华明. 中外保险案例分析［N］，对外经贸大学出版社，2004.1：125. 其中提到：美国咨询公司 Tillinghast Towers Perrin 公司预测并统计的历史上最大的单件事故保险损失中，1994 年的 Northridge 地震为 170 亿美元，而最大的环境污染事件保守估计的损失额已达到 380 亿美金之高。

权管理，以促成私人部门之间通过协商达成更加有效的解决办法的计划将使得控污有效并可以引导厂商矫正负的外部性。根据美国和欧洲一些发达国家的控污经验，环境污染责任保险，特别是国家税收政策支持下的商业责任保险公司的市场化运作下的环境污染责任保险制度在国家整体控污方案中起到了至关重要的作用。这主要是基于环境保护和污染控制监督这两个行动的正外部性①，能够带来社会收益大大高于执行方即商业保险公司的个人收益。通过整合保险行业资源，对单个有潜在污染排放事故的企业转移部分排污风险，分担起到至关重要的作用。

一、环境污染责任保险承保范围的现状分析

1. 国际环境污染责任保险现状

自 1970 年代，全球各国都开始重视发展完善的环境污染责任保险体系，美国、瑞典、德国已将其纳入强制责任保险的范围。截至 2008 年年底，瑞士再保险发布的关于环境污染风险的报告中显示，全球的环境污染责任保险中发展最快及承保保费规模最大的主要是美国、英国和欧盟，其中美国、英国和德国的保险公司承接的全球环境污染责任保险的再保比例最大，并超过全球环境污染责任保险再保的 70%②。

由于国家排污企业主体不同和政府治污权力归属的不同，各国在大力发展环境污染责任保险的同时，都加入了国家自身的特色，其中，美国和瑞典推行强制污染责任保险，通过《环境污染法》对企业污染责任的保障范围和承保条件规定，并由商业保险公司对该强制险种进行承保，该险种主要承保的责任是对第三方造成污染方侵权的民事诉讼和之后的民事赔偿，该项承保的特色体现在两方面：

一方面，高保额的诉讼费用和有经验的律师团队是各保险公司销售该保险的卖点和竞争关键点。特别是美国法院倾向于同情被污染人的陪审团制度，无论过失和故意与否的判赔、鼓励集体诉讼的法律特点，加大保险公司有关诉讼和民事赔偿责任方面的保险责任。

另一方面，美国的污染责任保单中要求保险公司承担“抗辩”义务，即从被保人被提起诉讼的次日起，保险公司需代位成为顺位被诉讼人，并承担举证和抗辩的义务。这个条款的设计大大增加了保险公司的理赔责任，同时也增加了企业对于环境污染责任保险的投保热情。美国环境损害责任保险的保险人在预防污染事故方面

---

① 参考威廉·J. 鲍莫尔，华莱士·E. 奥茨，严旭阳. 环境经济理论与政策设计［N］，北京：经济科学出版社，2003. 1：233—240.

② Alan Bressler. Navigating the U. S. Environmental Liability Market［J］. http：//global. marsh. com/risk/eviroment.

起到很重要的作用。保险公司通过为重视环境责任风险管理的企业提供更低的保费等优惠条件，促使企业降低污染数量和程度；保险公司还会雇佣专业的环境专家，加强对保险人环境风险的预防和控制，并监控被保险人的活动。据估计，2000 年美国环境责任险市场的需求超过 10 亿美元，保费规模将近 12 亿美元。①

法国和英国则以任意责任保险为主，强制保险为辅，德国和印度等国则是采取强制责任保险与财务担保制度相结合来进行排污风险控制②，其中德国为适应欧盟 2007 年最新推出环境保护法的规定，保险公司将环境污染责任保险和环境污染治理保险责任分离，除传统的环境污染第三方责任承保外，扩大对环境污染治理事故方面的风险承保，其承保范围从第三人扩展到企业本身及企业员工职业责任的部分。

这些国家通过环境责任保险的不断改革，逐渐找到了其与潜在被保人需求更接近的方式，使该产品得以健康发展。同时，我们也可以看到，无论任何国家的环境污染责任保险制度和市场都需根据国家的政策、法律制度的变化而进行调整，这又进一步地证实了环境保险提供的正外部性和公共品特征，也给我国的环境污染责任保险市场一个启示，即保险保障范围要切实地体现对于当前政策和法律的解读和推动我国环境保护法完善、政策激励政策增加的重要性。

2. 中国环境污染责任保险现状

随着国家经济发展，商业体制的完善和全球对环境污染治理呼声的日益高涨，无论中国具有潜在污染风险的企业还是处在被污染风险下的民众都对建立有效的环境污染保障体系有强烈的迫切的要求和期盼。但是，就目前保险市场上通用的环境责任保险的销售状况来看，对于环境污染责任保险的需求还远远低于调查的预期。

（1）保险产品方面

我国从 20 世纪 90 年代初开始推出商业环境责任保险，并在大连、沈阳、长春、吉林等试点城市推广，2008 年开始，又鼓励保险公司推出可以适应北京、上海等各大中型城市投保的环境责任保险，得到国家政府的大力支持。2008 年 2 月 28 日由保监会和国家环保总局共同发文的《关于环境污染责任保险的指导意见》允许并倡导商业环境污染责任保险的开发和推行，同年华泰保险公司推出了其在外资股东方协助下完成的环境污染责任保险。

我国环境责任保险的保单主要依据美国环境责任保险的保单修改而成，强调赔偿“被保险人”因在“承保地点”或其地下或源自该地点的“污染状况”导致的“索赔”所致其依法应承担的赔偿责任、“补救费用”，及相关的“法律抗辩费用”。但是截至 2009 年年底，据保险公司内部核保人员透露，环境污染责任险种的承保仍

① 茹珊珊．国外环境责任保险概况．中国保险报，2008. 2. 20：2B.

② 参见李凤英等．中国环境污染责任保险制度框架分析［J］．中国人口资源与环境，2009. 4. B19：37.

然集中在一些高风险及特殊风险行业如电力、石油等行业的建筑工程中，并附加在建工一切险中，作为补充条款，并仅承保污染后的部分清除费用。这主要是基于我国这些特殊行业的建工、安工及运行经营中，常有外资背景的股东方，技术方介入，而由于美国、欧洲等国对于责任保险的重视和推广力度较大，其对于该险种的好处有一定的认识度和认同感，故在这些高危行业内，和大型建筑安装工项目中，对该保险有相对较大的需求体现。而整体而言我国环境污染责任保险的保费仍然不具规模，无法起到通过保费调整，转移和整合中国整体的污染责任风险的作用。

（2）保险需求方面

根据李凤英在《中国环境污染责任保险制度框架分析》一文中的微观统计数据表明，在今年对企业环境污染责任保险需求的调查中显示，88%以上的风险企业有接受环境污染责任保险机制的意愿，其中60%企业有根据现有市场上的商业保费和赔付额度对企业本身的保险计划进行分析。而从现有我国的环境民事纠纷案例中看出，由于环境污染侵权行为和损失结果之间的因果关系举证困难及损害的复杂，导致处在弱势群体的污染受害者在付出很大精力和时间成本后，无法得到法律应有的利益保护，在现实中广大民众作为潜在污染受害者更是迫切地要求建立有效的环境污染保障体系，找到合法合理的途径来约束企业行为，并规避自身的环境污染风险。

环境污染责任保险的潜在需求大而实际需求小，而保险公司实际开发的产品无法真正满足潜在被保企业对于环境污染责任风险转移的需求，则是造成上述现象的主要原因。而保险公司作为商业个体，分担了排污企业的一部分环境治理的风险和成本，为社会带来正外部性的经济利益。而由保险公司和企业所“内部消化”的和承担的成本，进入其各自的生产和消费决策中，影响着其企业的正常经营。

对于保险公司而言，销售环境污染责任保险，而同时被转嫁进来的环境污染的外部不经济，根据经济福利学的理论，要在适当成本条件下将外部不经济“内部化”①，而无法内部化的外部不经济，就需要政府和国家合理政策的扶持和协调。我们通过以下对于该保险承保范围的分析，可以进一步地明确哪些外部性能够通过扩大或完善保单来实现，而哪些外部性保险公司无力承担，需要社会和政府的支持和协调。

二、环境污染责任保险承保范围分析

1. 国际沿用污染责任保险中基于英美法系的格式条款，在本国法律体系下，导致保单关系人的潜在矛盾。

发生污染事故后，对第三人的民事诉讼及赔偿，被保企业和保险公司所处立场

---

① 参见李筱婧．环境污染的外部性分析及对策选择．对外经贸大学，2006：7。

的不同而导致的诉讼及随后的民事赔偿，是责任险条款设计中最关注的问题之一，而由于我国环境法律体系与国际沿用的保单条款基于的英美法律体系有相当大的不同，使得事故发生后，对于保单的诠释，基于我国现存法律体系下的悖论，导致被保人、保险人以及损失人之间的潜在矛盾。使得保单中对于民事诉讼及民事赔偿中的相关规定从承保时，就很难在企业希望负担的保费费用下，进行承保。

首先，我国环境责任保险的承保标的为“损害赔偿责任”。《民法通则》第124条规定：“违反国家保护环境防止污染的规定，污染环境造成他人损害的，依法承担民事责任。”《环境保护法》第41条规定：“造成环境污染危害的，有责任排除危害，并对直接受到损害的单位或者个人赔偿损失。完全由于不可抗拒的自然灾害，并经及时采取合理措施，仍然不能避免造成环境污染损害的，免于承担责任。行为人污染环境的，除承担赔偿责任外，并应当依照国家环境保护部门的决定承担限期治理的责任。”同时，我国的《保险法》第49条第2款规定：“责任保险是指以被保险人对第三者依法应负的赔偿责任为保险标的的保险。”这就意味着保险公司在法律上，将不会介入司法程序和抗辩过程，除非有以下条件成立：

1）“第一被保人”作为被告，被控诉对第三人的财产损失有直接的损失赔偿责任；

2）保险人有权但无义务对本保险承保的“索赔”为“被保险人”进行抗辩①。并且若第三人的侵权举证并未能构成对被保人的败诉威胁的，保险人并无义务对被保人要求庭外和解后，对第三人民事赔偿的费用承担理赔任务。②

站在被保企业的角度，无论因环境污染而被提起诉讼的案件输赢与否，其被地方环保局和相关机构处罚高额罚金的风险和丧失企业在公众面前良好形象的风险都是同等的，并且，由于环境污染的直接受害人和间接受害人将会随着时间推移，呈大幅度的增长趋势，并又能带来经营某时段内的爆炸式增长，故被保人宁愿选择在小规模侵权申诉，且未被提起诉讼之前或诉讼初始阶段，就提出和解，并提供有条件的民事赔偿。而目前国内商业保险公司标准环境污染责任保单中对诉讼和“损害赔偿责任”的规定就很可能轻易地吓倒被保人，降低其投保意愿。

---

① 华泰财产保险有限公司场所环境污染责任保险保险单，其中承保责任中的3.1条中规定：“保险人有权但无义务对本保险承保的‘索赔’为‘被保险人’进行抗辩。对于本保险不承保的‘索赔’，保险人无义务为‘被保险人’进行抗辩。一旦责任限额用尽，则保险人对该‘索赔’的抗辩权利和赔偿任何损失的义务即终止。”3.5条中规定：“保险人应将所有和解提议提交给‘被保险人’。若保险人在责任限额内提出的超过适用‘自保自留额’的和解方案是索赔人可接受的，且该方案不会给‘被保险人’带来额外不合理负担，但‘被保险人’拒绝接受该和解提议，则‘被保险人’应独立对该‘索赔’进行抗辩。保险人的赔偿责任将不超过若保险人的建议被接受，此‘索赔’本可达成和解的赔偿金额，并应扣除‘自保自留额’。”

② 陆荣华等．英美责任保险理论与实务．江西高校出版社［N］，2005.8：205—300。

其次，保单中“对第三人直接的财产损失”的损失赔偿责任，在环境侵权范围内的界定范围过窄，无法满足被保企业对民事赔偿风险的转移的要求。环境侵权行为的长期性决定了对环境侵权范围的界定较难的问题存在，同一侵权诉讼中，除直接受污染第三人以外，还存在大量扩展的间接第三人，且这个被侵权第三人范围是随着诉讼案取证的开展和公众关注度的提高，呈辐射性增长的。近年来国际司法实践所表现出的强化受害人利益保护和加重侵权责任的倾向，使得企业对于环境侵权责任中所规定的被侵权第三人的数量预期增高，并会预期，若污染事故出现后，被侵权方与其排污行为之间的因果界定关系会弱化，并且危害结果推定会被法院及公众媒体大幅度扩充①。这就会造成其对于目前我国环境责任保险保单中严格界定的直接第三人及直接第三人的直接财产损失和人身伤亡这个承保责任范围感到不满，不愿意进行投保。

再次，保单中有关“索赔时效”的规定，也很难使被保企业满意。由于环境污染责任的长尾性特点，保险人从承保开始，到责任保险事故发生，受害人提出索赔要求时，往往事隔数年，甚至数十年之久，若再经诉讼，又需经过较长时间。而且污染责任的受害人对被保险公司提出的索赔可能会在 3 到 5 年后突然大幅度增长，目前中国保险公司提供的保单主要是索赔发生制的保单，即自投保之日起约定的时期内（除特殊约定报告期外，一般均为 1 年，约定的报告期通常也不超过 2 年），保险人赔偿在该约定时期内“发生”并“提出索赔”的损害赔偿责任。即保险人的承保责任限定在最多不超过 1 年的环境污染可保事件，并在不超过发生后整 3 年的索赔提出的损失案件。而对于被保企业来说，其可能发生索赔的责任风险往往会在 3 到 5 年甚至更长的时间内披露并爆发，故其会认为保单根本无法转移其大规模的诉讼风险，投保无用。

2. 为避免污染责任事故风险难以控制，保险人通过保单中述及既往的企业知情权的规定等一系列的规定，从核保上限制被保企业的投保权利，导致潜在被保企业的大量流失。

保险人一般比较喜好承保的风险，其行为之间彼此独立、损失明确、在一定的合理运营期内的损失是可预期与可控制的。排污作为企业生产的行为，在保险传统意义上被界定为人为及故意行为，是不可保的。② 在我国的环境责任保险中之所以强调环境污染事故为突发事故，就是要界定其保险事故是意外及非人为控制的。根据此种保险解释，则企业的事实排污是否造成环境污染及被污染人的侵权，其主要

---

① 排除过失侵权，参见邹雄．环境侵权救济研究［N］．中国环境科学出版社，2004.12：147—169.

② 参见王颖．环境责任保险与传统保险的可保性冲突及影响分析［J］．中国行政学院学报，2009.2：87.

的评估标准就在于企业是否是有意而为之。而举证被保企业对于环境污染风险和事故知情与否，这个在我国的环境保护法和相关的司法解释中义务人的规定很模糊。而保险公司在保单中规定若在投保时故意隐瞒其污染风险的，保险人不承担相关损失赔付。尽管在理论上，该条款的规定能够合理有效地过滤道德风险和逆选择。但是，在实务中则会造成潜在客户的大量流失，若有排污行为的企业无法通过核保进入到保险责任体系中，而无排污行为的企业如服务行业、金融行业等没有特殊的必要来购买环境污染责任保险，那市场上还有谁来购买呢？而若放松核保，鼓励有潜在排污行为和控污不利的企业购买环境污染责任保险，尽管一方面可以通过扩大保险承保规模，积累保费，增强保险公司的赔付能力，另一方面，也使得保险公司暴露在巨大的超额损失风险下，对保险公司未来十年的偿付能力和财务管理造成威胁。

通过对上述对我国环境责任保险承保范围的分析，我们可以看出，我们目前的保险产品，一方面汲取了国际上自20世纪70年代以来，保险人对此污染责任保险的丰富的经验，并依托国际再保的海外支持；另一方面，则体现了一些舶来品无法适应中国市场环境的缺点。而对于保险公司而言，由于对环境污染责任风险不确定性的恐惧，导致其保单的设计过于忽略被保险人的利益，而导致保单的使用率不高，抑制需求。

三、环境污染责任保险承保范围的优化建议

1. 从保险的责任范围上对现有保单进行完善。将污染责任风险的外部不经济通过完善保单“内部化”。

首先，将保单中“损害赔偿责任”和“清理、补救责任”细分为可选择承保的两个范围。

按照欧盟2004年的4月欧盟环境指令（于2007年转化为德国法律），德国环境责任保险基于欧盟出台的环境法的修改新规定，进行改革①。将企业环境责任保险分为两个独立的险种，除传统的“民事侵权责任”的相关损失赔偿外，又新增加了下列公法范畴义务的承保：一是避免造成环境损失，二是治理已经造成的环境损失，三是赔偿由此造成的费用。即形成的新的险种——环境治理保险。这种区分明确了企业对自己所拥有的土地、水域以及自己地产上的生物物种多样性也负有治理责任。并与企业的正常经营息息相关，受到企业的广泛关注和欢迎。这种保险险种的创新也可以借鉴过来，运用到我国的商业环境污染保险体系中。

细分环境污染责任保险的承保责任，并进行非绑定的销售，可以带来的好处：

（1）承保范围的合理界定能优化并易于量化理赔工作，增加理赔合理程度

细分环境污染保险的承保范围，能够使得保险人通过不同险种的搭配销售，并

---

① 宫峰元，宫峰飞．德国的环境责任保险和环境治理保险［J］．中国保险报，2008.2.

掌握更多被保企业和行业的排污事故风险，增加信息量，为量化理赔工作增加理赔合理程度奠定良好基础，通过将环境污染事故损失中的损失清理和恢复原状等理赔责任从民事赔偿中分离的办法，能够使得保险公司较少的介入到被保企业同受害民众之间的谈判和协调中，将理赔工作的重心集中在为受损企业恢复生产，结算清理污染费用和相关费用的过程中，能够缓解被保人和保险人之间的理赔矛盾，从而优化理赔工作，提高理赔的效率。

（2）寻找国际再保的成本将会降低

保险市场特别是环境污染责任保险这个险种，区别于其他行业的特点在于各国保险市场对国际市场的依赖，对于当今世界高科技、超规模、大保额的承保标的以及相对集中的风险区域和极不均衡的保障程度来说，任何一家保险公司承担风险责任的能力都是有限的，此时就需要在国际保险市场上寻求合作伙伴，共同承担责任分散危险。而随着全球经济一体化进程的加速和我国加入 WTO 三年后，对保险业的壁垒逐渐放开，我国保险行业更是与国际保险市场息息相关，对于环境污染责任保险这种保额巨大、聚合风险爆发力强的险种，能否在被保人能接受的合理保费范围内，找到足够大的承保体将风险分散出去，这是该保险在未来 10 年甚至是 20 年内顺利承保和理赔的关键。而基于该原因，我们无法脱离国际通用保单及条款模式，完全按照国情和本国法律进行保单条款书写措辞和承保。尽管国际通用保单的条款无法全面满足基于本国法律体系和保险环境，但是该条款仍然体现了海外保险人近 200 年保险书写经验和 40 年从事环境污染责任保险承保的经验，并能够使得各国基于相似保单条款的条件下，合理分保和再保。故对于保单责任范围规定中，不符合我国国情的部分，我们可以通过细分保障内容，并明确条款中相关内容的方式对整体保单进行完善，而非弃之不用。

通过细分环境污染责任保险的责任范围，将“民事侵权责任”和“治理及损失恢复”的承保责任分离，能增加理赔的准确率和减少理赔纠纷，从而减少理赔管理成本，进而提高再保公司对保险公司该类业务承保的信心。同时，由于承保责任的明确和权利义务归属的明确，可以扩大承保受众群，增加承保范围，使得保险人安排再保的筹码增加，从而为进一地降低再保成本和保费增加可能。

（3）增加投保需求

民事侵权责任中，损失赔偿责任只是其中一部分，对于侵权人所有状态的恢复和复原，在环境侵权责任中主要表现为对污染地区的生态恢复和污染物清理以及停止造成侵权损失等方面，在我国的保单中，不予承保，由被保人自行解决。这大大降低了被保企业的承保热情。而将清理、补救费用从环境污染责任中分离出来单独承保，或作为附加险，承保在企业财产一切险中，更符合企业担心污染会破坏正常生产的风险转移目标，提高企业的保险需求。

其次，明确“污染事故”的概念，并在保单中详细说明。

被保人在投保前、投保中和污染事故发生前和发生后，对于排污的义务和风险增加、性质改变、风险点增加等的告知义务。同时保险公司也要对被保企业的排污风险和日常排污控污安全管理进行定期的监督和建议说明。当然这需要保险公司培养和训练专业的环境治理、环境污染安全管理、环境污染损失理赔理算方面的团队。通过完善保单和发展专业团队，来量化环境事故的同质风险，并能够进一步明确和扩大潜在的客户群。

2. 国家对环境污染责任保险的优惠政策力度，应从承保阶段的补助和税收优惠，逐渐转移到损失赔偿方面。为保险公司承保被保企业转移的污染外部不经济，提供合理的政策支持。

国家可以通过建立强制的超赔责任保险机制来进一步管理和鼓励保险公司对环境污染责任保险的承保积极性。即通过被保企业、承保公司和国家补贴三方比例缴纳超额责任的保费，并委托商业保险公司、再保险公司对其进行商业承保，在商业污染责任保险的最高赔付额以上，再附加一部分的损失赔付比例。这样既能够使保险公司的赔偿风险降低，拉低保费，又可以通过强制投保的方式，对国内污染企业排污和控污数据进行量化，有助于社会污染边际成本的统计和控制。

四、结　　语

总体而言，中国现行的环境污染责任保险这个保险产品表面的需求不足，实际上是基于保险公司作为个体，无法全面消化其承保风险带来的外部不经济，而产生的实际上的合理保费条件下的环境污染责任保险的供给不足。从而无法达到政府预期的通过引入环境污染责任保险机制建立环境污染责任风险分散，责任转移的途径，为环境污染事故潜在受害者和环境污染治理提供稳定资金保障，和激励企业和保险公司共同努力降低事故风险的目的。

清洁的空气、纯净的水、未遭污染的土地，这是世界所追求的目标，为了达到这个目标，一方面要强调限制污染和防止生态恶化，另一方面又需要不断地扩大生产，提高生活水平。因此我们需要设计出一个让世界更适合人类生存的发展战略。这个宏观的战略细分到环境污染保险体系中，就意味着我们需要不断地更新保险的产品、扩大受保人群的同时还要保障赔付系统的正常高效运转。这不仅仅需要所有商业保险公司和保险行业的努力也需要与国家的环境治理政策相结合，并得到国家政策的支持。我们在制度的建立和完善中，不断地分析需求不足的原因，但是却忽略了正是因为我们低估了供给的重要性而导致了供给表面过剩实际却不足的事实。引用保罗·萨缪尔森的话来说："只要我们能够明智的运用环境资源，则人类不仅可以继续生存，而且还会迎来长远的发展和繁荣。"

我国中小保险公司发展路径研究

——基于效率及全要素生产率的实证分析

洪文婷

一、引　　言

中小保险公司，是指在保险公司序列中除大公司以外的公司。我国传统上习惯将中国人保、中国人寿、中国平安、中国太平洋保险四家保险集团称为大型保险公司，之外的公司称为中小型保险公司。在学界，也有一部分学者将8%的市场份额作为界定我国保险公司“大小”的量化标准：市场份额在8%以上的保险公司基本可以确定为“大型保险公司”，而市场份额不足8%的保险公司则属于“中小保险公司”。这一界定的结果和传统上的划分是一致的。以我国寿险业为例，截至20008年底，我国现有3家全国性股份制寿险公司、27家中资中小寿险公司、26家外资寿险公司。本文将后两类统称为中小寿险公司。

自成立之初，中小保险公司就面临着“做大”还是“做强”的选择。对于这个问题的回答，学界存在着两种观点：一种是“中小保险公司发展即是规模做大”的发展倾向，甚或有学者将“集团化”、“综合经营”总结成为中小保险公司发展的未来趋势；但持有这种观点的声音只占少数，大多数学者和业界人士都主张中小公司应“实行差异化的竞争策略”，“提高中小保险机构的核心竞争力”。金融危机侵袭下，几大世界保险巨头濒临破产，我国三大保险公司也未能幸免。作为关系到中小保险公司发展的至关重要，却一直未有确定答案的问题，“做大”还是“做强”又一次被现实推向了理论浪潮的前端。

本文试图以公司效率为切入点，以寿险行业为例，运用数据包络分析法（DEA）分别对大型保险机构和中小型保险机构的效率和全要素生产率进行比较分析，在实证结果的基础上，对我国中小型保险公司的路径选择和发展方向作出客观的抉择。

二、数据包络分析法用于保险公司效率分析的基本原理

学术上进行经济效率分析时，一般采用两种评估方法：一是随机边界法（Stochastic Frontier Approach，简称 SFA），为参数方法（parametric approach）的应用，使用经济计量模型，预先设定决策单位（decision making unit，简称 DMU）的目标函数及随机干扰项的分配形态，然后进行效率评估；二是数据包络法（data envelopment analysis，简称 DEA），为非参数法（non-parametric approach）的应用，利用数学线性规划模型估计效率边界，以此衡量各 DMU 的相对生产效率。DEA 法的特点为无需事先设定目标函数型态，避免了函数型态设定错误的可能性。

1957 年，Farrell 率先提出“生产前沿”的概念，这是利用等产量曲线（isoquant curve）的基础，以生产边界衡量效率，并建立以数学规划模式衡量整体效率的理论基础。1978 年，Charnes，Cooper and Rhodes 将 Farrell 仅能衡量“单一产出两种投入”的模型，扩展为“多种产出多种投入”的效率衡量模型，一般称为 CCR 模型。此 CCR 模型和 Farrell（1957）一样都在固定规模报酬（constant returns to scale；CRS）的假设下计算技术效率。

实际上不是所有 DMU 都在最适规模下营运，有可能处于规模报酬递减或递增的情形，所以在 CRS 的假设下导致在衡量技术效率时，规模效率（scale efficiency，以 SE 表示）可能混杂其中。因此，Banker，Charnes and Cooper（1984）提出另一修正模型，简称 BCC 模型。其在变动规模报酬（variable returns to scale；VRS）假设下，将固定规模报酬的技术效率（overall technical efficiency，以 TE 表示），分解成规模效率（scale efficiency，以 SE 表示）及纯粹技术效率（pure technical efficiency，以 PTE 表示），表示造成技术无效率可能来自本身生产无效率外，也可能来自于 DMU 未处于最适生产规模下的无效率。

三、模型设定、指标选取与实证结果分析

（一）模型设定

1. 技术效率

本文采用 CCR 模型之下的技术效率值 TE，即在固定规模经济假设下，衡量保险公司的技术效率，模型如下：

$$\text{Min} \qquad TE_k$$

$$\text{Subject to:} \quad \sum_{j=1}^{n} \lambda_j x_{ij} \leqslant TE_k x_{ik} \qquad i = 1, \cdots, m$$

$$\sum_{j=1}^{n} \lambda_j y_{rj} \geqslant y_{rk} \qquad r = 1, \cdots, S$$

$$\lambda \geqslant 0 \qquad j = 1, \cdots, n$$

透过上式可求得技术效率值 TE，其中，x_{ij}表示第 j 家保险公司的第 i 个投入。y_{rj}为其所生产的第 r 种产出量，p_{ij}为 x_{ij}的价格。TE 介于 0 和 1 之间，其值越接近 1，代表此间保险公司越具技术效率；反之，若越接近 0，代表越缺乏技术效率。

2. 纯技术效率

在现实的保险经营中，保险机构越来越可能面对可变规模报酬。在这种情况下，规模报酬不变的假设显得与实际差距较大，并导致当样本机构不是全部处于最佳规模时，技术效率与规模效率混在一起。为解决这一问题，本文引入 VRS 模型，CCR 模型的基础上增加一个凸性假设 $\sum_{j=1}^{n} \lambda_j = 1$，使得计算技术效率时可以去除规模效率的影响，即得到纯技术效率 PTE。

3. 规模效率

利用上述 CRS 和 VRS 模型，我们可以通过分别计算样本公司的技术效率 TE 和纯技术效率 PTE，得到该公司的规模效率 SE，即 SE = TE/PTE。由前述效率值的定义可知，各效率值均应介于 0—1 之间，当效率值等于 1，即代表达最适效率水平，若不及 1，其差距部分代表无效率程度。其中规模无效率的产生，是由于递增或递减规模报酬所致。故必须借由加入非递增规模报酬的假设条件，重新求解上述线性规划问题，即将 $\sum_{j=1}^{n} \lambda_j = 1$ 改为 $\sum_{j=1}^{n} \lambda_j \leqslant 1$，解出每一家的保险公司非递增规模报酬的技术效率后，再与变动规模报酬的 PTE 作比较，即可知该公司处于何种规模报酬。

（二）指标的选取

1. 投入变量

关于保险业的投入变量选择问题观点比较一致，大致可以分为三类：材料、劳动和资本。本文沿用了选取投入指标的主流观点，又根据数据的可得性进行了相关变量的替代，用经营费用替代材料、用员工人数代替劳动、资本这一项则用固定资产替代。其中，经营费用包括《中国保险统计年鉴》中各公司损益表中的手续费支出、佣金支出和其他营业费用的综合。员工人数为当年寿险公司全体职工人数，包括总公司和分支机构的管理人员、业务人员和其他人员，不包括代理人。固定资产数据直接来源于《保险年鉴》中各寿险公司的资产负债表。

2. 产出变量

本文选用的产出指标有赔款支出、准备金增加值和投资收益。选择赔款支出因其能很好地表示风险分担服务。选择准备金增加值是因为在资产负债表中准备金占负债的比率非常大，地位犹如银行资产负债表中的“存款”，而且相关文献中也都以准备金的增加量作为中介服务的变量。选择投资收益是因为投资对保险行业的生存和发展起到了越来越重要的作用。其中，赔款支出可从资产负债表中直接得到。准备金增加值的计算方式为资产负债表中年底准备金与年初准备金之差。而寿险公司准备金总额是由资产负债表中“提存未到期责任准备金+提存人身险责任准备金+提存长期责任准备金+提存未决赔款准备金”科目计算而来。投资收益数据的获取就是从样本公司资产负债表中的“投资收益数”科目直接得到的。

3. 样本的选择

本文以2003—2008年《中国保险年鉴》中主要寿险公司为样本，包括大型保险公司、中小型股份制保险公司（中资）和外资中小型保险公司三类，共计16家（见表1）。

表1 中国主要寿险公司分类

公司类型	公司名称	开业时间	编号
大型公司	中国人寿	1979年	1
	太平洋寿险	1991年	2
	平安寿险	1988年	3
中小型股份制公司	泰康人寿	1996年	4
	新华人寿	1996年	5
	太平人寿	2001年	6
外资公司	友邦人寿	1992年	7
	中宏人寿	1996年	8
	太平洋安泰	1998年	9
	安联大众	1999年	10
	金盛人寿	1999年	11
	中保康联	2000年	12
	信诚人寿	2000年	13
	恒康天安	2001年	14
	中意人寿	2002年	15
	广大永明	2002年	16

（三）实证结果分析

1. 效率指标分析

效率值为1，意味着保险公司的生产是有效率的，位于生产可能性边界上；效率值小于1，则意味着其生产是无效率的，位于生产可能性边界内部；效率值越接近于1，意味着生产越相对有效率。

从总体上看，中资寿险公司的效率高于外资寿险公司的效率，大型寿险公司的效率高于中小型寿险公司的效率（见表2）。以2004年为例，大型寿险公司的技术效率、纯技术效率和规模效率值均为1，高于中小型寿险公司的技术效率、纯技术效率和规模效率值，分别为0.812、0.816、0.990，高于外资寿险公司的效率，分别为0.685、0.819、0.811。

表2　2002—2007年中国主要寿险公司效率指标均值①

年　份	2002			2003			2004			2005			2006			2007		
类　型	TE	PTE	SE	TE	PTE	SE	TE	PTE	SE	TE	PTE	SE	TE	PTE	SE	TE	PTE	SE
大型公司	0.987	1	0.987	0.977	1	0.977	1	1	1	0.888	1	0.888	1	1	1	0.858	1	0.858
中小型公司	0.907	0.914	0.990	1	1	1	0.812	0.816	0.990	0.636	0.801	0.825	0.848	0.905	0.940	0.573	0.727	0.740
外资公司	0.600	0.729	0.751	0.646	0.750	0.837	0.685	0.819	0.811	0.439	0.629	0.614	0.650	0.745	0.861	0.578	0.686	0.867

从单个公司来看，以上结论则不一定成立。相反，在大多数年份，某些中小型寿险公司处于有效率状态，其技术效率、纯技术效率和规模效率值高于同年大型寿险公司和外资公司的效率值（见表3、表4），例如，泰康人寿和新华人寿在大多数

表3　2002—2004年中国主要寿险公司效率指标及分解

年份	2002				2003				2004			
公司编号	技术效率	纯技术效率	规模效率	规模报酬	技术效率	纯技术效率	规模效率	规模报酬	技术效率	纯技术效率	规模效率	规模报酬
1	0.96	1	0.96	Drs	1	1	1	不变	1	1	1	不变
2	1	1	1	不变	1	1	1	不变	1	1	1	不变
3	1	1	1	不变	0.932	1	0.932	递减	1	1	1	不变
4	0.72	0.741	0.97	递增	1	1	1	不变	1	1	1	不变
5	1	1	1	不变	1	1	1	不变	1	1	1	不变
6	1	1	1	不变	1	1	1	不变	0.435	0.449	0.969	递增
7	1	1	1	不变	1	1	1	不变	1	1	1	不变
8	1	1	1	不变	0.834	1	0.834	递增	0.762	0.9	0.846	递增
9	0.56	0.581	0.96	递增	0.733	0.742	0.989	递减	0.617	0.657	0.94	递减
10	0.61	0.715	0.85	递增	0.674	0.688	0.98	递增	0.548	0.798	0.686	递增
11	0.57	0.727	0.79	递增	0.562	0.577	0.947	递减	0.317	0.555	0.571	递增
12	1	1	1	不变	1	1	1	不变	1	1	1	不变
13	0.53	0.602	0.87	递增	0.638	0.707	0.902	递减	0.885	0.906	0.977	递增
14	0.52	0.845	0.61	递增	0.392	0.749	0.523	递增	0.324	0.798	0.406	递增
15	0.07	0.489	0.14	递增	0.407	0.636	0.64	递增	1	1	1	不变
16	0.14	0.326	0.29	递增	0.224	0.404	0.555	递增	0.396	0.576	0.688	递增

① TE为技术效率；PTE为纯技术效率；SE为规模效率。

年份效率值均为1。此外，虽然外资公司的效率值普遍低于中资公司的效率值，但是有个别公司一直处于有效率经营的状态，如友邦人寿等。

从规模报酬来看，大型寿险公司基本上处于规模报酬不变或递减阶段；中小型寿险公司（包括中资股份制公司和外资公司）大多处于规模报酬递增阶段（见表3、表4），尤其是外资公司，说明其规模无效主要是因为资产规模过小所造成的，这也显示了其具备继续扩张的潜力，这意味着中小型公司相应的扩展规模会带来收益大幅度增长。

表4 2005—2007年中国主要寿险公司效率指标及分解

年份	2005				2006				2007			
公司编号	技术效率	纯技术效率	规模效率	规模报酬	技术效率	纯技术效率	规模效率	规模报酬	技术效率	纯技术效率	规模效率	规模报酬
1	1	1	1	不变	1	1	1	不变	1	1	1	不变
2	0.787	1	0.787	递减	1	1	1	不变	0.965	1	0.965	递减
3	0.878	1	0.878	递减	1	1	1	不变	0.61	1	0.61	递减
4	1	1	1	不变	0.785	0.956	0.821	递减	1	1	1	不变
5	0.48	0.966	0.496	递减	1	1	1	不变	0.387	0.645	0.601	递减
6	0.428	0.438	0.978	递增	0.758	0.759	0.998	递增	0.331	0.536	0.618	递减
7	1	1	1	不变	1	1	1	不变	0.676	0.849	0.797	递减
8	0.643	0.811	0.793	递增	0.64	0.735	0.87	递增	0.33	0.33	0.997	递增
9	0.401	0.48	0.835	递增	0.874	0.889	0.984	递减	1	1	1	不变
10	0.159	0.475	0.334	递增	0.521	0.759	0.687	递减	0.329	0.333	0.99	递增
11	0.331	0.487	0.679	递增	0.48	0.491	0.978	递增	0.448	0.512	0.874	递减
12	0.164	1	0.164	递增	1	1	1	不变	1	1	1	不变
13	0.42	0.473	0.87	递增	0.464	0.496	0.935	递增	0.416	0.545	0.762	递减
14	0.16	0.778	0.205	递增	0.327	0.831	0.393	递增	0.305	1	0.305	递增
15	1	1	1	不变	1	1	1	不变	1	1	1	不变
16	0.111	0.42	0.263	递增	0.191	0.247	0.76	递增	0.277	0.294	0.945	递增

综上所述，从2002年到2007年，中国寿险市场上仍有多家保险公司处于无效率的经营状态。其中，几乎所有公司都存在规模无效的问题。中小型寿险公司大多处于规模报酬递增阶段；部分大型公司开始处于规模报酬递减阶段，这表明过度扩张使其经营效率降低。中国寿险市场上的无效率公司大多存在资本投入、物资投入或人力投入与公司承保业务产出和投资业务产出均不匹配的问题。

2. 曼奎斯特（Malmquist）指数分析

在前面的效率评估中我们的考察都是以生产技术不变为前提的，但当考虑多期模型的时候，生产技术水平并不是保持不变的。因此，针对不同时期效率水平比较，1992 年 Fare，Grosskopf，Lindgre 和 Ross 定义了 Malmquist 生产力指数来客观权衡效率水平的变化。Malmquist 生产力指数或全要素生产率可以分解为两个部分：第一部分是技术效率的变动，第二部分是技术进步变动，它反映了两个不同时期内生产前沿面的移动。

从表 5、表 6 中所列举的我国主要寿险公司全要素生产率均值来看，从 2002 年到 2007 年，全要素生产率指数为 1.895，即全要素生产率的平均增长率约为 89.5%。进一步考察其增长的原因发现，主要来自技术变动，其增长达 86.3%，而技术效率的提高仅为 1.7%；进一步考察其增长的主体发现，主要来自中小寿险公司的技术变动，尤其是外资公司，其技术增长的幅度远超过大型寿险公司。泰康人寿的技术增长率超过了 90%，更有甚者，一些外资公司的技术增长率翻了一倍，如安联大众等，而大型寿险公司的技术增长率都低于平均水平。

表 5　2002—2007 年中国主要人寿保险公司全要素生产率变动均值

公司类型	技术效率变动	技术变动	纯技术效率变动	规模效率变动	全要素生产率变动
大型公司	0.982	1.483	1	0.982	1.458
中小型公司	0.927	1.614	0.949	0.975	1.520
外资公司	1.080	2.122	1.120	0.960	2.304
均　　值	1.017	1.863	1.054	0.965	1.895

表 6　2002—2007 年中国主要人寿保险公司全要素生产率变动均值及分解

公司编号	技术效率变动	技术变动	纯技术效率变动	规模效率变动	全要素生产率变动
1	1.008	1.571	1.000	1.008	1.584
2	0.992	1.467	1.000	0.992	1.455
3	0.946	1.412	1.000	0.946	1.335
4	1.069	1.944	1.061	1.008	2.079
5	0.860	1.532	0.892	0.964	1.317
7	0.927	1.505	1.000	0.927	1.394
8	0.828	1.810	0.920	0.901	1.500
9	1.124	2.208	1.122	1.001	2.481
10	1.062	2.437	1.082	0.982	2.587
11	0.929	2.078	1.086	0.856	1.930
12	1.000	2.867	1.000	1.000	2.867
13	0.917	1.751	1.032	0.889	1.606
14	1.141	2.382	1.055	1.082	2.718

续表

公司编号	技术效率变动	技术变动	纯技术效率变动	规模效率变动	全要素生产率变动
6	0.853	1.366	0.895	0.952	1.165
15	1.720	2.006	1.647	1.044	3.449
16	1.151	2.180	1.256	0.916	2.508
均值	1.017	1.863	1.054	0.965	1.895

四、结　　论

通过对我国大型寿险公司和主要中小型寿险公司的效率和全要素生产率实证分析可知：第一，大型寿险公司的效率和中资中小型寿险公司的效率高于外资中小型公司的效率；第二，中小型寿险公司大多处于规模报酬递增阶段，部分大型公司开始处于规模报酬递减阶段；第三，中小寿险公司技术变动是全要素生产率的增长的主要原因。在全球经济低迷，外部经济、金融环境恶劣的背景下，我国中小型寿险公司应该在适当增长规模的前提下，积极推动技术创新，以实现效率的增长，即："适度做大"，"积极做强"，争取成为"经营可持续发展的"、"好的"保险公司，是当前金融危机下我国中小寿险公司的发展方向。具体措施如下：

1. 适度扩大中小寿险公司的规模

对处于规模报酬递增状态的中小型保险公司来说，适度的扩展规模，可以优化投入产出比例，使得保险公司的收益成倍增长。在欧洲和北美地区，大型保险公司的管理费用大大低于小型保险公司，收益率却远远高于后者。但是，中小型公司的扩展要掌握好"度"，防止衍化成片面追求保费份额、过度扩张规模的粗放经营。对于个别达到规模报酬不变或递减的中小型公司，如太平人寿，则无需再扩张规模，以免造成监督管理的成本增加，导致经营的无效率。

2. 积极推动技术创新

技术变动是全要素生产率增长的主要原因，而技术效率的变动中，纯技术效率的增长非常有限。这表明，各保险公司应该将经营的重点放在技术创新和技术效率的提高上，而不仅仅是解决扩大规模的问题。通过技术改进，它们有望改善经营状况，实现有效率的增长。以中保康联为例，其市场份额不到千分之一，但是从2002年到2007年，各项效率指标均为1，处于完全有效率的状态，这主要受益于其高速的技术增长，接近200%。由此可见，推动技术创新，提高技术增长率，是中小保险公司实现"做强"的核心手段。

中小保险公司的未来发展任重而道远，必然包含着"量"的发展和"质"的发展两个过程。"适度做大"是中小保险公司发展的一个方面，属于"量"的发展；

“积极做强”是中小保险公司发展的另一个方面，属于“质”的发展。通过“做大”、“做强”，最终争取成为“经营可持续发展的”、“好的”保险公司，当是目前金融危机形势下我国中小保险公司发展的终极目标。

参考文献

[1] 祝向军，刘霄辉，唐瑜．中小保险公司科学发展目标与策略探析［J］．保险研究，2008（10）：61－66。

[2] 刘平．中国寿险中小公司发展战略探析［J］．中国保险，2002（12）：34－36。

[3] 梁霞．从禽流感险看我国中小保险公司的差异化竞争策略［J］．科技和产业，2006（10）：39－41。

[4] 曹敏杰，张宝山，罗剑朝．基于DEA方法的我国中小保险企业核心竞争力研究［J］．西安电子科技大学学报（社会科学版），2008（5）：54－60。

[5] FARRELL M J. The Measurement of Productive Efficiency [J]. Journal of the Royal Statistical Society, 1957, 120: 253－281.

[6] 魏权龄．DEA数据包罗分析［M］．北京：科学出版社，2004：59－164。

保险三等奖

BAOXIAN SANDENGJIANG

3

我国保险公司诚信体系建设的博弈分析

张云鹏

一、我国保险公司诚信建设中存在的问题及分析

保险业以负债经营为其基本特征，其拥有的资本金与负债规模是不对称的，因此保险经营以最大诚信为其首要原则。但在当今保险业的发展中，保险公司以及中介结构只关注短期利益的行为，以及我国现有信用体系的不健全，使得我国保险业诚信状况处于严重缺失的状态。

保险公司的不诚信行为主要表现为：

1. 不如实告知

由于保险公司的信息披露缺乏以及保险业务的专业性，使得保险消费者处在信息不对称的博弈中，在投保前甚至投保后都难以了解到保险公司及保险条款的真实情况，如保险公司的经营管理状况、偿付能力及发展状况、参加保险后获得的保障程度等情况。

2. 误导客户

由于营销机制的不完善，销售人员误导客户的问题一直未得到实质性的解决。尤其在一些中小城市，在一些风险意识、保险意识、投资意识较差的客户中，误导、欺瞒现象并不罕见。业务员在展业过程中，片面夸大保险产品的功能，突出保险责任而隐瞒除外责任，对条款的解释避重就轻，强调投资收益而不涉及风险。

3. 拒绝被保险人索赔要求

保险公司利用自身专业优势、人才优势，针对消费者对保险合同理解不深的弱点，在保险业务中隐瞒与保险合同有关的重要情况，欺骗投保人、被保险人或受益人，不及时履行甚至拒不履行保险合同约定的赔付义务，使一些保险消费者丧失了对保险公司的信任。

4. 违法竞争

一些保险公司违规经营，采取支付过高的手续费、给回扣、采用过低费率等恶

性竞争行为，损害了保险公司的社会声誉；对保险代理人的选择、培训及管理不严，有一些保险公司误导甚至唆使保险代理人进行违背诚信义务的活动，严重危害了保险公司的形象；向保险监管机关提供虚假的报告、报表、文件和资料等。

由于我国保险业尚处于发展初期，每年的保费收入都在持续高速增长，因此各保险公司都在努力扩大业务规模，争取市场份额。保险公司之间的激烈竞争使得整个保险业都处于一种粗放型的发展模式中，为拓展业务不惜误导欺瞒客户乃至违法竞争。这种只重视当期效益和发展规模而忽视长期效益的行为，直接导致了保险业诚信严重缺失和公众对于保险业的严重信任危机。这极大地阻碍了我国保险业的长期发展，如果不尽快着手解决诚信问题，当诚信缺失发展成诚信危机时，将导致保险业发展停滞甚至倒退。但目前保险公司由于激烈的市场竞争和业绩压力，仍会全力去发展业务、扩大规模，这只会导致诚信的进一步缺失，使中国保险业深陷于这种恶性竞争之中。

二、保险公司竞争博弈模型

如上所述，当今保险业的诚信问题主要是由于保险公司之间的恶性竞争导致的，那么为何这种竞争不会导致各保险公司诚信状况的优化，而是导致保险业的诚信缺失，何种竞争才是理想状态的竞争？下面笔者设定了一个博弈模型，以分析保险公司之间的竞争状况。

（一）基本假设前提和要素抽象

设市场上只有两家寡头垄断的保险公司相互竞争。在这里我们引入成本的概念，规定成本 c 是固定成本、服务质量成本和诚信成本之和，即一个服务质量优异、严格遵守诚信的公司要比一般情况付出更多的成本。两保险公司分别确定成本 c_1 和 c_2；产品价格 p_1 和 p_2；需求函数记作 Q_1 和 Q_2。由于各公司保险产品因诚信成本、服务质量成本不同，所以提供的保险产品具有差异性，需求函数为成本和价格的函数关系，设为：

$$Q_1 = m(c_1 - c_2) - (p_1 - p_2) + \frac{1}{2}$$

所以

$$Q_2 = 1 - Q_1 = m(c_2 - c_1) - (p_2 - p_1) + \frac{1}{2}$$

（二）基本模型的构建和求解

该模型分为两个阶段，第 1 阶段，两个保险公司同时确定成本 c_1 和 c_2；第 2 阶段，两个企业进行价格竞争，通过确定 p_1 和 p_2，以实现自身利润最大化。

下面用逆序归纳法求解 Hotelling 模型下的纳什均衡。

在第 2 阶段，两个企业根据产品成本 c_1 和 c_2，来确定 p_1 和 p_2，以最大化自己的利润函数。如对于保险公司 1 来说，根据 c_1、c_2 和 p_2，得出利润函数：

$$\max_{p1}\pi_1(c_1,c_2,p_1,p_2) = (p_1 - c_1)Q_1 = (p_1 - c_1)\left[m(c_1 - c_2) - (p_1 - p_2) + \frac{1}{2}\right]$$

通过保险公司 1 的利润函数最大化的一阶条件，可得其价格对保险公司 2 的价格的反应函数：

$$p_1 = p_1^R(p_2) = \frac{1}{2}\left[m(c_1 - c_2) + p_2 + c_1 + \frac{1}{2}\right]$$

类似可得保险公司 2 对保险公司 1 的价格反应函数。两条反应曲线的焦点给出第二阶段中子博弈的纳什均衡下的均衡价格。将上述均衡价格带入利润函数中，可得双方利润函数。通过利润函数最大化的一阶条件得：

$$\frac{\partial\pi_1}{\partial c_1} = 2\left[\frac{(m-1)(c_1 - c_2)}{3} + \frac{1}{2}\right]\frac{(m-1)}{3} = 0$$

$$\frac{\partial\pi_2}{\partial c_2} = 2\left[\frac{(m-1)(c_2 - c_1)}{3} + \frac{1}{2}\right]\frac{(m-1)}{3} = 0$$

在第一阶段，两个保险公司可以预期 p_2^B 与 p_1^B 及 π_1、π_2，同时选择成本，最大化自己的利润函数。由最后的一阶条件可以得出，两个保险公司如果要同时取得最大利润，只有 $m=1$ 时才能达到。

（三）模型的结论和解释

1. Q_i 与 c_i 成正相关，与 p_i 负相关

即需求状况随保险产品价格降低而增长，随保险公司服务质量、诚信状况的提高而增长。一个保险公司的业绩不仅与自身的价格、服务质量、诚信状况有关，还与市场上的竞争对手的相关情况有关。依据我们在前提中的假设，本公司的业绩与竞争对手的价格呈正相关，与诚信、服务质量成本呈负相关，即竞争对手的降价、提高诚信和服务质量的措施将对本公司产品的需求产生不利影响。

2. 由模型可知，在双方的均衡条件下，当 $m=1$ 时，双方的利润函数取最大值

此时根据需求函数 $Q_1 = m(c_1 - c_2) - (p_1 - p_2) + \frac{1}{2}$，我们可以看出诚信因素与价格因素对需求状况的影响呈对等关系。但在现实中，m 值往往很低，所以双方利润难以同时达到均衡水平。由于我国保险市场处于一个高速发展的阶段，各保险公司很大程度上以争夺市场份额为主要目标，而不是以利润最大化为目标。所以导致

现实中大多数保险公司皆为亏损经营，即便如此，他们却仍旧通过降价等措施来努力扩大市场份额。这种以争夺市场份额为主要目标的做法也直接导致了当前保险市场诚信严重缺失。要改变这种现状，仅仅依靠保监会的各种规章制度和业界的大力号召是没用的。因为即使再好的制度，如果保险公司没有执行力度也不过是一纸空文。因此要改变保险业的诚信缺失状况，还是要以保险公司为突破口，从保险产品的需求曲线入手，通过制度设计使得保险公司经营目标和保险业诚信建设达到一致性。

3. 模型中 m 值体现了诚信因素对于保险需求的影响程度，在保险公司制定策略时，m 应作为一个常数

因为 m 不是由保险公司决定的变量，它是与社会公众认知相关的常量，它随社会公众认知的改变而变化，所以保险公司可以通过多种途径对其实施影响。当我们所采取的措施能够使保险公司的诚信状况的影响力大幅度扩大，使公众对保险诚信的认识产生改变，令 m 值达到一个较大的值。根据需求函数 $Q_1 = m(c_1 - c_2) - (p_1 - p_2) + \frac{1}{2}$，我们可以看出当 m 值越大时，则保险公司的诚信状况对于需求函数的影响越大。这样使诚信因素成为投保人在选择保险公司产品时需要考虑的重要因素，如此保险产品的需求状况会与其诚信状况产生一种对等关系。在这种情况下，保险公司才会开始真正重视其诚信状况，拥有极大的动力去改善其非诚信因素。

三、保险公司诚信体系建设

在保险市场上仅仅依靠道德的约束是远远不够的，因为道德作为一种软约束，只能在社会上号召和提倡，在市场经济条件下无法起到明显的效果。保险业的诚信问题是制度的问题，是制度缺失而引起的问题。通过制度设计解决诚信问题主要从两方面入手，一方面是通过完善诚信法律法规的建设，加大对不诚信行为的惩罚措施，增大保险交易方不诚信行为的成本；另一方面是按照市场经济的客观规律，通过制度调节，使保险公司为了实现自己的经营目标而需要努力完善自身的诚信建设。前一种方案是我国目前主要采取的方法，由我国目前诚信方面的严峻形势，可见此种方法的效果一般，而且我国的法制建设还需要很长时间来完善。因此我们可以积极探索第二种方案，通过市场的有效调节，保险公司能够自主地去积极改善自身诚信。

由上面模型可知 m 值在保险业的诚信建设中处于重要的地位，通过制度设计增大 m 值，可以使保险公司经营目标和保险业诚信建设方向一致。这里我们引入以下三项制度措施，作为完善保险公司诚信体系的途径。

（一）顾客满意度测评体系

顾客满意度测评就是根据保险公司及其关系人提供服务的特点确定顾客满意度指标评价体系，以数理统计为基础，采取问卷调查的方式测算顾客对保险公司及其关系人提供服务的满意程度及分析影响满意程度的因素，找出保险公司改进服务方向的一种管理方法。我们通过将各个保险公司顾客满意度测评的结果公布于众，无疑会对公众购买保险产品的行为产生重大的引导作用，从而增大 m 值，逆向刺激保险公司加强自身完善。

保险产品及服务质量符合顾客的期望是顾客满意的基础，顾客的期望往往建立在保险公司及其关系人所做的承诺之上。经营者是否履约直接影响顾客满意度的高低，承诺不明确、承诺不可兑现或承诺后不兑现，都会影响到顾客的心理感知和认知。

顾客满意度测评指标体系是一个多指标的结构，运用层次化结构设定测评指标能够由表及里、深入清晰地表述顾客满意度测评指标体系的内涵。每个测评指标都采用定量分析的方法，采用 5 级李克特量表，采用的 5 级态度是：满意、较满意、一般、较不满意、不满意，相应赋值为 5、4、3、2、1。每个测评指标的顾客满意度测评值由下式计算获得：

$$S_i = \sum_{j=1}^{k} X_j Y_{ij} \qquad (i=1,2,3,\cdots,n;\quad j=1,2,3,\cdots,k)$$

其中：是第 i 个测评指标的顾客满意度测评值；n 为影响顾客满意度的指标个数；k 为评级指标满意度的等级数（如果按 5 级分类法，则 k = 5）；X_j 为顾客满意度指标为 j 时所对应的分值；Y_{ij} 是指在调查中，对第 i 个指标，顾客选择 j 项回答所占的比例。

对于每个指标，不仅要进行满意度的测评，还要进行重要性的测评，同样可以进行 5 级分类法：重要、较重要、一般、较不重要、不重要，相应赋值为 5、4、3、2、1。每个测评指标的重要性测评值由下式获得：

$$V_i = \sum_{j=1}^{m} K_j R_{ij} \qquad (i=1,2,3,\cdots,n;j=1,2,3,\cdots,m)$$

其中：V_i 是第 i 个测评指标的重要性测评值；n 为影响顾客满意度的指标个数；m 为评级指标重要性的等级数（如果按 5 级分类法，则 m = 5）；K_j 为指标重要性为 j 时所对应的分值；R_{ij} 是指在调查中，对第 i 个指标，顾客选择 j 项回答所占的比例。

我们可以根据各项指标对顾客的重要性和顾客对各项指标的满意度，来建立二维分析模型。

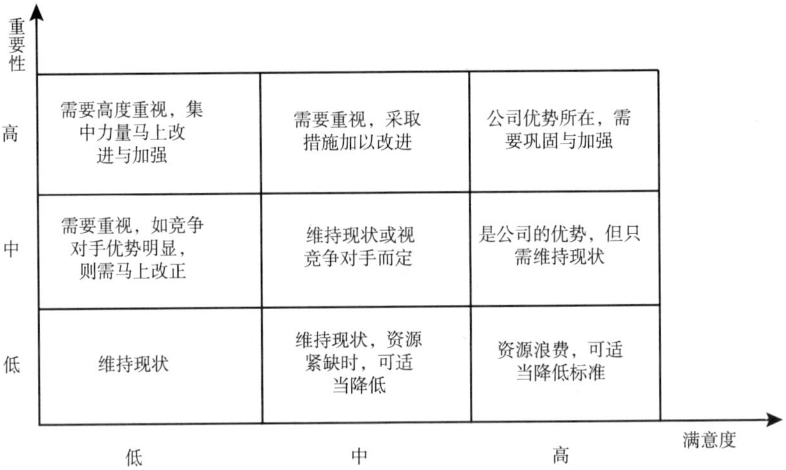

重要性			
高	需要高度重视，集中力量马上改进与加强	需要重视，采取措施加以改进	公司优势所在，需要巩固与加强
中	需要重视，如竞争对手优势明显，则需马上改正	维持现状或视竞争对手而定	是公司的优势，但只需维持现状
低	维持现状	维持现状，资源紧缺时，可适当降低	资源浪费，可适当降低标准
	低	中	高　满意度

根据这二维分析模型对保险公司各方面提出建议，促进保险业的发展。同时进行指标重要性测评的目的主要是能够根据每个指标的重要度在所有指标重要度之和中的占比，得出该指标的满意度所占权重。某保险公司的顾客满意度指数可用如下公式表示：

$$CS = \frac{\sum_{i=1}^{n} V_i S_i}{\sum_{i=1}^{n} V_i}$$

其中：CS 为该保险公司的诚信度；S_i 是第 i 个测评指标的顾客满意度测评值；n 为影响顾客满意度的指标个数；V_i 是第 i 个测评指标的重要性测评值。

顾客满意度测评是保险公司诚信体系完善中的重要一环，保险公司的经营思想应逐步向“顾客第一”转变。通过开展顾客满意度测评，使保险公司直接感受顾客的需要、顾客的忠诚或抱怨与实现自身经营战略目标之间的关联度，促使其树立起以顾客为核心的经营理念。

（二）保险公司投诉制度

我国保险业目前还没有健全的投诉体系，当前的保险监管机关所受理的信访投诉都是关于保险公司根本性的问题，如保险公司及其高管人员违法违规、保险公司或中介机构设立问题等，而在保险公司与客户之间出现最多的包括理赔纠纷、投保纠纷、营销和售后服务纠纷、代理合同纠纷等却都不属于向保险监管机构的投诉内容。当前顾客对于保险公司的投诉只能是向消费者协会提出，而消协又不具备保险方面的专业性，因此投诉很难得到有效解决。

此外，通过建立保险业健全的投诉体系，可以有效收集社会公众对于各个保险公司的投诉，从而可以得到在保险业诚信建设中的一个重要指标——投诉率。然后将各个保险公司的投诉率指标公布于众，也能导致增大 m 值，有效引导公众购买保险产品，从而逆向刺激保险公司改善自身诚信。

我们可以借鉴香港的保险索赔投诉局制度。香港除了保险业监理处以外，还有保险索赔投诉局负责处理一定限额内牵涉到保险公司的个人保险索偿投诉。由于大多数保险纠纷都是个人保险的低额合同纠纷，而这些纠纷的投诉按照我国保监会的规定应该是交由向上一级保险公司处理，这种处理机制显然会受到顾客的质疑。如果纠纷进一步扩大的话，只能通过法院诉讼得到解决，这样不但增加了双方的负担，又使保险公司的社会形象受到损害。

因此目前可建立低保额投诉裁决机制，这样可以及时化解大量出现的保险纠纷。该裁决机制应在保险监管部门或保险行业协会的组织下，由各家保险公司作为会员单位自愿组成，其主要职能是：裁决被保险方对会员单位的投诉，裁决的权限仅限于通过协商尚不能解决的低保额纠纷。对于裁决结果保险公司必须执行，如果被保险方不同意裁决结果，可以继续向上反映，直至向法院提起诉讼。

而现实中，我国也存在此类保险合同纠纷调解机制，保监会于 2007 年印发了《关于推进保险合同纠纷快速处理机制试点工作的指导意见》，各省区市也都在着手建立此类试点机构。但存在的问题是，机构规模仍然很小，并且不为公众所熟知。我们应该充分重视该机制，一方面完善调解处理机构，加强培训调解处理人员，使该机构能够充分担当起处理合同投诉的重任；另一方面增大该机制的社会影响力和公信力，使大多数公众能够通过这个途径使合同投诉得到解决。

保险公司投诉制度是对于保险业诚信体系完善的一种重要的后续机制，即使是诚信程度再好的公司也会出现纰漏。而投诉体系的完善使得每个被保险人、投保人的合法权利得到充分保障，是保险业一种负责任的形象体现。

（三）加强保险公司诚信监管

保险监管部门应加强对保险公司营销员流失率、退保率、赔付率等方面的有效监控，因为这些方面都是对保险公司诚信状况的有效反映。另外，在这些指标能够公正公开的情况下，也能起到增大 m 值，引导公众购买保险行为的效果。

1. 保险营销员流失率

保险营销员的大量流失表明保险公司在教育培训方面的不足，则对于教育培训中的核心部分——“诚信教育”也必定存在不足。这样即使是留存下来的保险营销员，其代办的业务也必将存在大量问题。同时流失率高的保险公司中，大量只在短期从事保险的营销员，他们在这段时间内所办理的业务的诚信将存在重大问题，而且实践也表明，这种情况下所产生的保险欺诈和误导大量存在。另外，代理人的频繁流动，产生了大量的“孤儿保单”。有的保险公司不能及时通知保户并收取续期保费，导致保单失效，给客户带来损失。

2. 退保率

当然客户的退保可能是因为客户自身情况发生了变化，从而保险标的状况或保险需求产生变化。这属于正常状态下的退保，对于各个保险公司来说，这些特殊情况的比重理论上应大致相同，所以现实中各保险公司退保率的差异主要在于保险公司在投保阶段对客户诚信状况。如果在投保时存在误导，使得客户在投保后才发现，便会发生退保。所以我们可以推断退保率高的保险公司其诚信状况必然存在问题。

3. 赔付率

现阶段保险业的一个严峻问题是投保容易索赔难。一些代理人为了吸引投保人投保，保前服务十分周到，有时甚至片面夸大保险产品的作用。但在客户投保后，保险公司服务质量普遍随之下降，在客户出险后向保险公司索赔时，更是困难重重。有时保险公司为了争揽保费，在核保时不进行严格审查，单方面相信投保人履行了如实告知义务，而一旦出险，保险公司便以投保人没有履行如实告知义务等种种理由拒赔。因此赔付率也在一定程度内表现了保险公司的诚信状况。

保险公司需要依照保监会提供的计算方法，计算一定期间内的上述指标，并按时提交给保监会。保监会向公众公布上述数据，并在网站上保留一定年限，以供公众查阅。对于没有按时提交、没有按照规定的计算方法计算或提供虚假数据的保险公司，保监会应对其给予一定程度的行政处罚。对于提供的数据超过保险公司规定的警戒线的，保监会应对相应保险公司更加严格地监管督查，对发现的不诚信行为给予严厉的惩罚措施，并向公众及时公开。

参考文献

[1] 孙蓉. 中国保险业诚信缺失的制度分析［J］. 保险研究，2003（9）：2－5。

[2] 李增辉. 保险业诚信问题的经济学思考［J］. 保险研究，2005（7）：19－22。

[3] 姜华. 论我国保险业诚信体系建设［J］. 保险研究，2004（3）：30－32。

[4] 张维迎. 博弈论与信息经济学［M］. 上海：上海人民出版社 2004：45－48。

[5] 刘满风. 顾客满意度测评模型比较研究［J］. 江苏商论，2005，（11）：29－32。

[6] 黄德强. 顾客满意度测评——促进保险业诚信建设的良好工具［J］. 福建金融，2005（10）：49－50。

[7] 梁栋，陈国立. 保险公司诚信建设的八种机制［J］. 银行家，2007（5）：80－81。

股指期货对保险资金运用的影响

杨皓俊

随着中国金融市场的不断发展，保险资金在资本市场中的比例也逐年增高，2009年底保险资金运用余额达3.7万亿，较2001年末的3702亿元整整翻了10倍，而现今股指期货的推出，使中国的资本市场进入了一个崭新的时代，“做空”也能赚钱已经成为现实，虽然保险资金目前还不能直接参与股指期货，但其给保险公司投资带来的影响将是巨大的，在新背景下的保险公司如何应对这场危险与机遇共存的挑战，是摆在保险公司面前的一个棘手的问题。

一、股指期货的内涵和特点

（一）股指期货的含义

2010年4月16日，蓄势已久的股指期货终于推出，所谓股指期货，是参加交易的双方将股票价格指数为商品，在交易所内以公开竞价方式买卖这种商品的期货合约，并在未来某一交割日之前进行对冲或按成交价在交割日进行现金结算的一种期货交易。

（二）股指期货的特点

明确股指期货的特点能够引导我们更好地理解它对保险资金的影响。与股票现货相比，股指期货具有以下特点。

1. 高杠杆作用，股指期货具有“以小博大”的特点，它是一种买空卖空的保证金交易

买入卖出一张合约，都要缴纳一定的保证金，作为日后合约到期时履行交割责任的保证金。如果期货市场的变化与股指期货交易者的预测结果一致，该交易者就可以通过缴纳很少的保证金而获取可观的利润。当然，这种“以小博大”的特点，既存在着大赚的可能，但也存在大亏的危险。

2. 契约交易

股指期货交易的对象并不是股价指数或股票组合，而是对股价指数在未来某种条件下买卖的权利和义务，这些权利和义务以契约形式存在。

3. 未来交割

股指期货交易是在现时对股价指数未来可能发生的结果进行交易，其交易在现时发生而交割要到未来某一约定时刻才能发生。

二、保险资金投资的现状和问题

从2000年到2009年，伴随着我国的保费收入和保险资产规模的增长，保险资金运用的额度也大幅提升。2000到2009年，我国保费收入从1596亿元上升到11137.3亿元，一直保持了较快的增长速度。保险资产规模从2000年末的3374亿元增加到2009末的4.1万亿元。同时，保险资金运用规模年均增长约40%，保险资产占金融资产比重也逐年提升。另据中国保监会估计，2010年预计有超过1.5万亿元保险资金需要寻找投资出路。然而，我国保险资金投资渠道十分狭窄，大部分资金都存于银行和投资于国债，而银行存款利率和国债收益率的下降已经严重影响了保险资金投资的综合收益率。据统计，在2001—2007年期间，保险行业的平均投资收益率最低为2.68%，最高为12.57%，收益波动幅度非常大，给保险公司盈利与发展造成较大不确定性。2008年，受国际金融危机的不利影响，全球股市跌幅之深已经远远超出市场预期，严重拖累保险投资收益。虽然全行业仍实现投资收益超过1000亿元，但是保险资金运用收益率急剧下降至1.91%。各项具体数据如图1所示。

从图中可以看出，从2005年起，我国保险资金的投资收益率呈上升趋势，这与保险资金投资于资本市场的渠道不断拓宽相关，2007年的资金运用收益率12.17%，为历史新高。不过，2007保险投资收益率高，很大程度上得益于资本市场的良好表现，高收益具有一定的偶然性。2008年，在资本市场出现大幅波动的情况下，保险

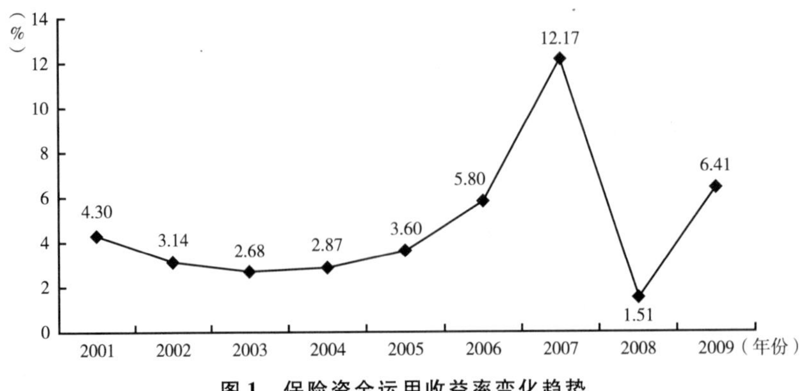

图1　保险资金运用收益率变化趋势

公司盈利水平剧烈下降。而到了2009年，股市的反弹又导致保险投资收益有了明显的回升，可见，保险资金的投资收益很大程度上依赖资本市场的表现，一旦资本市场发生剧烈的震荡，保险资金也会随之产生较大幅度的波动，这对于以安全性为首要目标的保险资金来说是个很大的隐患。而股指期货的推出能够在一定程度上解决这一困扰。

三、股指期货为未来保险资金投资开辟了新道路

由于我国上市公司质量普遍不高，现金分红回报率偏低，保险资金入市投资的风险即便在牛市中也防不胜防。理性投资理念未能主导市场，制约了基金等机构投资者提高收益。而股指期货的推出将使借助内幕消息进行短线投机越来越难，因而提高股票现货市场的透明度，促进股价的合理波动，提高证券市场的效率。因此，适当放宽对保险资金投资渠道的限制，允许少量保险资金直接参与股指期货，对保险资金才是真正的利好。同时，随着我国保险市场竞争日趋激烈，经营成本不断上升，而承保利润则显著下降，单纯依靠承保业务难以实现中国保险做大做强的战略目标。另一方面，扩大保险资金运用规模，提升保险资金运营效率，既增加了保险公司利润，也培育增强了保险公司的核心竞争力，有利于保险公司向着大型化和全能化方向发展，从而能够为客户提供全方位的服务。此外，进入中国保险市场的国外保险公司不断增加，由于他们的保险资金运用效率较高，从而使中国保险公司在激烈的保险竞争中处于不利地位。假设中国的保险公司能够利用股指期货这个工具起到应有的作用，比起不能直接参与股指期货的国外保险资金来说就有了相当大的优势。

（一）利用股指期货进行套期保值

1. 股票指数的期货价格走势与股票指数价格走势一致。现货与期货市场虽然是两个各自独立的市场，但由于在受到相同经济因素的制约和影响，一般情况下两个市场价格波动趋势相同。套期保值就是利用这两个市场上的价格关系，分别在期货和现货市场作方向相反的买卖，取得在一个市场上出现亏损的同时，在另一个市场上赢利的结果，以达到锁定生产成本的目的。2. 股票指数的期货价格与股票指数价格随着期货合约的临近，两者趋向一致。期货交易的交割制度，保证了股票指数的期货价格与股票指数价格随着期货合约的临近，两者趋向一致。如果期货价格与现货价格不同，就会出现低买高卖的套利机会，在无风险下实现盈利。这种套利交易最终使期货与现货价格趋向一致。例如，当保险资金购入的股票组合已经取得10%的收益时，为了规避股市整体下跌的风险且锁定10%的收益，可以通过卖出一定数量的股指期货来对冲这种风险，如果股市下跌，股指期货的收益可以弥补股票投资的损失，相反如果股市上升则股票的收益可以弥补股指期货的损失；当保险资金购入的股票组合遭遇-10%的损失时，可以通过买入一定数量的股指期货来避免发生更大的损失。因此保险资金可

以运用股指期货对其所投资的股票及股票组合进行套期保值，锁定收益以及控制损失。

（二）有助于保险公司有效管理现金流

保险公司收取投保人的保费，是保险公司的负债，必须按照约定进行保险赔付或者到期给付，保险公司必须准备足够的现金流应付这些理赔或给付。而且，投保人对保险公司资金运用结果的敏感度相对较高，保险公司资金运用一旦出现问题，可能引起投保人退保等连锁反应，短时间内发生现金流困难。如果由于某种情况使得保险公司面临大规模的理赔给付，保险公司就需要卖出手中持有的股票，变现以进行赔付。但当需要变现的资金量非常大时，保险公司大量抛售股票的行为，就会加剧股票价格的下跌幅度，甚至有可能引发整个股票市场的震动，结果使得保险公司由于现金流不足而遭受巨大亏损。然而，保险资金参与进入股指期货后，保险公司可以在股指期货市场上卖出期货合约，然后再变现股票。变现行为结束后，保险公司再将股指期货空头合约平仓，如此一来，保险公司就能较好地控制股票变现所面临的风险，从而减少因大量抛出股票引起股价大跌而造成的损失。所以保险资金主要是用来做套期保值和风险对冲的，而不是用来投机的，这是必须坚持的原则，没有这个原则，则有可能会出现“中航油第二”。

（三）股指期货推动保险公司业务创新

首先，股指期货的套期保值功能可以对冲掉无法分散的系统风险，这使得保险公司有能力推出新的投资型保险产品。例如，可以根据投资保本的要求，设计一种集储蓄、投资、人寿保险为一体的保险产品，投资人员可以建立一个由高派息股票组成的投资组合，利用股指期货对投资组合套期保值以锁定股票价格下跌的风险，组合中股票的红利就成为一个稳定收益。其次，因为股指期货可以卖空，同时股指期货又是一个指数化产品，所以包括 ETF 在内的指数化产品与股指期货之间将出现丰厚的套利机会。这也将会为保险产品创新提供新的思路。保险资金由于投资期限较长，较少赎回压力，其与基金投资方式相比具有长期化特征。有效的套期保值能帮助保险资金抵御短期的市场风险最终实现长期投资目的，所以，利用股指期货可以为市场设计出低风险、高回报的长期保险产品。

四、保险资金投资股指期货需要注意的问题

（一）套期保值时间的确定

每个保险公司的产品结构不同，其负债结构也不同，如寿险公司及养老金的负债期限较长，产险公司的负债期限较短。不同的负债决定了保险资产投资的侧重点

不同，各公司需要针对其负债结构合理配置资产，使得资产负债相匹配。不同的投资要求对应用股指期货套期保值的时间选择应不同。如寿险公司及养老金的资产投资应偏重盈利性，这是因为目前寿险保单及养老金在设计保费时，为了竞争的需要，都尽量压低保费，而且大部分寿险保单及养老金在未来都有确定给付，如果单纯依靠保费收入来支付这些负债，寿险公司及养老金都可能入不敷出。所以寿险公司及养老金投资股票市场时，应该在投资一段时间后并且对股票市场的后期走势有了明确判断后再选择是否进行套期保值，来锁定收益和控制损失。

（二）套期保值比率的确定

套期保值比率即对每一单位股票或股票组合进行套期保值所需要的股指期货的量。确定合理的套期保值的比率很重要，比率过高就会占用很多流动性资金（现金或国债），比率过低就不能达到套期保值的作用。

（三）影响股票市场波动性的因素

股指期货的标的股票指数与整个股票市场的波动具有很大的相关性，影响股票市场的因素对股指期货有很大的影响，保险资金应用股指期货必须考虑影响整个股票市场的因素。例如，2010 年 4 月 19 日，上证指数以 3096. 78 点开盘，大幅跳空低开 33. 52 点，最低探至 2977. 77 点，收盘 2980. 3 点，暴跌 150 点，跌幅 4. 79%，虽然是利空引发了下跌，然而如此罕见的暴跌出现在股指期货推出的第二个交易日，不能不让人联想起美国。1987 年 10 月 19 日，美国华尔街股市一天暴跌近 25%，从而引发全球股市系统的金融风暴，即著名的“黑色星期五”。虽然已经过去了很多年，对为何造成恐慌性抛盘，至今众说纷纭，股指期货一度被认为是“元凶”之一。通过观察各国股指期货推出后股市变化来看，股指期货在短期有“助涨杀跌”的作用，长期可以稳定股价，使市场趋于合理。所以短期的暴涨暴跌可能会对保险资金投资在股市的市值产生比较大的变化，但是保险公司作为机构投资者，不能只在乎短时间的盈利或者亏损，更应该注重的是中长期的收益，真正做到理性的价值投资，这样才不至于因为短线的追涨杀跌损失自己乃至广大保户的利益。

（四）对股市结构的变化

由于股指期货的标的物是沪深 300 的指标股，而其中都是大盘蓝筹股，因此股指期货的推出将加大股市的两极分化，资金配置将大量向指标股倾斜，蓝筹股的资金聚集度进一步加大。我国股票市场的一个重要特点是股指由一小部分的大盘蓝筹股拉动，因此，常常出现大多数股票下跌而股指上涨的现象。股指期货推出以后，机构投资者的避险和套利操作将使其对现货市场上的指标股需求大量增加，推动指标股的价格上涨，指标股价格的上涨又会吸引大量散户跟进，进一步推动股价的上涨；而非指标股活跃程度会日渐萎缩，小盘股的流动性将会逐渐丧失，慢慢的被边缘化。因此，本次股指期货的推出将使市场经历一场优胜劣汰的结构调整，大盘蓝筹股进一步得到优化，而小盘股则会相对被削弱，这就会对保险公司在资产配置方面产生极大的影响。到底是像往常一样配置成长性高，易炒作的中小市值品种来取得超额收益，还是随着股指期货的推出配置大盘蓝筹股，是保险公司急需考虑的一个问题。

（五）合理的人才储备

股指期货具有较高的杠杆效应，杠杆效应能够带来收益的同时也会产生巨大的损失风险，股指期货的投资不同于一般的证券投资，在进行套期保值和风险对冲的时候会遇到一系列的问题。保险资产投资应用股指期货必须聘请具有股指期货交易经验和技能的专业的投资人才，以避免操作风险。在资金运用上必须将安全稳健作为首要原则，在此基础上兼顾流动性和收益性，切不可将保险资金盲目投向高风险领域，不能贪图眼前的一时利益而将整个公司暴露于巨大的市场风险之下。

（六）制定严格的监管制度

保险资金直接参与股指期货的前提是只能进行套期保值交易，不可以利用股指期货追求超额收益，因为高收益的同时也意味着高风险，而保险公司应当以安全性为首要原则。这就需要国家的监管部门对保险资金投资股指期货进行更加严格的监管，尤其是保险公司也应对自身的投资情况进行控制。否则，一旦保险公司违背安全性原则，一味追求高收益而导致投资失败，其带来的影响将是毁灭性的，保民的利益也将受到极大的损失。

参考文献

［1］孟昭亿．保险资金运用国际比较［M］．北京：中国金融出版社，2005。

［2］王国军，徐高林等．后金融危机时代保险业的风险防范与战略选择［M］．北京：法律出版社，2009。

［3］姚铮．证券与期货［M］．北京：清华大学出版社，2006。

［4］林国春．股票指数期货交易——套期保值与套利策略［M］．北京：经济管理出版社，2002。

［5］郭金龙，胡宏兵．我国保险资金运用现状、问题及策略研究［J］．北京：中国社会科学院，2009（9）。

浅谈我国农产品出口信用保险的现状及发展

蔡 琦 林贵珍

我国是一个农业大国，解决好“三农”问题是当前和今后长期发展过程中的一个重要任务。近年来，国际农产品市场竞争愈显激烈，农产品本身又存在活体弱质性的特点，农产品出口企业特别是中小企业面临着来自内外部的双重压力，其遭受风险损失的情况十分普遍，农产品出口信用保险作为规避农产品出口风险的工具应运而生。2008 年国际金融危机爆发以后，海外市场需求持续萎缩，国际贸易保护主义抬头，同时出口信用风险加大，农产品出口受到严重冲击。在金融危机这样的大环境下，出口信用保险的作用愈发重要，不少国家和地区出台了一些相关政策，以更好地发挥出口信用保险的作用。2010 年政府工作报告中，国家再次强调在今年进一步扩大开放的任务中要落实和完善出口信用保险等各项政策措施，鼓励发展出口信用保险。但是，由于我国农产品出口信用保险起步偏晚，其发展还处在起步阶段，目前的农产品出口信用保险覆盖面偏低，明显存在着总体规模小，体系不完善等一系列问题。因此，如何在金融危机的阴霾下采取有效的措施来更好地发挥农产品出口信用保险在农产品出口中的作用显得尤为重要。

一、农产品出口信用保险的现状分析

（一）发展历程

农产品出口信用保险已成为参与世界农产品贸易的企业规避风险的通行手段。而目前我国农产品出口信用保险发展缓慢，仍处于起步阶段，尚没有专门从事农产品出口信用保险的公司。该保险在我国的发展大致经历了以下三个阶段：

1. 萌芽阶段（1988—2003 年）

我国农产品出口信用保险始于 1988 年，但真正开展农产品出口信用保险业务开始于2001年中国信保成立以后。中国信保是国内唯一专门承办政策性出口信用保险业务的国有独资银行，自成立以来就十分重视农产品出口信用保险业务的发展。2003年之前，中国信保主要推出“短期出口信用综合保险”帮助农产品出口企业规避收汇风险。

2. 初创阶段（2003—2005年）

2003年一系列“封关事件”发生以后，为保障农产品出口，中国信保针对农产品出口企业频繁遭受“封关”而专门设计了低费率、广覆盖、简便投保、快捷赔付的“农产品出口特别保险”，为农产品出口提供一揽子保险和金融服务，以鼓励农产品出口。2004年，中国信保为符合条件的农产品出口企业建立健全买家管理机制，进一步做好风险控制；开通“信保通”网上业务操作系统并且上门培训，使得农产品出口企业能够通过网络利用好出口信用保险；向农产品出口企业优先提供各项风险管理增值服务。

3. 成长阶段（2005年至今）

2005年底，中国信保又推出“中小企业综合保险”，针对年出口金额在500万美元以下的中小企业，取消了中小农产品出口企业的投保门槛，提高了中小农产品企业的投保可能性，扩大了受益企业的覆盖面。

（二）成效

近年来，在国家政策和中国信保的大力支持下，为满足我国农产品出口产业发展的需要，中国信保不断创新，开发有效保障产品出口的新产品，出口信用保险业务得到迅速的发展。金融危机爆发以来，中国信保积极调整业务发展目标，出口信用保险支持农产品出口的政策性作用得到更充分体现，农产品出口信用保险的发展取得初步成效，直接表现在：

1. 农产品出口信用保险资金规模总体呈上扬趋势（见图1）

中国信保自成立以来，积极为农产品出口企业提供出口信用保险及相关服务，

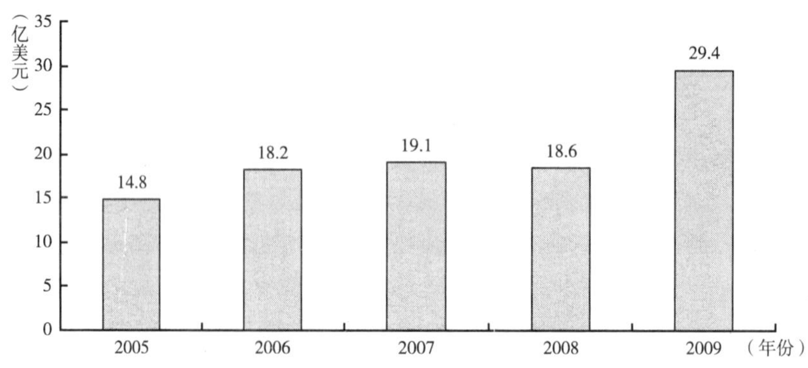

图1　2005—2009年农产品出口信用保险金额

资料来源：中国信保网站。

进一步增强了企业开拓国际市场的能力，得到各级政府部门的普遍关注和支持，也受到农产品出口企业的欢迎。金融危机爆发以来，中国信保积极响应政府政策，支持重点行业发展，截至2009年12月18日，仅短期出口信用保险支持农产品出口就达29.4亿美元，同比增长66.6%。

2. 农产品出口信用保险受惠面呈逐年扩大趋势

“农产品出口特别保险”以及“中小企业综合保险”的推出同国家政策对保费给予40%的特殊政策补贴以及中国信保采取的一些积极有效的特殊补贴和资金扶持的措施，提高了农产品出口企业参加出口信用保险的可能性。据统计，2004年，有487家农产品出口企业享受中国出口信用保险；截至2007年上半年，则已累计为28个省（自治区、直辖市）2000多家农产品出口企业提供了信用保险保障。

二、农产品出口信用保险在农产品出口中存在的问题

虽然农产品出口信用保险在促进农产品出口上发挥了重大的作用，但在实际操作中也存在诸多问题，具体说来有以下几个方面：

（一）农产品出口信用保险承保规模有限

我国农产品出口信用保险的盈利水平低，企业热情不高，承保规模较小，相对于其他产业，中国信保对农产品出口的承保金额过少，大大限制了农产品出口。截至2009年12月18日，中国信保短期出口信用保险承保金额为862.3亿美元，同比增长121.5%，但支持农产品出口仅为29.4亿美元，同比增长66%，只占总量的3%（见图2）。不管是绝对量还是增长幅度都远远落后于其他产业。

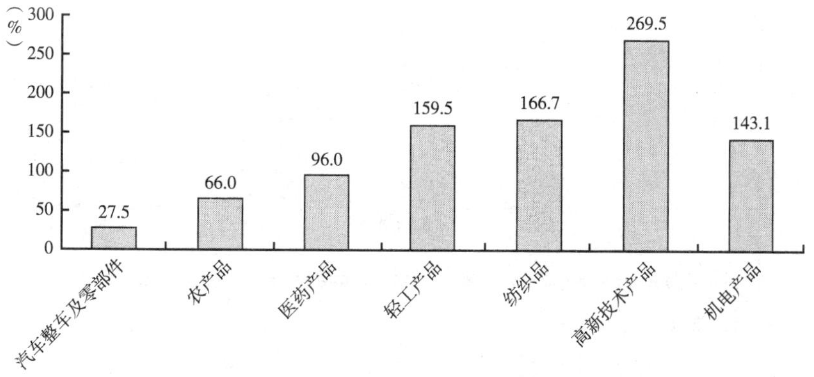

图2 2009年各行业短期出口信用保险同比增长比例

（截至2009年12月18日）

资料来源：中国农业部网站。

（二）农产品承保份额与农产品出口额不协调增长（见图3、图4）

2001—2008年，中国农产品出口持续增长，年均增长率为13.73%，而农产品出口信用承包额年均增长率只有8.43%，并且与之相对应的农产品出口信用保额占总保额的比例逐年降低。金融危机以来，全国农产品出口出现了大幅下滑，但是与东盟贸易区的农产品贸易却出现了逆势高增长的情况。2009年1—10月，广西向东盟出口农产品4.1亿美元，增长26.2%，占广西农产品出口总值的62.1%。然而农产品出口信用保险保额的增长远远赶不上农产品出口额的增长，不能满足农产品出口发展需要。

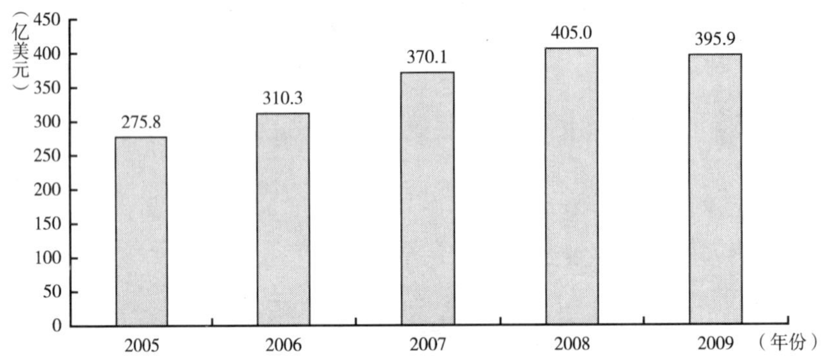

图3　2005—2009年农产品出口额

资料来源：中国农业部网站。

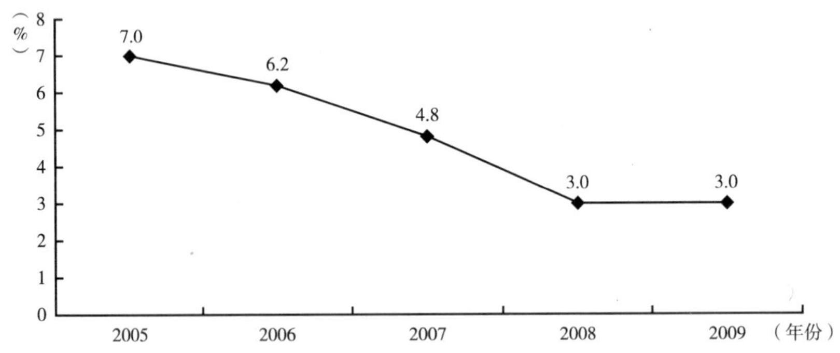

图4　2005—2009年农产品出口信用保额占总保额比例

资料来源：中国信保网站。

（三）出口信用保险体系不完善

我国出口信用保险起步较晚，相对于发达国家，其体制不管是广度还是深度，都仍存在诸多不足，具体说来有以下几点：

1. 法律法规不完善

我国关于出口信用保险的法律法规极少，到现在为止尚没有一部专门的法律对贸易保险进行规范，仅在《对外贸易法》中粗略提及。而出口信用保险又不同于一般保险，涉及多个国家，复杂性不言而喻。又因出口信用保险与贸易、经济息息相关，法律制度不完善会造成经营体制和管理体制不稳定，保险赔付不规范，严重影响了企业的投保积极性。

2. 投保审批手续繁琐，花费时间长

我国出口信用保险信息化建设相对落后，导致保险审批时间较长，一般需要1个月左右，有时甚至长达2—3个月。相比而言，加拿大为2.5天，法国3年以下短期险平均回复时间为2.8天。国际贸易市场变幻莫测，企业需要迅速应对信息的变更。否则将耽误农产品中小企业出口商机，降低企业竞争力。

（四）农产品出口信用保险保费过高，中小企业难以承受

我国农产品信用保险缺乏具体定价机制，保费的制定与市场的情况缺乏沟通联系，保费定价不合理。我国出口信用保险平均费率基本上在0.8%至1%之间，对东欧、南美、非洲等风险较大的国家和地区，平均费率更是高达2%。我国1年期的短期出口信用保险费率平均为1.5%左右，而法国3年期的短期出口信用保险费率才0.1%—1%。高昂的保费，令许多中小企业望而却步，严重打击了中小企业投保积极性，滋生了企业的侥幸心理。

（五）农产品出口信用保险形式单一

目前我国市场上可供农产品出口企业投保的险种很少——仅有3种（分别是农产品出口特别保险、短期出口信用综合保险、中小企业综合保险），且专门针对农产品出口的信用保险只有“农产品出口特别保险”一种，针对性弱，不能满足不同的农产品出口企业的实际需求。

（六）农产品出口信用保险缺乏有效协调机制

农产品出口信用保险的协调机制是联系中国信保和中小农产品出口企业的纽带，在实际操作发挥重要的作用。但目前农产品信用保险协调机制中存在以下不足：

1. 地域分布不均衡

我国农产品出口信用保险主要分布在北美、西欧和日本，但这些地区的风险较低。相比之下，对于我国目前大力合作的东盟国家，出口信用保险的限制条件仍较多。例如柬埔寨、缅甸只承保保兑的不可撤销信用证（CIL/C）条件下的出口。

2. 中小农产品出口企业和保险公司的利益冲突

中小农产品出口企业作为投保方，倾向于对风险较高的出口订单进行投保，而保险公司则希望承保风险低的订单获取利润。二者之间的矛盾使得真正需要投保的订单得不到保障，而保险资金的闲置也使其作用得不到真正发挥。

（七）中国信保和中小农产品出口企业信息不对称

目前我国缺乏相关的平台为中国信保和中小农产品出口企业提供交流。一方面国家相关部门和中国信保对农产品出口信用保险的宣传力度不够，另一方面中小农产品出口企业自身组织结构不完善，对出口信用保险的关注程度有限，了解情况极少，投保意识薄弱。调查显示，目前我国99%以上的农产品出口企业为中小企业，但有超过80%的中小调查对象没有为企业购买任何保险产品。

三、关于完善我国出口信用保险在农产品出口发展的对策

（一）中国信保应增加对农产品出口企业承保的规模

建立针对农产品出口的资本金补充机制，逐步增加风险资本金规模。加大财政扶持农产品出口信用保险业务的力度，每年从出口信用创汇中提取一定比例的金额，来补充出口保险基金，实现增加出口和扩大财政收入的良性循环。

（二）调整农产品承保份额，使之与农产品出口额增长相协调

中国信保可以设置相关部门，实时监控市场状况，对市场变化迅速作出反应，根据农产品出口额的状况，分析各地区农产品企业出口的承保结构、比例是否合理，对农产品出口信用保险承保份额的不合理之处进行调整。就当前情况而言，中国信保应尽快扭转农产品出口信用保险承保份额不断下降的趋势，以适应农产品出口额持续增长的需要。

（三）不断完善我国出口信用保险体系

为了促进我国农产品出口信用保险持续良好发展，完善出口信用保险体系十分迫切。

1. 加快制定出口信用保险法律法规，为信用保险发展提供法律保障

我国可以借鉴发达国家的经验，同时根据我国国情，对诸如承保范围、保费率、损失界定等以法规形式加以统一规定，使得出口信用保险机构和出口企业有章可循、有法可依，从而为出口信用保险创造一个良好的法律环境。

2. 提高信保机构的服务水平

针对农产品本身具有易腐烂的特征，为方便农产品出口商投保，就要进一步提

高审批效率，简化审批程序，缩短申报时间。

（四）适当调整保费以扩大受益客户覆盖面，灵活改变保费支付方式

中国信保应继续下调平均费率，降低投保成本，发挥出口信用保险的政策性作用，以更为优惠的费率水平吸引农产品出口企业，扩大业务规模。还可根据不同市场、不同产品、不同客户、不同风险业务的实际情况来定保费。除此之外，可以在企业投保后在保费的支付方式上采取更灵活的方式，以此增强农产品企业的竞争能力。

（五）进行创新经营管理，加大我国农产品的市场拓展力度

积极推动出口信用保险发展，应进一步创新经营管理，加大市场拓展力度，为拉动出口贸易、推动经济发展发挥积极作用。

1. 经营理念创新

中国信保应注重长期效益与积极设限以及注重长期合作关系，在更高层次上加大市场开发和管理的力度。

2. 经营产品创新

经营产品创新是出口信用保险发展的一个主要推动力。中国信保应积极借鉴国际先进的产品设计经验，紧扣中小农产品出口企业的发展实际和需求特点，配合国家各项政策要求，不断开发适合市场需求的系列化的新产品。

3. 服务方式创新

中国信保可通过加强研究、积极试点等方式，对农产品的出口风险进行跟踪、分析和预测，为中小农产品出口企业提供从买方调查、出运登陆、收汇跟踪、风险监控、信息搜集等一整套链接式出口信用保险服务。

（六）建立有效的协调机制

中国信保应加大出口到次发达地区例如拉美、非洲等地的农产品的承保力度。这些地区的发展潜力巨大，但是由于自身法律体制较发达国家有所欠缺，出口风险相对较高，因此需要中国信保给予更多支持。中国信保和农产品出口企业应改变观念，农产品出口企业应对风险有更高的认识，对各种可能存在的风险要认真评估，不能只重视高风险，而忽视了低风险发生的频率；出口信用保险公司要针对农产品出口企业的需要制定承保计划，切实地发挥出口信用保险的政策性作用。

（七）我国出口信用保险机构应加大宣传力度，逐步提高农产品出口企业的投保意识

中国信保可通过各种渠道向有农产品出口企业宣传出口信用保险的作用及投保

程序，并组织专门的培训，普及出口信用保险知识。农产品出口企业要增强自身风险意识，主动了解和学习出口信用保险在农产品出口方面相关内容，同时完善自身组织结构，提高管理水平，真正为农产品出口企业排忧解难。

四、结　　语

在后危机时代，又恰逢国际贸易保护主义逐渐盛行的时期，农产品出口受到严重冲击。对于出口农产品的中小企业，在规避收汇风险、方便企业融资、促进出口贸易等方面，农产品出口信用保险发挥重要作用。然而，囿于农产品出口信用保险承保规模有限，农产品承保份额与农产品出口额不协调增长，信息不对称，保险保费过高等问题，该保险在我国发展缓慢滞后。我国要不断发展和完善农产品出口信用保险体系，通过增加对农产品出口企业承保的规模，调整农产品承保份额，加大宣传力度，适当调整保费等措施使其更有助于出口农产品的中小企业应对此次金融危机，并在经济全球化贸易中立于不败之地。

参考文献

[1] 国家统计局网站 http://www.stats.gov.cn/。

[2] 中国信保网站 http://www.sinosure.com.cn/sinosure/index.html。

[3] 中国期刊网 http://www.cnki.net/。

[4] 王静. 我国出口信用保险应对国际金融危机的措施 [J]. 国际经贸探索，2010（2）。

[5] 张今柯. 我国农产品出口信用保险的发展对策 [J]. 经济天地，2010（1）。

[6] 兰东娟. 后危机时代我国出口信用保险发展策略探析 [N]. 中国保险报，2010-04-19。

[7] 景永平，赵爽. 我国农产品出口信用保险问题探讨 [J]. 观察思考，2006（8）。

[8] 王毅. 发挥好出口信用保险稳定外需的作用 [J]. 人民网，2009-9-29。

[9] 唐若昕. 出口信用保险实务 [M]. 中国商务出版社。

[10] 徐文虎. 中国保险市场转型研究 [M]. 上海社会科学院出版社。

[11] 夏合群. 金融危机背景下中国农产品出口贸易现状分析与对策研究 [J]. 世界农业，2009（9）。

从法院判决看交强险的完善与发展

刘兴丽

一、问题的提出

2006年7月1日我国正式实施机动车交通事故责任强制保险（以下简称“交强险”）制度，这是我国首个由国家法律规定实行的强制保险制度。交强险是指由保险公司对被保险机动车发生道路交通事故造成受害人（不包括本车人员和被保险人）的人身伤亡、财产损失，在责任限额内予以赔偿的强制性责任保险。实行交强险制度，其首要目标就是通过国家法律强制手段，提高机动车第三方责任险的覆盖面，在最大限度上为交通事故受害人提供及时和基本的保障，从而更好地保护弱势群体的权益。可见，交强险是为社会弱势群体提供保障的一个特殊险种。作为我国第一个法定强制责任保险，其人道主义立场和保护交通事故弱势参与者利益的制度价值不容怀疑。交强险实施两年以来，在保护人民生命财产安全和保障道路交通安全以及维护社会稳定等方面也发挥了巨大作用，充分发挥了保险的社会管理职能。但交强险在实施过程中也暴露了很多问题。笔者通过实习，认识到保险人越来越多地介入到因交通事故纠纷引起的民事、刑事关系中。本文结合实习中看到的关于交强险纠纷的案例，首先分析了我国交强险实施中的问题，然后给出了完善交强险的建议。

二、交强险制度实施结果证明一盈四亏

交强险制度的实施会对相关主体产生极大的影响，经过2年多的实施，仅仅有保险公司可以从交强险中的受益，而交强险的实施却无法在其他主体上产生同样的效果。甚至经营交强险的保险公司也未受益。

1. 受害人问题总结

我国交强险实行的是每一事故责任限额制，死亡伤残的责任限额低，并不能使受害人得到及时赔偿。对每一限额分项，进一步降低了受害人的保障程度。由于交强险针对的是每一起交通事故，而不是事故中的每一个受害人，在多人多车的交通

事故中，所有受害人在责任限额中分摊，使得受害人的保障程度进一步降低。我国交强险的制度设计是其不足部分由投保人购买商业三者险为补充，但是很多的车主或汽车驾驶人，一方面因为缺乏风险意识，另一方面因为没有经济能力购买商业三者险，使得发生交通事故时，并没有经济赔偿能力使受害人得到充分赔偿。

2. 被保险人的问题总结

被保险人普遍反映相对于交强险提供的保障，交强险的保费过高，即车主或驾驶人承担了较高保费，而得到了低保障，被保险人的风险并没有全部转移。从交强险的实施情况看，目前交强险限额低引发的一个严峻的问题是，受害人的实际索赔额与交强险限额的差额由谁负担？高收入者自身有经济赔偿能力、风险意识较高，一般通过买商业三者险，转移自己的风险，而低收入者，如摩托车、二手车所有者，他们自身经济赔偿能力低，更需要买商业三者险转移自己的风险，但因为自身风险意识不高加上承担不起高保费，使得这些人中买商业三者险的比例并不高，一旦发生交通事故受害人就可能得不到赔偿。

3. 保险监管机构的问题总结

《交强险条例》确定了交强险费率不盈利不亏损的费率厘定模式和交强险业务的独立核算模式，保监会主要对这两方面实施监管。保监会规定保险公司支付代理人的交强险的手续费不超过4%，但因保险公司左手做交强险右手做商业车险使得保监会难于分清保险公司的经营费用。这就决定了保险监管部门需要投入极大的精力监管费率的厘定，监督交强险业务经营成本和利益是否与其他保险业务混同。保监会疲于监管但效果不佳。

4. 保险公司的问题总结

保险公司可以从交强险经营中获益。如保险公司可以获得现金流，保证资金链的平稳运转，可以吸引投保交强险的客户继续在自己的公司投保商业三者险或其他车险，扩大市场份额，并借以盈利。但是不盈不亏原则使得保险公司经营交强险的积极性不高，没有动力去创新。经营交强险要求保险公司进行计算机系统更新，财务方面单独核算等，要投入大量成本。同时各保险公司还面临经营交强险的法律环境恶劣，保险责任被法院随意扩大，保险公司经营三者险的风险加大等问题。

5. 法院的问题总结

法院面临的主要问题是交强险诉讼案件多，判决执行难。法院大多是保障受害人的利益，减少保险公司的豁免权，实际判决中，很多法院都将诉讼费用，出租车司机的承包金、误工费等间接费用，受害人伤残鉴定费等也判由保险公司承担。《交强险条例》规定了保险公司的四种垫付情形，但实际判决中很多法院也将四种情形下发生的交通事故造成受害人的损失，判由保险人承担。而保险人根据《交强险条例》并不想承担上述费用，一方面使得法院的判决执行难，另一方面加重了保险公司对交强险的不满。受车主赔偿能力限制，很多时候由于加害人经济赔偿能力不足，或者加害人在受到刑罚时不愿进行经济赔偿使得受害人的损害得不到补偿，不利于社会安定，也不利于法院判决的执行。

三、完善交强险的对策建议

1. 扩大受害人范围

我国机动车交强险的保障范围是被保险机动车所致道路交通事故中本车人员、被保险人以外的受害人的人身伤亡和财产损失，将乘客的伤害排除在外。理论上机动车第三者责任强制保险是专门为交通事故受害人的利益维护而设立的，其着眼点在于保障受害人能够取得及时有效的补偿，在法院判决中很多法院也将车上乘客或正在上车或下车的人视为第三者。因此笔者认为应将受害人的范围扩大至含有本车上的乘客，这能更好地转嫁车主或驾驶员的风险，提高他们的赔偿能力，使受害人得到保障。

2. 提高人身伤亡赔偿限额

大幅度提高人身伤亡的赔偿责任限额，可以实现对人身伤亡损害赔偿最充分的救济，符合《交强险条例》的立法宗旨，也符合当下以人为本的国家政策和法制理念。虽然我国交强险把人身伤亡责任限额从 6 万元提高至 12 万元，但是根据《最高人民法院关于审理人身损害赔偿案件适用法律若干问题的解释》，死亡赔偿额在 40 万左右，加上医疗费用也飞速增长，我国人身伤亡赔偿限额仍有较大提升空间。而且我国交强险的责任限额实行分项原则，死亡限额为 11 万医疗费用限额为 1 万，降低了保障程度，而且责任限额是对每一事故中所有受害人的赔偿限额，若事故中涉及多个受害人则各受害人要对本来就低的限额分摊，使得受害人获得的赔偿更低，因此笔者认为应进一步提高人身伤害赔偿限额，或者考虑取消分项限额制度，改变目前交强险在多车事故、多人死亡的情况下保障不足的局面。

3. 规定受害人对保险公司享有直接索赔权

目前，除英国外，各发达国家和地区一般都已赋予了受害人对保险公司的直接请求权。我国交强险应借鉴国外交强险做法，在《机动车交通事故责任强制保险条例》中明确规定受害人对保险人享有直接请求权，从而可以简化法律关系，节省诉讼成本，强化受害人的权利，保障受害人的权益。如果受害人不得直接请求保险人给付，仅向被保险人请求损害赔偿，被保险人赔偿后，再向保险人请求保险人给付保险金。在此情形下，受害人的求偿辗转费时，经常遭到被保险人的故意推托，特别是被保险人被判刑服刑时，即使有赔偿能力，也不愿再承担经济上的赔偿责任，对受害人极为不利，不利于实现交强险的初衷。在交通事故人身索赔纠纷案件中，保险人大都是作为共同被告，而不是第三人，可见法院认可受害人对保险人享有直接索赔权，为了避免保险人的不满，宜在交强险条例中直接规定受害人对保险公司享有直接索赔权。

4. 实行费率厘定自由化

我国交强险实行的是不盈利不亏损的费率厘定模式，实践表明它不仅不能降低交强险费率，反而使保险费率维持在一个较高的水平，这对投保人意味着保险费的提高（如果考虑到保险责任的减少，则保险费将显得更高），对受害人（特别是人身伤亡事故中的受害人）意味着交强险不能为其提供充分的保障，对保险公司意味着没有利润可以分配，对保险监管部门来说意味着疲于监管。因此有必要修改交强险不盈不亏的费率厘定模式。笔者建议可以引入英国交强险费率厘定的自由竞争机制，通过竞争使交强险费率合理化。竞争性的交强险费率不仅可以降低费率减轻投保人负担，而且因为有法律的强制性规定，不会降低对交通事故受害人的保障程度，保险公司也可以获得合理的经营利润，同时保险监管机构也会避免疲于监管交强险的行为。

5. 完善相关法律，保证交强险的顺利实施

由于法律适用性的不明确、各方利益出发点的不同以及对条款理解的差异等，交强险的实施过程中面临许多争议。如保险公司认为该赔法院却判决不赔的；公司认为该拒赔，法院判决赔付的；一审判赔或不赔，二审改判的；不同法院对同类情况作出不同判决的（鉴定费与出租车的份儿钱等各法院存在较大差异）；法院超限额判赔的（不顾交强险限额分项和针对的是每一事故）等等。各法院判决的不统一对于保险人和事故当事人来说都是极其不合理的。有的判决中法院认为道交法的法律位阶高于交强险条例，且现行法律并未对两者的适用规则作出明确规定，从而优先适用道交法。但笔者认为交强险条例和条款的出台晚于道交法，是对我国立法体系的完善，且其规定也更全面、更细化、更专业。因此，我国亟待出台相关法律，完善交强险的法律，明确道交法与交强险条例的适用规则。对于交强险条款中一些界定模糊的问题（垫付与追偿情形是否适用），保险业应尽力和司法部门进行沟通，达成一致的见解，以维护交强险执行的明确性和一致性。

参考文献

[1] 唐金成. 机动车辆保险理论与实务［M］. 西安：西安地图出版社，1996，(3)。
[2] 周延礼. 机动车辆保险理论与实务［M］. 北京：中国金融出版社，2001，(8)。
[3] 朱世昌等. 汽车保险［M］. 长沙：湖南教育出版社，1996，(8)。
[4] 朱才华等. 亚洲各国如何实现费用率自由化［N］. 中国保险报，2004－4－22。
[5] 王和等. 何去何从强制第三者责任保险［N］. 中国保险报，2004－12－8。
[6] 张洪涛，王和. 责任保险理论，实务与案例［M］. 北京：中国人民大学出版社，2005。
[7] 曾娟. 机动车辆保险与理赔［M］. 北京：电子工业出版社，2005，(4)。
[8] 董恩国，张蕾. 汽车保险与理赔实务［M］. 北京：机械工业出版社，2007，(4)。
[9] 王云鹏，鹿应荣. 车辆保险与理赔［M］. 北京：机械工业出版社，2003。
[10] 郝演苏. 酒后驾车险的三大漏洞［N］. 中国保险报，2003－8－20。

保险资金运用渠道拓展及其风险防范

陈 洁

近年来保险业对外开放不断深化，外资金融保险机构对华投资不断增加，我国保险市场与国际金融保险市场的联系更加紧密。在这种情况下，国际金融危机将不可避免地波及我国保险业，我国保险业的发展面临着巨大的挑战和考验。而与中国保险业资产规模及资金运用规模的快速增长相比，保险资金运用依然受到多方面直接或间接的限制，投资渠道相对狭窄，资产配置效率不高，投资收益率偏低。从而在很大程度上削弱了保险业的竞争力和发展潜力，造成了金融资源的耗损，降低了社会资源的配置效率。特别是在保险资金的运用管理上，与西方发达国家之间存在着明显的差距。业内人士认为，在保费收入持续增加、协议存款和债券收益率下滑的情况下，保险资金正在力图突出重围，确保保险资产的保值增值。因此如何面对这种差距并着力于改善这种差距，是我们仍需不断研究和探讨的。

一、保险资金的投资现状

保险资金运用是保险公司重要的利润来源，而我国的保险资金运用率、收益率偏低，且主要用于银行存款。保险公司手中握有大量资金，却苦于没有畅通的投资渠道，而这一矛盾也影响着保险公司的偿付能力和经营的稳定性。由于缺乏中长期的投资工具，这样，一旦某个投资领域出现大幅的市场波动，就可能波及保险资金的收益率水平。从现在的保险资金运用的现状来看，主要呈现在以下两方面：

（一）保险投资收益不稳定

由于保险资金投资的分配不合理导致大量资金投资于债券和银行存款，而这两种投资虽然风险较低，但它与银行利息直接挂钩，而我国的银行利率又直接受到央行调控，这样的结构必然导致保险资金过于受制于中央决策而无法做到自行保值增值，所以我国的几大保险公司的投资收益率明显偏低。目前，我国保险资金的运用渠道不断扩展，但保险资金的运用仍处于初级阶段，一方面，可进入到资本市场上的资金容量受到较大的限制；另一方面，我国资本市场不完善，投资工具缺乏。

据统计，保险公司2001年到2005年之间的投资收益率大约在3.3%左右，这是由于资金投资渠道过于狭窄所导致的结果。2006年和2007年，我国股票市场的牛市，为保险资金投资收益的提高做出了重要的贡献，但投资收益大多来自交易性金融资产和可供出售资产等短期投资，而且从相关保险公司的年报来看，投资浮盈当时已经被很大幅度对冲掉。2008年受到金融危机的影响，国内的投资收益也随之一落千丈，与2007年相比降低了将近90%，之后随着金融危机的放缓，到2009年保险业的投资收益率又上升至6.41%。

（二）我国保险资金投资环境限制

近几年来保监会逐步放宽了对保险资金投资渠道的限制。比如：2004年3月，允许保险公司投资银行次级定期债务，同年6月允许投资银行次级债券，7月允许投资可转换公司债，8月允许保险外汇资金境外使用，10月允许保险公司直接投资股市。之后，2006年3月，保监会允许保险资金间接投资基础设施建设。同年10月，保监会又进一步放开和允许保险公司股权投资非上市银行业务。2009年10月，在新保险法中明确规定了，保险资金可以直接运用到不动产投资上。但我们不难发现，这种限制的放宽措施力度还需要极大的加强。目前的保险投资创新业务还只处于试点阶段，整个行业投入在基础设施和非上市金融股权的资金量总计不到人民币500亿元，相对于近4万亿元的保险资产总量，比例还不到2%。

我们看近年来中国人寿保险公司的投资状况：

表1 中国人寿保险投资情况表

单位：百万元人民币

项目	2007年12月31日		2008年12月31日		2009年6月30日	
	金额	占比（%）	金额	占比（%）	金额	占比（%）
银行存款类	199684	22.32	268510	27.12	343870	31.19
交易性金融资产	25110	2.81	14099	1.42	10861	0.99
买入返售金融资产	5053	0.56	—	0.00	2000	0.18
可供出售金融资产	417513	46.67	424634	42.89	443954	40.27
持有至到期投资	195703	21.88	211929	21.40	222294	20.16
长期股权投资	6452	0.72	8222	0.83	8496	0.77
其他类投资	45089	5.04	62770	6.34	70962	6.44
资产总计	894604	100.00	990164	100.00	1102437	100.00

数据来源：中国人寿保险股份有限公司2008年年度报告和2009年半年度报告摘要。

由表 1 可见，人寿保险公司对于保险资金的运用方式仍是较为保守与谨慎。从这些数据我们不难发现，近年来，在保险公司总资产不断增加的同时，银行存款类的投入量也在不断地增加，包括可供出售金融资产以及持有至到期投资这类风险相对较小的投资方式并没有明显减缓的趋势，而对于风险相对较高的资本市场的涉足则显得“小心翼翼”。同时在实业投资方面，由于保监会的相关限制和风险控制，保险公司对于黄金和不动产上的投资明显的落后于一些保险业发达国家。

二、投资渠道匮乏的原因

（一）对经济大环境和投资政策的依存度较高

纵观近几年的保险投资方向，投资比重仍是以风险较为稳妥的保守型投资组合来进行资金运用，尤其是银行存款和债券的投资占据了很大的比重。然而这些投资都是以利息的方式来达到保值增值的目的，利率的确定在我国来说主要是由央行直接调控，而不是由于市场变化而产生无形的手来调控。所以，这类投资对经济大环境和投资政策的依存度较高，不利于保险公司的长期发展。近年来，我国保险资金投资的收益率波动过于频繁，从 3 年前的平均不到 4% 到 2007 年的超过 10%，这些都是由于保险投资渠道过于单一和依靠资本市场的结果，与我国经济每年近 10% 的 GDP 增长率完全不相匹配。

（二）风险管理水平不足

在风险管理的水平方面，我国的保险公司与国外保险公司存在着较大的差距，这也间接影响着我国保险公司对与保险投资组合方式的采纳较为保守。由于管理人才的缺失，管理水平的落后，许多保险公司即使有意愿去投资一些高风险高收益的项目，但是风险评估和风险管理无法对于这些项目进行有效的支持，最终使许多公司放弃了对此类项目的投资。可见，人才的匮乏和管理水平的落后，间接制约着保险投资的发展。所以在将来如果我们要进一步拓展保险投资渠道，风险管理人才风险管理方法的提高是必需的。

（三）保险投资行为短期化，期限匹配问题较为严重

从我国目前保险资金运用状况来看，保险资金多用于短期的投资项目而一些中长期的投资项目却少得可怜，这一现象导致了期限结构匹配上的不合理，其主要结果就是收益率的偏低。据统计，我国寿险公司中长期资产与负债的不匹配程度已超过 50%；且期限越长，不匹配程度越高，有的甚至高达 80%。我国寿险业资产与负债的平均期

间相差 10—15 年，远大于日本和韩国等国家寿险公司资产与负债的期限差距。①

三、保险资金运用渠道的拓展

我国保险资金在投资运用上明显还存在着很大的不足及发展空间，然而要改善保险资金运用情况，提高以及稳定投资收益率是首先要思考解决的问题。寻找新的投资方式不仅能解决保险公司当前收益率的不稳定，更能进一步促进我国保险业的良好发展。综合考虑资金运用的安全性、流动性和盈利性三个方面，我们认为黄金和不动产是未来保险资金可以拓展的投资渠道。

（一）黄金投资

自布雷顿森林体系解体以来，黄金的作用虽已不如以前那样突出，但作为增值保值的工具之一，黄金仍然是保险资金有效的投资渠道之一，并且仍存在较大的投资价值和升值空间。经济学家凯恩斯曾经这样评价黄金的作用："黄金在我们的制度中具有重要的作用。它作为最后的卫兵和紧急需要时的储备金，还没有任何其他的东西可以取代它。"黄金作为一种特殊的贵金属，它集商品属性与金融属性于一身，其在应对各种危机和通货膨胀方面具有天然的优势，应该纳入保险资金投资的范围。由于黄金市场价格是以美元标价的，美元升值会促使黄金价格下跌，而美元贬值又会推动黄金价格上涨，然而随着黄金价格的逐渐市场化，影响黄金价格变动的因素也日益增多。黄金除了会受到供给需求、美元走势、石油价格的影响，同时通货膨胀与利率、对冲基金投资等也对黄金价格产生影响。

表 2　现货黄金年度表现

单位：美元/盎司

年　度	开盘价	收盘价	年度波幅	年度涨幅
2001 年	272.50	278.90	17.73%	2.54%
2002 年	278.85	346.70	28.43%	24.29%
2003 年	346.00	415.60	30.98%	19.87%
2004 年	414.90	438.00	23.13%	5.39%
2005 年	438.00	517.20	32.02%	18.08%
2006 年	514.90	635.90	41.78%	22.95%
2007 年	633.30	828.80	40.58%	30.33%
2008 年	833.10	800.00	51.53%	-3.47%
2009 年	852.40	1099.70	36.85%	26.01%

数据来源：徐爱荣．保险资金运用新渠道——黄金投资探析，金融理论与实践；2009 年数据源于中国金属网，并整理。

① 参见范南，中国经济信息网，www.cnfol.com，2008 年 07 月 19 日，23:00.

从表2中可以看出，自2001年起，黄金价格已经历连续多年的上涨，2001—2007年金价的平均涨幅为17.25%，这一表现远远超过保险资金2001—2007年的平均投资收益4.76%。虽然2008年黄金价格波动幅度较大且总体上有一定的下跌，但黄金供给紧张、需求旺盛的趋势仍将长期存在，这是决定黄金价格的最根本因素。而且在金融危机下2009年的黄金价格突破了1000美元/盎司。因此，黄金应该成为未来中国保险业的重要投资渠道之一，以有效地对抗货币的信用风险和资本市场的系统风险，也在一定程度上有利于维护我国的金融安全。

（二）不动产投资

不动产的投资对于中长期投资而言是一种优势非常明显的投资方式，不动产的投资范围主要是指房地产、商业物业、基础设施等。由于其投资范围广，因此不同的二级投资方式也带来了不同的争议及挑战。

1. 保险资金投资不动产的有利之处

保险资金尤其是寿险资金的长期性特点决定了其必须进行中长期投资，以前我国的投资产品，除国债以外，其余产品的投资期限都比较短。然而，不动产投资由于现金流比较稳定，适合做中长期投资，允许保险资金投资不动产，将有利于实现资产与负债的有效匹配。根据国外的经验来看，不动产的投资收益比单纯的银行存款或国债较高，而其与股票、债券等其他金融工具相关性却较低。为此，不动产得天独厚的优势十分有利于保险公司建立有效的投资组合，获得平滑收益。且在长期来看由于中国经济的迅速增长，房地产业尤其是局部发达地区的房地产业，仍面临相当大的发展空间，应该进入保险资金的投资组合，以分享中国经济增长的成果；而与此同时随着商业物业的深入发展，无论是类似商业广场的物业投资还是自有的办公商务物业投资，都逐渐显现出较大的投资价值，而且从长期来看更是具有非常前瞻的战略投资眼光。

2. 房地产与其他不动产投资的比较

与房地产投资相比，投资其他不动产例如商用物业的投资拥有巨大的优势。房地产受到系统风险的影响比较大，利率、通货膨胀等宏观经济环境因素会对其产生较大冲击，房价面临贬值风险。相反商业物业则受到的系统风险较小，因为其提供的公共服务功能不可缺少，其功能的发挥不会因宏观因素变化而变化，其价值也不会因为通货膨胀等因素而产生波动。此外，就其他不动产而言，商业地产流动性风险较大，尽管不动产都存在较长的建设周期，但房地产前期资金耗费大，后期投资回收期较长，因此保险资金会面临流动性风险。而其他不动产则不需要过分担心此类问题，例如商业物业由于其本身为建筑所有者的关系，对于物业的经营和房产的资金运转有较大的释放空间，不用过多的担心流动性风险。

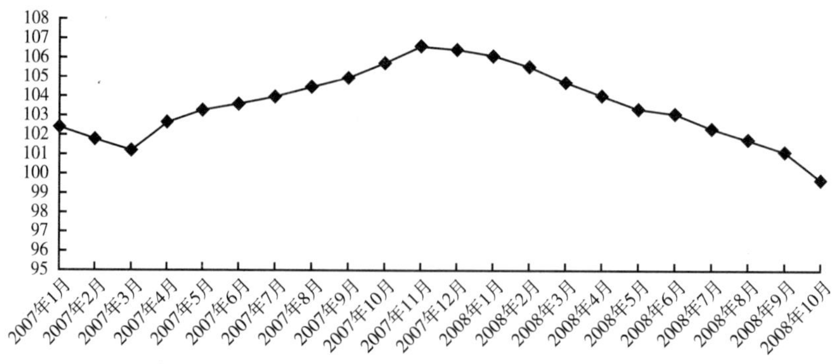

图 1　全国房地产开发景气指数趋势图

资料来源：丁元昊．我国保险资金投向不动产问题分析．保险职业学院学报，2009 第 3 期．

通过以上近年来的房地产景气指数图，可以看出由于目前房地产价格之高已接近饱和状态，因此试图进军房地产对保险公司而言，不是一个明智的选择。同时，由于合同期限的长短和资金分配的关系，如何合理的分配投资份额有效的防范市场风险并使商业价值最大化是我们对于不动产投资首要考虑的，所以从这一点来看投资其他不动产，尤其是商业物业，显然更优于投资房地产。

四、资金渠道拓展的风险和防范

由于保险公司特有的负债经营模式，保险资金具有特殊的负债性质，因此，确保资金的安全是防范风险的首要原则。实行专业化的运作和科学管理，建立有效的风险防范机制更是重中之重。随着我国保险资金的运用渠道不断放宽，保险资金的运用面临着众多风险：利率风险、市场风险、信用风险、投资风险及政策风险等，在这样一个投资环境之下，保险资金的运用更应注重风险管理，防范风险。

以不动产为例，不动产投资具有周期性长、防止通货膨胀的特点，比较适合中长期保险资金投资，但是投资不动产也会面临一定程度上的风险。不动产作为中长期投资工具，其主要风险是资金投入规模巨大且投资期较长，导致资金流动性差，变现难。而保险公司由于负债经营必须保证资金的流动性，以确保随时发生的保险赔款。因此，保险公司在投资不动产时，要做好资产负债的匹配，并充分认识其流动性风险。

同样，在包括黄金投资上，我国保险业也面临着系统性收益风向和非系统性收益风险。如何有效地合理的控制这种风险，是保险公司在运用保险资金时非常值得重视的问题。保监会在这一方面理应起到一个监管者的责任，有效地控制和监管各大保险公司在其资产管理和投资上的巨大风险。使我国的保险业得到健康良性的发展。目前，我国的保险资金运用及其监督仍处于起步及发展阶段，需要逐步地完善和提高。加强相关的法律建设，建立完善的监管监督机制，建立资格认证和审查制度，改善监管方式，丰富监管手段。

参考文献

[1] 汪晓华. 我国保险投资运用问题及风险控制. 管理观察，2009 年第 4 期。
[2] 倪叶会. 保险资金运用渠道，中国金融家. 2009 年第 6 期。
[3] 徐爱荣. 保险资金运用新渠道——黄金投资探析. 金融理论与实践，2009 年第 3 期。
[4] 丁元昊. 我国保险资金投向不动产问题分析. 保险职业学院学报，2009 年第 3 期。
[5] 钱林义，范堃，韩天雄. 保险资金可投资不动产带来的几点思考. 上海保险，2008 年第 12 期。

论后金融危机时代我国保险产品的创新

——基于知识产权保护的视角

袁　磊

一、引　　言

金融危机过后随着国际经济形势的好转，我国保险业务呈现复苏趋势，2008 年全年保费收入达到 9784.1 亿元，同比增长 39%。国内保险业务的快速增长主要源自于寿险市场需求的强劲拉动，全年寿险保费收入达到 6658.4 亿元，同比增长 49.2%。在寿险高速增长的背后也隐藏着危机，2008 年寿险保费收人的高速增长主要来源于银邮渠道储蓄、投资型保险的销售，而保障功能较强的传统寿险产品保费收入未出现较大增长，若扣除往年传统寿险的续期业务，完全按新保单保费统计的话，传统寿险所占比例会更低。由此可见，我国保险业务结构业已失衡，具体反映在保险公司抵御风险能力的降低和对资本市场的过分依赖。传统保障型保险作为风险管理的有效手段，是规避风险不确定性的合理机制。为推动人身保险业务结构调整，保监会于 2009 年 2 月发布《关于加快业务结构调整、进一步发挥保险保障功能的指导意见》，将“防风险、调结构、稳增长”作为今年保险业工作方针，进一步明确了人身保险行业业务结构调整的重点和方向，充分强调发挥保险的风险保障功能。同年 7 月保监会再次发布《关于进一步将强结构调整，转变发展方式，促进寿险业平稳健康发展的通知》，明确行业落实结构调整三个重点发展①，强调加大产品创新力度，鼓励各人身险公司通过产品创新不断优化产品结构，进而引导保险业务结构的调整，实现我国保险业的可持续发展。实现保费业务结构的调整不外乎行政管制和市场调控两种手段。虽然行政强制手段能在短时间内产生较大的效果，但是

① 三个重点发展：坚持重点发展能够提高公司价值和效益的业务，坚持重点发展体现寿险业核心优势的业务，坚持重点发展满足消费者保障需求的业务。

笔者认为这种强制效果只是一种暂时性的，当外部环境变化时保费结构又会自发地回到原来的水平。因此，仅仅靠行政强制是不够的，必须使保费结构调整成为一种自发的市场行为，才能实现稳定、合理的保费结构。与行政强制相反的是依靠市场供求变化自发地调节保费业务结构。由于保险需求是由消费者依据自身需要因素决定的，市场供给成为自发调节保费结构的必然选择，而传统寿险产品的创新是依靠市场供给手段实现保险业务结构调整的主要方式之一。如果我国保险产品创新①问题得不到有效解决，那么保费结构的调整只能依靠行政强制，以至于无法达到持续稳定的效果。因此，保险产品创新问题已成为影响我国保险业持续健康发展的关键问题。

二、我国保险市场产品创新的现状和原因分析

（一）我国保险产品创新的现状

伴随近年来我国保险业的高速发展，我国保险产品创新也取得了长足的进步。但是，由于我国保险市场仍处于发展的初级阶段，保险产品创新仍然存在很多问题，具体表现在以下几个方面：

1. 寿险创新思路与核心价值的偏离

保险存在的核心价值在于风险管理和风险保障，而储蓄和投资功能均属于其衍生功能。近年来由于资本市场的持续活跃，投资型保险产品受到市场的热烈追捧，以致国内保险机构在产品研发上过于强调其投资功能，使得保险的保障功能被不断地弱化，保障成分甚至一度成为投资理财型保险产品的附属功能，如分红险、万能险和投连险等。虽然在改革开放过去的30年中，我国经济水平取得了长足发展，但是相对于西方发达国家而言，我国人均收入仍然处于较低水平。在大部分民众的基本风险保障仍未被满足的情况下，国内保险机构过分强调保险的投资理财功能，使得保险业的发展建立在小部分富裕群体的理财需求之上，而大部分民众的基本保障需求则被漠视了。这样一来，我国保险业就如同无本之木，失去了其发展的坚实基础。

2. 简单照搬的模仿型创新

自国内保险业务恢复开展以来，国内保险市场从海外保险公司引进先进的产品开发、产品服务和创新机制，这对我国保险业整体水平的提高起到了重要作用。但是同时我们又必须清醒地认识到，在我国热销的保险产品中多数仍是由保险业发达

① 前文论述的寿险产品创新是为了引出我国保险产品创新存在问题，只因寿险产品创新问题尤为严重，下面行文中将转为保险产品创新。

的国家引进的，国内保险公司仅仅将国外的成熟产品进行了一些简单的模仿甚或直接照搬，而不注重按照本国国情进行消化吸收。虽然这些保险产品经过海外市场的检验已相当成熟，但如果将这些产品原搬照抄地引入我国，而不与我国的保险市场的实际相结合，其效果会大打折扣，甚至会成为保险机构经营中存在的潜在"隐患"。

3. 市场研发与需求脱节

现阶段国内保险公司提供的保险产品之间条款差异非常小，以致各公司业务结构基本雷同。险种同质化的倾向说明保险机构在保险产品研发上未做到"有效创新"，而真正的有效创新的首要前提之一是以科学的市场调研为基础，对目标客户的风险保障需求、经济水平、市场供给状况等进行详细的调查研究。随着经济的发展与科技的进步，人们面临的风险以及对保障的需求也在不断发生着变化。只有产品的研发建立在详细的市场调研基础上，对保险客户的需求进行全面、深入的了解，才能真正满足消费者的需求，适应市场需求的多样性，从根本上解决保险市场上有效供给不足的困境①。

（二）原因分析

保险产品创新是一项技术性很强的系统工作，从广泛的市场调研以了解市场的需求到复杂的数据统计和精算以确定合理的费率水平等，均需要投入大量的人力和物力资源，其成本不低于一般工业产品的研发成本。而保险产品具有其他金融产品的一般特征，即可复制性、易模仿性等特点，是一种以合约的形式对外公开销售的产品，因此保单所涉及的条款内容很容易被竞争对手模仿，是否涉及侵权责任难以界定。正是基于上述两方面原因，目前国内保险公司之间"搭便车"的现象十分普遍，一旦某个保险公司开发出受市场欢迎的新型保险产品，市场上大量的模仿产品就会纷至沓来，与模仿主体共同分享创新成果。虽然这在很大程度上增加了社会收益，但是对投入大量资源的创新者来说，他们承担了创新的费用和风险，但研发出的保险产品却由其他公司免费模仿，甚至模仿公司可以通过延后开发获取后发优势②，能以更低的研发成本（模仿成本）获得更大的收益。这样一来，保险创新主体由创新所获得的收益甚至都不能弥补其创新时所支付的成本，因而丧失创新的动力。在这种"劣币驱逐良币"的效应下，保险机构失去主动创新的积极性，致使保险市场产品同质化倾向严重，而保险产品的同质化，又进一步使

① 这里的困境是指：保险公司经过精心设计的保险产品卖不出去而保险客户想买的保险产品却又没有的困境。保险需求并不是没有，而是保险市场上没有满足某种需求的产品。

② 这里的后发优势是指：选择模仿策略的保险公司通过延后研发模仿竞争对手创新产品而降低成本，同时观察对手创新产品的市场反应进而对产品作出改进从而提高收益。

得难以通过产品结构的优化发挥对保费业务结构的调整作用。根据经济学的原理，保险创新主体进行产品创新的动力大小与其创新的收益成正相关，而创新收益的多少又直接取决于创新者对创新产品成果拥有的产权关系①。遗憾的是目前我国保险创新产品的知识产权保护领域几乎是一片空白，保险创新产品难以通过现有知识产权保护的相关法律法规，实现与其他有形商品一样有效的产权保护。因此，目前我国保险机构缺乏创新能力，某种程度上正是由于我国对保险创新产品缺乏产权保护所产生的结果。

三、博弈分析

在进行博弈分析之前，首先根据上述的现状分析和博弈理论的基本原理构建起模型分析的基本假设前提，具体如下：

（1）博弈的参与人：保险公司 A 和保险公司 B，并假定两个公司均为理性人。

（2）参与人可能采用的战略：创新和模仿。

（3）A、B 保险公司创新的期望收益与成本，模仿的期望收益与成本视具体模型而定。

（一）创新—模仿的收益博弈分析

首先运用 A 和 B 两个保险公司可供选择的两种竞争策略——创新和模仿，构造两人有限非零和博弈收益矩阵，其中，P_1、C_1、V_1 分别代表 A 公司销售某保险产品的利润、创新成本和模仿成本，而 P_2、C_2、V_2 相应地表示 B 保险公司的同样项目。如下图所示：

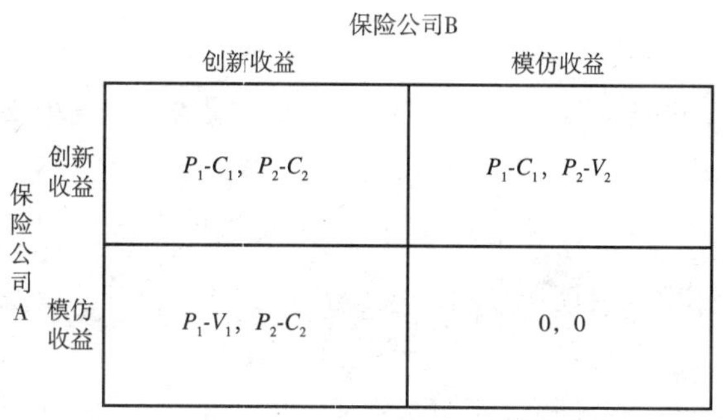

图 1　创新—模仿收益博弈模型

① 孙祁祥、郑伟等：经济社会发展视角下的中国保险业——评价、问题与前景［M］. 经济科学出版社，2007 年，第 153 页。

假设：θ 为保险公司 B 模仿的概率，则 A 保险公司的创新和模仿的期望收益分别为：

创新收益 $R(1,\theta) = (P_1 - C_1) \times (1 - \theta) + (P_1 - C_1) \times \theta = P_1 - C_1$；

模仿收益 $R(0,\theta) = (P_1 - V_1) \times (1 - \theta) + 0 \times \theta = (P_1 - V_1) \times (1 - \theta)$。

依据博弈论的基本理论，假设当 B 保险公司的模仿概率为 θ^* 时，A 保险公司的创新收益等于其模仿收益，即 $R(1,\theta) = R(0,\theta)$，则 $\theta^* = \frac{C_1 - V_1}{P_1 - V_1}$。

因此，若 $\theta > \theta^*$，则 $1 - \theta < 1 - \theta^*$，$R(0,\theta) < R(0,\theta^*) = R(1,\theta^*) = R(1,\theta)$，则保险公司 A 选择创新策略；反之若 $\theta < \theta^*$，保险公司 A 则选择模仿策略。

同样可以假设 γ 为保险公司 A 创新概率，则保险公司 B 选择创新和模仿策略的期望收益分别为：

创新收益 $R(\gamma,1) = (P_2 - C_2) \times \gamma + (P_2 - C_2)(1 - \gamma) = P_2 - C_2$；

模仿收益 $R(\gamma,0) = (P_2 - V_2) \times \gamma + 0 \times (1 - \gamma) = (P_2 - V_2) \times \gamma$。

同理假设当 A 保险公司的模仿概率为 γ^* 时，B 保险公司的创新收益等于其模仿收益，即 $R(\gamma,1) = R(\gamma,0)$，则 $\gamma^* = \frac{P_2 - C_2}{P_2 - V_2}$。

所以，若 $\gamma < \gamma^*$，则 $R(\gamma,0) < R(\gamma^*,0) = R(\gamma^*,1) = R(\gamma,1)$，即保险公司 B 在 $\gamma < \gamma^*$ 的情况下将选择创新策略，反之则为模仿策略。

则双方博弈的混合战略纳什均衡量 $(\gamma^*,\theta^*) = \left[\frac{P_2 - C_2}{P_2 - V_2},\frac{C_1 - V_1}{P_1 - V_1}\right]$，即保险公司 A 以 $\frac{P_2 - C_2}{P_2 - V_2}$ 的概率进行创新，而保险公司 B 以 $\frac{C_1 - V_1}{P_1 - V_1}$ 的概率进行模仿。

假定：A、B 保险公司之间进行创新的利润和成本相等，即 $P_1 = P_2$，$C_1 = C_2$；依据罗默等的内生经济增长模型 $Y = AL^{1-\alpha}X^{\alpha}$，其中，$0 < \alpha < 1$，A 是生产率参数，L 表示劳动投入量，X 为产品数量。设产品的生产成本为 1，价格为 $\frac{1}{\alpha}$，则：

$$\frac{\partial \mathrm{Y}}{\partial \mathrm{X_j}} = \mathrm{A} \times \mathrm{L}^{1-\alpha} \times \alpha \times \mathrm{X}_j^{\alpha-1} = \frac{1}{\alpha} \text{即，} X_j = A^{\frac{1}{1-\alpha}} \times \alpha^{\frac{2}{1-\alpha}} \times L$$

该保险公司出售产品所获利润为：$P = \left(\frac{1}{\alpha} - 1\right) \times A^{\frac{1}{1-\alpha}} \times \beta^{\frac{2}{1-\alpha}} \times L$，所以，保险公司 A 与保险公司 B 的利润函数分别可表示为：$P_1 = \left(\frac{1-\alpha}{\alpha}\right) \times A^{\frac{1}{1-\alpha}} \times \alpha^{\frac{2}{1-\alpha}} \times L_1$ 与 $P_2 = \left(\frac{1-\beta}{\beta}\right) \times A^{\frac{1}{1-\beta}} \times \beta^{\frac{2}{1-\beta}} \times L_2$。

假定：$C_1 = C_2, P_1 = P_2$，则：$\gamma^* = \frac{P_2 - C_2}{P_2 - V_2} = 1 - \frac{C_2 - V_2}{P_2 - V_2} = 1 - \frac{C_1 - V_2}{P_1 - V_2}$

即，$\gamma^* = 1 - \dfrac{C_1 - V_2}{\left(\dfrac{1-\alpha}{\alpha}\right) \times A^{\frac{1}{1-\alpha}} \times \alpha^{\frac{2}{1-\alpha}} \times L_1 - V_2}$；

由上式我们不难得出 A 保险公司的创新概率 γ^* 是其自身创新成本 C_1 的减函数，是人力资本投入 L_1 的增函数，又由于 $\gamma^* = \dfrac{P_2 - C_2}{P_2 - V_2}$ 可知 γ^* 是 B 保险公司模仿成本 V_2 的增函数。由此得出结论：A 保险公司的创新概率随着自身创新成本的增加而减少，随着 B 保险公司模仿成本的增加而增加。

同理，$\theta^* = \dfrac{C_1 - V_1}{P_1 - V_1} = \dfrac{C_2 - V_1}{P_2 - V_1} = 1 - \dfrac{P_2 - C_2}{P_2 - V_1} = \dfrac{C_2 - V_1}{\left(\dfrac{1-\beta}{\beta}\right) \times A^{\frac{1}{1-\beta}} \times \beta^{\frac{2}{1-\beta}} \times L_2 - V_1}$；

由上式可得，B 保险公司的模仿概率 θ^* 是其自身创新成本 C_2 的增函数，是人力资本投入量 L_2 的减函数，又因 $\theta^* = 1 - \dfrac{P_2 - C_2}{P_2 - V_1}$，故 θ^* 是 A 保险公司模仿成本 V_1 的减函数。由此得出结论：B 保险公司模仿的概率随着自身创新成本的增加而增大，随着自身模仿成本的增加而减小。

经过上述分析可以发现，保险机构进行创新的动力大小与其自身的创新成本反相关，而与竞争对手的模仿成本正相关；保险机构进行模仿的动力大小与其自身的创新成本正相关，而与自身模仿成本反相关。因此总的说来，保险创新主体进行产品创新的动力大小与其创新的收益成正相关，而创新收益的多少又直接取决于创新者对创新产品成果拥有的产权关系。下面通过对不同产权机制下市场期望收益的比较，证明在保险市场上有效的产权机制对保险产品创新有更好的促进作用。

（二）有无产权保护机制的博弈分析

为模型分析简便，对参与博弈双方的保险公司进行如下假定：

假设 1：模型的参与双方保险公司 A 和 B 仅有两种情况：即对保险产品创新得到有效的保护和没有有效保护。

假定 2：A、B 保险公司进行产品创新所带来收益均相同，都为 s；模仿者的损失为 n，模仿收益为 m；无知识产权保护措施，双方的平均收益为 r；并且其所获得的收益和成本均为双方策略选择博弈所取得的平均回报衡量。

假定 3：B 保险公司的产品创新是否得到有效保护是随机出现的，得到有效保护的概率是 p，无有效保护的概率是（$1-p$），如下图所示：

如果保险公司 A 的产品创新得到有效的保护，其市场期望收益为：

$$E(A_1) = p \times s + (1-p) \times (s+m) \qquad (1)$$

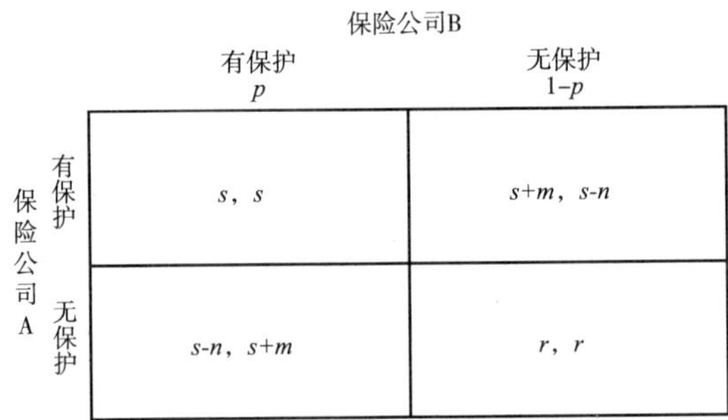

图 2　保险产品创新有无保护的博弈分析

如果保险公司 A 的产品创新没有得到有效的保护，其市场期望收益为：

$$E(A_2) = p \times (s - n) + (1 - p) \times r \tag{2}$$

根据效用理论，那么保险公司 A 的策略选择有：

$$\begin{aligned} E(A_1) - E(A_2) &= p \times s + (1 - p) \times (s + m) - [p \times (s - n) + (1 - p) \times r] \\ &= m + (1 - p) \times (s - r) + p \times (n - m) \end{aligned} \tag{3}$$

如果 $E(A_1)$ 恒大于 $E(A_2)$，则：$m > 0, p \times (n - m) > 0, (1 - p) \times (s - r) > 0$；

在保险产品创新得到有效保护的情况下，这里的模仿成本 n 一般大于其模仿收益 m，且创新收益 s > 其平均收益 r，而 $m > 0$，则有 $m > 0, p \times (n - m) > 0$，$(1 - p) \times (s - r) > 0$ 三式恒成立。

上文分析表明，在保险产品的创新得不到有效保护的情况下，当博弈双方中的一家保险公司（如 A）发现 B 保险公司选择模仿策略时，如果 A 自己选择创新，那么其创新收益与模仿相比反而减少，反之亦然。因此，这时 A、B 都不会选择“创新”策略，博弈双方都不会主动进行创新活动，陷入了所谓的“囚徒困境”，此时的均衡解是（模仿，模仿），即在保险产品创新得不到有效保护的情况下，A、B 保险公司都会选择模仿策略以达到收益的最大化。这种均衡解符合目前我国保险市场上的经营主体缺乏创新积极性的现实情况。在这种情况下，保险创新主体都缺乏自主创新动力，纷纷采用模仿策略，以便能获得最大的收益。而在保险产品创新得到有效保护的市场中，当一家保险公司（如 A）选择创新策略时，如果 B 选择模仿策略，那么它将会受到市场的惩罚，失去原有的市场份额，因而保险公司 B 将不得不选择创新策略。此时博弈双方的最优战略选择都是主动创新，以期在激烈的市场竞争中把握主动权，获得先发优势，而不必担心因其他竞争对手模仿自身创新而带来的损失。在双方均选择创新策略的情况下，即使双方的市场份额不变，但由于保险产品的创新使得其产品的附加值得到提升，利润率水平提高。在这种情况下，纳什均衡解是（创新，创新），增加了博弈双方的收益的同时，实现整个市场收益帕累托改进①。因此，规范的保险市场应该对保险产品的创新予以保护，实现社会收益的最大化。

四、结论和建议

保险产品的研发过程凝聚着设计人员的各种劳动和智力活动，需要耗费大量的人力、物力资源，因此研发出来的保险产品应该作为开发者的一项知识产权加以保护②。但是由于保险产品的特殊性，依据现行知识产权保护相关的法律如《专利法》、《商标法》、《著作权法》、《反不正当竞争法》等，难以对保险产品的创新提供全面有效的保护。相较其他知识产权管理机构，由我国保险监管机构对保险产品的创新提供保护可能会产生更好的效果。其实早在中国人民银行负责保险业监管职能时，我国保险产品创新已有类似相关的保护创新保险产品的规定。中国人民银行于 1996 年发布的《保险管理暂行规定》第四十五条规定"保险公司在申报备案的新险种保险条款和保险费率时，可以向中国人民银行申请半年的新险种保护期。在保护期内，其他保险公司不得经营此险种"③。但是，自 1998 年 11 月专司保险监管职能的中国保险业监督管理委员会成立（下面简称中国保监会）以来，中国人民银行不再行使对保险机构的监管职能，作为保险行业主管部门的保监会颁布《保险公司管理规定》取消了创新保险产品半年优先经营权的规定。因此，对于保险产品创新的保护，保险会可以仿效《保险管理暂行规定》第四十五条之规定，颁布一个旨在保护保险产品创新的新险种保护条例，赋予保险创新产品一定年限的专有优先经营权。鉴于目前我国对保险新险种施行审批及备案制，保监会可以依据申报在先的原则，本着鼓励保险创新的精神，赋予保险创新产品一定年限的优先经营权（一般以 1—2 年为宜④），同时参照其他知识产权的保护办法允许新险种的研发机构有偿转让或许可他人使用。此外，对侵犯他人创新产品的模仿行为可以不予批准或不予备案，对侵犯创新保险公司的优先经营权的行为作出相应的实质性处罚。

总之，利用市场机制促进我国保险业务结构合理调整的关键在于保险产品的创

① 帕累托改进：在有知识产权的市场期望收益要优于无知识产权保护的市场期望收益。

② 孙祁祥、郑伟等：经济社会发展视角下的中国保险业——评价、问题与前景［M］. 经济科学出版社，2007 年，第 145 页。

③ 金涛. 保险创新产品法律保护的路径选择［J］. 社会科学家，2009，(9)，第 75 页。

④ 保险产品除了能为保险公司带来私人收益外，还有较强的社会收益。如果出于对保险公司创新积极性的考虑，而予以创新主体过度的知识产权保护以取得私人收益，是以牺牲较高的社会收益为代价的；如果对保险产品创新是否予以保护抱以不作为的态度又会抑制保险公司创新的原动力，同样会致使社会收益的损失。因此既要考虑到创新保险公司收回创新成本同时又要兼顾社会收益，保险创新产品优先经营权的年限规定以 1—2 年为宜。

新，而我国保险产品创新问题产生的根源在于保险产品创新保护机制上的缺失。因此，在现在和今后一段很长时期内，保险监管部门应在促进市场竞争的同时，致力于增强国内保险市场的产品创新能力，组织专门力量研究保险产品创新的保护机制。一个有效的保险产权制度安排能够找到调动保险企业产品创新积极性和社会共享创新成果之间的最佳结合点，合理地分配保险创新的私人收益与社会收益，最大限度地增进社会福利。为了实现我国保险业在合理保费结构下的可持续发展，对保险创新产品施行适当的保护就成为一个必然的选择。

参考文献

[1] 王绪瑾.《保险学》（第三版）[M]. 经济管理出版社，2003.

[2] 张维迎.《博弈论与信息经济学》[M]. 上海人民出版社，2004.

[3] 孙祁祥、郑伟等.《经济社会发展视角下的中国保险业——评价、问题与前景》（第一版）[M]. 经济科学出版社，2007.

[4] 陈文辉. 对寿险行业结构调整及科学发展几个重大问题的思考 [J]. 保险研究，2009，(12).

[5] 华灯峰、樊一阳、廖雅. 基于期权的保险行业创新保护机制研究 [J]. 保险研究，2009，(10).

[6] 金涛. 保险创新产品法律保护的路径选择 [J]. 社会科学家，2009，(9).

[7] 康甲峰. 我国保险产品的知识产权保护与产品创新 [J]. 上海保险，2008，(1).

[8] 刘和东. 自主创新与知识产权保护选择的博弈分析 [J]. 科技管理研究，2007，(11).

[9] 刘淑华，杨军. 论保险险种的知识产权保护 [J]. 中国保险管理干部学院学报，2003，(5).

区域性强制巨灾保险

——适合中国国情的巨灾保障体系选择

张淑玲　雷　越　邹晓雯　刘金清　钟　诚

我国是世界上自然灾害发生频繁，灾害损失严重的少数国家之一，每年自然灾害都给国民经济和人民生活造成巨大的损失。特别是2008年南方冰雪灾害和汶川地震，更是暴露出我国巨灾保障体系的缺失，建立完善的巨灾保障体制势在必行。而建立区域性强制巨灾保险体制是适合中国国情的选择。

一、我国面临的巨灾风险

中国幅员辽阔、人口众多、气候和地理地质条件复杂、生态环境脆弱、因此，是世界上自然灾害频发的国家之一。主要包括干旱、洪涝、台风、地震、冰雹、冰冻、暴风雪、林火、病虫害、崩塌、滑坡、泥石流、风沙暴、风暴潮、海浪、海冰、赤潮等。其中，又以地震和洪涝灾害最为严重，据统计，中国因各类自然灾害造成的死亡人口中，地震危害最大，死亡人数占总数的54%；其次是洪涝灾害等气候灾害，死亡人数占总数的40%。可见我国面临地震和洪涝两大自然灾害的严重威胁。

（一）地震

中国是世界上大陆地震最多的国家，全国地震基本裂度VII级以上地区占国土总面积的32.5%，有46%的城市和许多重大工业设施、矿区、水利工程位于地震严重危害的地区。据统计，1949—1998年发生7级地震49次，死于地震的人数达28万人，每年平均经济损失约16亿元，直接经济损失超过亿元的地震共出现22次。1949年以来中国地震最严重的四个省份依次为河北、四川、云南、辽宁。其中无论是死亡人数还是经济损失，河北、四川省最为严重，其次是云南、辽宁两省。大陆东部的广大地区，包括苏、浙、皖、豫、湘、鄂、赣、闽、黔等省的绝大部分地区，历史上仅发生过少量6级左右的地震，而未有7级以上地震记载。

新中国成立后发生的两次最严重的地震分别是1976年的唐山地震和2008年的汶川地震，造成了大量人员伤亡和巨额财产损失。1976年河北唐山发生里氏7.8级地震，破坏范围超过30万平方公里，死亡24.2万人，伤16万余人，唐山地区直接经济损失54亿元。

2008年5月12日，四川省汶川县发生里氏8.0级地震，直接遇难人数69197人，失踪的人数是18341人，加在一起是8.7万多人，造成直接经济损失8451.4亿元人民币，其中四川损失占总损失的91.3%，间接损失不计其数。

（二）洪涝灾害

暴雨洪涝灾害也是中国发生最频繁、损失最重的一种自然灾害。我国暴雨洪涝灾害平均每年受灾面积一亿亩、死亡数千人，直接经济损失逾千亿元。1998年我国长江、松花江、嫩江流域暴发了百年不遇的特大洪水，全国受灾面积达2578万公顷，成灾面积1585万公顷，受灾人口2.3亿人，死亡人口3656人，直接经济损失达2484亿元，占同期GDP的3%—4%。其中受灾最重的省区是江西、湖南、湖北、新疆、黑龙江和内蒙古。

与地震类似，暴雨洪涝灾害的危险分布也具有明确的地域性特征，各省危险性差异很大。具体来说，西部小东部大，北部小南部大，主要受灾区域为长江、淮河流域和嫩江、松花江流域。四川、湖南、贵州、湖北、浙江、吉林受洪涝灾害影响严重，山西、宁夏、新疆、青海、西藏很少遭受洪涝灾害。

二、巨灾风险保障现状分析

（一）我国巨灾风险保障现状——政府救济作用有限

长期以来，我国受计划经济体制影响，在灾害发生后，政府往往负责灾害兜底，安排财政资金负责灾民救济和灾后重建。事实上，由政府支出的救灾资金只是财政支出计划的一小部分，巨灾发生时，相对于灾害所造成的损失来讲，政府救济资金非常少。1991—2005年的15年间，自然灾害造成的直接经济损失累计为27845.8亿元，政府的累计救灾支出为524.98亿元，仅为直接经济损失的1.9%，为国家财政支出的0.25%。

在一些发达国家，保险公司在巨灾赔付中占有重要地位，保险赔偿通常能占到巨灾损失的30%到40%，而我国保险业从总体上讲实力还不强，国民保险意识薄弱，1995年后保险公司更是退出了巨灾保险市场，因此保险公司在巨灾损失补偿中所起的作用不大。2008年初，南方雨雪灾害造成直接经济损失约151615亿元，保险赔款近50亿元，占比不到3%；截至2009年5月10日，保险业汶川地震保险理赔基本完成，合计赔付 16.6 亿元，与巨大的损失相比更是杯水车薪。

可见在巨灾损失补偿中，政府拨付财政资金予以救济，不仅数额有限而且占用了本来用于经济建设的资金、影响了国民经济的发展；而保险公司由于缺乏政府的支持，发挥的作用也十分有限。因此，借鉴国外巨灾保险制度的先进经验，寻求建立一种符合中国国情的巨灾保障体系势在必行。

（二）建立全国统一参保的巨灾保险体系难度极大

在巨灾体系的理论探讨中，有学者提出建立全国统一参保，将洪水、地震和台风等我国面临的主要巨灾风险纳入一张保单承保范围的巨灾制度，即“一张保单保全国”。

笔者认为，这种制度虽然实现了巨灾风险在我国范围内以及不同险种之间的分散，但具体实行起来难度极大，不够现实。（一）保费单向转移有失公平。我国气候和地理地质条件差异很大，各地区面临的风险也很不相同。以洪水为例：四川、湖南、贵州、湖北、浙江、吉林等省份面临的洪水风险极大，而山西、陕西、宁夏、新疆、青海、西藏等省份受洪涝灾害影响极小，几乎没有发生过洪涝灾害。加之山西、宁夏等内陆省份经济发展落后，居民的收入水平不高，保费负担能力较差，倘若建立全国统一参保的巨灾制度，则山西、宁夏等省区只有交纳保费的义务，而从损失概率上讲几乎不能得到任何的回报、权利义务不对等。这种保费单向转移的做法有违市场经济等价交换的规律，还有可能会引起风险低发区居民的抵触情绪，损害参保积极性，使其难以推广下去；此外，要求山西、宁夏等经济发展本来就比较落后的省区为浙江、四川等经济较为发达的省份交纳巨灾保费，也将加重其经济负担，不利于当地的经济建设的进行。（二）技术难度大。建国以来我国从未建立过巨灾保险制度，无论是技术水平、保险意识上还是建设经验上，各方面条件还很不成熟，在这种情况下“一张保单保全国”，不但进一步加大了保单的设计难度，而且为宣传和实行该制度要花费相当的人力、物力、财力，如此巨大的工程可能会因困难太大而半途而废。因此不如将有限的精力集中于最需要保障的地区，将更有效率，更具有针对性。

（三）保险公司有责任和实力参与我国巨灾保障体系

保险公司作为一个经济实体，完全按经济规律办事，并能通过分保等经济手段来将各种灾害事故损失风险在尽可能大的范围乃至全球范围内分散从而具有强大的补偿力，权利义务关系的双向化使其具有更高的宏观补偿效率，这是其他补偿方式所不具备的。因此保险补偿是一种最具优势的灾害补偿方式，应当在巨灾损失的补偿中占有重要位置。此外，国内保险业恢复三十年来，保险实力不断壮大。截止到 2008 年底，我国保险总资产已经达到 3.3 万亿元，几十年的发展使保险业积累了丰富的风险管理经验，此外，1995 年以前我国曾经营过地震等巨灾保险，也有一定的经验教训可以借鉴。

保险具有经济补偿、资金融通、社会管理三大职能，从其职能要求上讲，保险公司有责任与国家共同承担巨灾风险；从经济实力上讲，保险公司也有能力成为巨灾保险制度的重要主体，帮助人民减轻灾害损失压力。

尽管经过几十年的飞速发展，我国保险业取得了举世瞩目的成就，但是我国国民的保险意识还相当淡薄，2007 年我国保险密度，全球排名第 69 位，保险尝试仅为 2.9%，排名第 48 名，远远低于世界平均水平。因此保险公司参与的巨灾保险制度必须以法律形式强制实施，要求巨灾区域所有的财产主（包括居民和企业）广泛投保巨灾保险，才能有效发挥保险大数定律，否则将可能因为投保不足、逆选择严重等问题使保险公司退出巨灾保险市场，重蹈 1995 年前巨灾保险经营失败的覆辙。

三、建立符合中国国情的巨灾保障体系

通过以上分析我们了解到：对我国威胁最大的两大自然灾害是地震和洪涝，根据具体国情，借鉴国外的先进经验，笔者认为适合我国国情的巨灾保障体系应当是“政府主导，保险公司参与的区域性强制保险制度”。

（一）区域性强制巨灾保险的基本框架

区域性强制巨灾保险制度的基本框架是：保险公司在国家的支持下与政府一同承担巨灾风险，国家建立统管全国巨灾保险制度的组织——巨灾委员会，下设两个巨灾保险项目：洪涝保险项目和地震保险项目。

1. 风险评估和区划

政府组织气象、地质等有关专家对全国各地区进行风险评估，将受到地震洪涝灾害严重威胁的地区分别划入两大巨灾区。例如，可以将河北、云南、四川、辽宁四省划为地震区，将湖南、湖北、浙江等几省划入洪涝区。如果技术力量允许，还可以将其细分为不同风险等级。

2. 费率厘定和保单设计

作为一种关乎社会公众利益的保险计划，巨灾保险必须秉持公平公正的原则，由国家组织精算机构、灾害研究机构、保险公司等相关部门根据巨灾区的风险特点，经济发展水平，人口数量，财产集中度等情况设计统一的洪涝保险单和地震保险单以及费率标准。当然，地区间经济发展及风险状况不同，其费率和保险金额设定也应有所差异。对面临巨灾严重威胁的地区要采取足够高的费率以引导居民和企业远离重灾区。

保单只承保居民最基本的住房和生活费用，设立一定的免赔额和责任限额，投保人享受国家的费率补贴，使费率控制在投保人可以承受的范围内。

3. 立法强制实施

我国现有关于防治自然灾害的法律只有《防震减灾法》，相关的法律体系建设十分落后，因此要尽快制定《巨灾保险法》等相关的巨灾法律法规，明确参与各主体的法律地位以及权利义务关系。

国家在洪涝区和地震区实行强制巨灾保险制度，采取各种强制或鼓励措施要求巨灾区内所有家庭和企业都必须参保，如要求贷款银行履行如实告知贷款人相关信息的义务，不购买巨灾保险将无权获得银行贷款；对于参保企业实行一定的优惠政策等。

保险公司和巨灾委员会均可提供巨灾保险单，为防止巨灾风险过大使保险公司破产，国家根据各公司的承保能力分别对其设定承保限额，并对该业务实行免税。保险公司在其承保限额内向投保人提供巨灾保险，当承保限额已满或标的不符合承保条件时，保险公司可以分保以扩大承保能力或将其转移给巨灾委员会。巨灾委员会负责剩余巨灾保险市场的经营，并将其承保业务的一定比例向再保险市场分出。

4. 巨灾基金

巨灾委员会下设全国巨灾保险基金，包括地震基金和洪涝基金两个子基金。巨灾保险基金由巨灾保险委员会或者委托信誉度高的专业投资机构代为投资管理，保证基金的安全和保值增值，并享受政府免税待遇。地震基金和洪涝基金之间有必要进行风险共担，当其中一种巨灾的发生使其对应基金耗竭时，巨灾委员会有权动用另一个巨灾基金中的资金的一定比例来支付赔款。巨灾基金的来源包括：中央政府拨付的初始准备金；巨灾委员会销售巨灾保险的保费收入；中央政府和巨灾区各级地方政府每年提取的一定比例的财政资金；巨灾基金的投资收益；巨灾福利彩票的发行收入等。此外，巨灾委员会可以从巨灾保险基金每年的投资收益中拿出一部分资金用于居民住宅加固、防灾工程建设的补贴，以提高灾区抵御风险的能力。

5. 巨灾补偿顺序

巨灾损失的补偿顺序依次为：灾民自行负担免赔额内的损失、保险公司和巨灾委员会的赔偿、再保险市场、巨灾基金余额。当巨灾损失超过了以上全部赔偿能力时，政府可以考虑发行特别债券筹集救灾基金，以后逐年偿还，可减轻大批救灾资金的一次性大量支出对国民经济的冲击。

（二）各参与主体在该体系中的角色定位

1. 政府

在区域性强制保险制度中，政府占有绝对的主导地位，需要承担包括：法律制定、保单设计、负责剩余保险市场、管理巨灾基金、费率补贴等多项责任。相关内容在“区域性巨灾保障基本框架”中已有描述。

2. 保险公司

保险公司与政府共担风险，扮演承保和代理销售的双重角色。一方面，保险公司要在规定的限额内提供巨灾风险，收取保费并在巨灾事故发生后及时赔付，享受免税等优惠政策；另一方面当超过限额或投保标的不符合承保条件时，保险公司可以将其转移给巨灾委员会，起到代理销售保单的作用，并按约定向巨灾委员会收取一定手续费。

核保工作以及后续风险控制和防灾防损也由保险公司负责，保险公司要定期检查标的的安全状况，一旦发现重大安全隐患要及时通知投保人予以整改，否则有权增加保费或解除合同；反之对采取有力防灾措施的财产主提供费率优惠。巨灾事故发生后，保险公司有义务根据保险责任向被保险人提供保险赔偿。借助于保险公司庞大的销售网络和丰富的风险管理经验，巨灾保险委员会不但扩大了承保面，节省了管理费用，而且有效控制了风险。

3. 投保人

洪涝区和地震区域的所有居民和企业都必须按照法律规定分别投保洪涝保险和地震保险，享受政府补贴，定期交纳保费。处于高风险区且重复遭受巨灾损失仍拒不投保的，灾后无权享受政府救济；巨灾保险费可以作为企业成本列支，在税前扣除，未参保企业无权向银行申请贷款。

投保人可根据其投保财产价值和经济能力自主选择保险金额，有义务接受保险公司的核保和定期检查，接受保险公司防灾防损的建议，采取有效措施改善标的风险状况。巨灾发生后，投保人有权就标的损失向保险公司或巨灾委员会索赔以及有权就防灾费用向巨灾委员会申请资金补贴。

4. 资本市场

巨灾风险证券是保险业在遭受严重的承保损失和资本市场投资损失的双重打击下，迫于生存和竞争的压力而产生和发展起来的。自从 1992 年 12 月芝加哥交易所发行的第一个巨灾期权后，越来越多的巨灾金融衍生工具被开发出来。有关资料显示，1994 年以来全球大约有 50 多家再保险公司和投资银行发行了价值 165 亿美元保险连结证券，其中近 2/3 与巨灾风险有关。

保险风险证券化是一项系统工程，对保险市场和证券市场都有很高要求。与发达国家相比，我国受技术、法律、会计、资本市场等条件所限，使得目前设计出巨灾保险证券并实际运作还不太现实，但其作为一种能够在更广泛范围内有效分散巨灾风险的方式，将是我国巨灾保险的一个必然发展方向，并将成为我国巨灾保障体系的重要融资方式之一。因此要继续推动国内资本市场发展，加强巨灾数据的收集，及时跟踪国际巨灾保险证券化的最新理论，加强与国外成功将巨灾风险证券化国家的技术沟通，为今后巨灾保险市场与资本市场的融合创造条件。

5. 各级地方政府

灾区各级地方政府应积极参与巨灾保障体系建设，按照国家规定每年从地方财政收入中提取一部分上交巨灾保险基金；通过广泛的宣传使民众能够了解巨灾保险的必要性，取得当地居民和企业的理解与支持；配合保险公司的工作，加强当地防洪防灾的基础设施建设等。

6. 福利彩票

中国福利彩票发行中心每年都会发行巨额的福利彩票，其发行收入用于我国各类的福利事业支出。根据民政部统计，2008 年销售福利彩票 603.47 亿元。截至 2008 年 10 月，累计发行福利彩票 3254 亿元，共筹集福利彩票公益金 1096 亿元。1998 年，福彩发行中心曾发行“抗洪赈灾彩票”，全国销售额 50 亿元，所筹 15 亿元公益金全额上缴国家财政用于灾后重建。

笔者认为，可以通过定期发行类似于“抗洪赈灾彩票”的巨灾福利彩票的方式为巨灾基金筹资，平时积累，未雨绸缪。在现阶段可以由民政部作为巨灾风险彩票的发行主体，发行收入纳入全国巨灾保险基金。这样可以直接利用福利彩票的发行体系和发行经验来发行巨灾风险彩票。

财产保险与固定资产投资、经济增长的实证分析

肖琼琪

一、引　言

财产保险产业的发展，为加快经济增长，共建和谐社会提供了可靠保障。自 1980 年我国恢复保险业务以来，财产保险业务随着改革开放带来的经济迅猛发展的浪潮实现了质和量的突破。2009 年财产保费收入为 2875.8 亿元，是 1980 年的财产保费收入 4.6 亿元的 625 倍，其中机动车辆保险保费收入增长尤为显著。在此期间，中国的财产保险公司由 1985 年仅有一家保险公司即中国人民保险公司发展到 2009 年底 52 家财产保险公司，其中，中资财产保险公司 34 家，外资、合资财产保险公司 18 家。可见，财产保险公司数量显著增加，并且随着公司数量的飞跃，财产保险市场也产生了质的转变，开始形成垄断竞争型格局。虽然财产保险保费在全部保费收入中的比例由 1982 年的 99.84% 降至 2009 年的 25.82%，但财险市场体系趋于多层次化，一个组织形式多样化、经济成分多元化、经营模式多样化的财产保险市场体系正在逐步形成。一方面，财产保险市场体系在原保险和再保险市场的基础上，向财险中介市场迅速发展，财产保险业务中通过保险中介招揽的比例逐步上升；另一方面保险专业公司、相互制保险公司、各大型企业的自保组织、互助保险开始涌现，并逐步形成体系，民营资本也开始逐步进入我国财产保险市场。同时，我国保险市场为积极适应改革开放的需要，允许国外保险公司进入中国的保险市场，鼓励国内的保险公司经营国外业务，这不仅有助于增加保费收入，还促进了中国的保险市场与国际保险市场的接轨。

国内已经有学者对中国的保险市场进行了深入研究，王绪瑾（2009）在《中国财产保险市场分析》一文中利用保险市场恢复至 2007 年的相关数据，描述了财产保险的发展历程，阐述了财产保险市场的现状，分析了财产保险保费收入长期快速增长的主要原因，并指出了财产保险市场面临的主要矛盾。林宝清等（2004）通过对 1988—1992 年和 1997—2002 年中国分省区面板数据分析，结果表明财产保险需求

增量与国内生产总值增量正相关。武汉大学课题组（2005）采用1980—2004年的时间序列数据，结果表明中国财产保险需求与GDP、固定资产投资正相关。

由此可见，财产保险市场发展迅速与经济增长密切相关，同时财产保险市场还处于低水平均衡状态，存在潜在的发展空间，因此分析财产保险市场规模，对完善我国财产市场，进一步促进经济增长有着重要意义。本文在借鉴前人研究成果的基础上，探讨固定资产投资同财产保费收入之间的相关关系，即选择协整检验、误差修正模型、Granger因果检验等方法，对我国改革开放以来全社会固定资产投资与经济增长的关系进行实证研究，利用所建模型预测未来5年固定资产投资和经济增长，进而通过财产保险与固定资产投资之间的比例关系预测财产保费收入，最后为适应经济增长宏观目标的需要，提出完善中国财产保险市场的建议。

二、中国财产保险保费与我国全社会固定投资总额之间的相关关系

由于我国财产保险保费收入只有13年的数据，不适于与国内生产总值作协整分析，因此本文引入相关变量固定资产投资，首先确立财产保险保费收入与全社会固定投资总额之间的相关关系，再建立固定资产投资与经济增长的协整关系，最后分析固定资产投资与财产保险保费的促进作用。由表1数据计算得财产保险保费收入与全社会固定资产投资总额之间的相关系数为0.99，说明两者之间存在显著正相关关系。

表1　1997—2009年财产保险保费与全社会固定投资总额

单位：亿元

年份	财产保险保费	全社会固定投资总额	年份	财产保险保费	全社会固定投资总额
1997	382.23	24941.10	2004	1125.00	70477.43
1998	505.74	28406.20	2005	1283.00	88773.61
1999	527.22	29854.70	2006	1579.14	109998.16
2000	608.00	32917.70	2007	2086.50	137323.94
2001	685.39	37213.50	2008	2336.71	172828.40
2002	780.00	43499.90	2009	2875.8	224846
2003	869.40	55566.60			

三、我国全社会固定投资总额与经济增长的协整分析

本文用支出法国内生产总值反映经济增长。所用1978—2008年的支出法国内生产总值和全社会固定投资总额的数据均来自于历年《中国统计年鉴》。为使数据具

有可比性，我们利用 1978 年为基期的国内生产总值指数，扣去物价上涨因素折算出以 1978 年为基期的实际国内生产总值（GDP）。同时，用 1978 年为基期的商品零售价格指数折算出以 1978 年为基期的实际全社会固定投资总额（IFA）。由于数据的自然对数不改变时间序列的性质和相互关系，并使其趋势线性化，可以消除数据中潜在的异方差现象，所以对以上变量取自然对数，其对应序列记为 LGDP、LIFA。

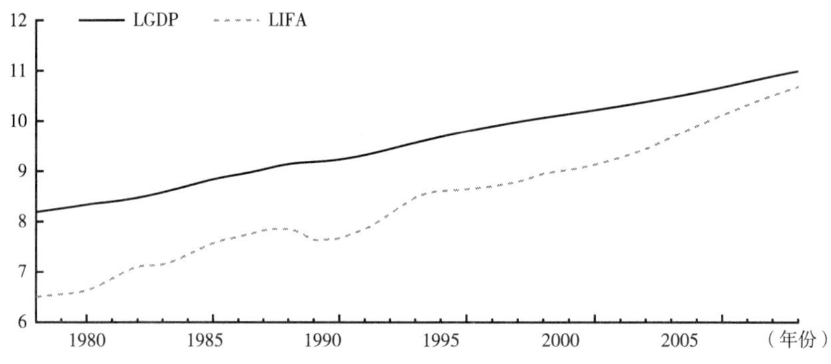

图 1　实际 GDP、全社会固定投资总额对数序列变化趋势

图 1 显示了实际的 GDP 和全社会固定投资总额三个变量对数值 LGDP、LIFA 的变化趋势，这两个变量都有明显的上升趋势，可以判断它们之间具有一定的共同趋势。这表明改革开放以来，GDP 和全社会固定投资总额都表现出稳定快速的增长趋势。为了消除共同趋势的影响，对变量采取差分处理。差分序列的变化特征如图 2 所示。

1. 单位根检验

协整关系意味着不同序列含有共同趋势，这要求序列必须含有相应的随机趋势，因而在进行协整分析之前必须对它们进行单位根检验，以确定其单整阶数。为此，我们进行 ADF 单位根检验，结果如表 2 所示。

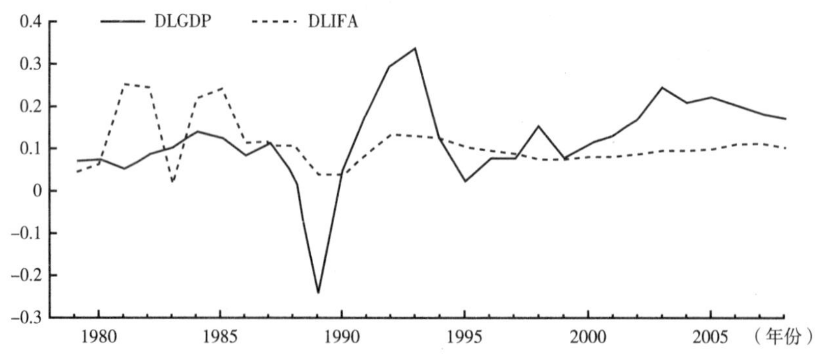

图 2　实际 GDP、全社会固定投资总额对数的差分序列变化趋势

表 2　时间序列 LGDP、LFE、LIFA 的 ADF 单位根检验

变　量	ADF 检验值	1% 临界值*	5% 临界值*	10% 临界值*
LGDP	-4.315	-4.339	-3.588	-3.229
LIFA	-2.632	-4.310	-3.574	-3.222
△LGDP	-3.611	-3.711	-2.981	-2.630
△LIFA	-3.523	-3.679	-2.968	-2.623

注：* 为 Mackinnon 改进的单位根检验的临界值。△表示变量序列的一阶差分。

由表 2 可以看出，LIFA 序列存在单位根，是非平稳序列。虽然 LGDP 通过了临界值为 5% 的 ADF 检验，但从图 1 我们发现，其观测值有上升趋势，没有围绕其均值上下波动，且该均值与时间 t 有关，故认为 LGDP 序列不平稳。而△LIFA 序列的 ADF 统计量绝对值均大于在 5% 显著水平下临界值的绝对值，即不存在单位根，因此△LIFA 序列是平稳的。从图 2 中可以看出，△LGDP 序列的各观测值围绕其均值上下波动，且该均值与时间 t 无关，△LGDP 序列的 ADF 统计量的绝对值大于 5% 显著性水平临界值的绝对值，故在 95% 的置信水平下认为△LGDP 序列是平稳的。综上所述，LGDP 和 LIFA 是一阶单整序列，因此，可以进一步检验两个变量之间是否存在协整性。

2. 协整检验和误差修正模型

Johanson 提出的极大似然估计法被认为是目前最好的检验协整性的方法之一。因此本文使用这一方法对变量 LIFA 和 LGDP 的协整关系进行检验。Johanson 方法建立的 VAR 模型对滞后期的选择比较敏感，所以采用 LR（似然比）检验来确定最佳滞后期。根据确定滞后阶数的 LR（似然比）检验，确定建立 VAR（8）模型，结果如表 3 所示。经过检验，此 VAR 模型存在三个模大于 1 的根，是一个非平稳系统。

表 3　模型滞后期选择

Lag	LogL	LR	FPE	AIC	SC	HQ
0	(8.188)	NA	0.009	0.926	1.025	0.950
1	84.378	159.887	0.000	(7.125)	(6.828)	(7.055)
2	97.728	20.631	0.000	(7.975)	(7.479)	(7.858)
3	98.833	1.507	0.000	(7.712)	(7.018)	(7.549)
4	105.349	7.700	0.000	(7.941)	(7.048)	(7.730)
5	116.358	11.009	0.000	(8.578)	(7.487)	(8.321)
6	119.961	2.948	0.000	(8.542)	(7.253)	(8.238)
7	145.814	16.452	0.000	(10.529)	(9.041)	(10.178)
8	180.079	15.575 *	0.000	(13.280)	(11.594)	(12.883)
9	195.397	4.177	1.24e-08 *	14.309 *	12.424 *	-13.865 *

滞后阶数确定后，再对协整中是否具有常数项和时间趋势进行验证，然后再对数据进行协整检验，结果如表4所示。

表4 Johanson协整检验结果

原假设	特征根	迹统计量(P值)	最大特征值统计量(P值)
0个协整向量	0.876	67.080(0)*	47.969(0)*
至少一个协整向量	0.564	19.111(0)*	19.111(0)*

注：加“*”表明在5%的显著性水平下拒绝原假设。

由表3可知，迹统计量和最大特征值统计量的值均大于5%水平下的临界值，因此存在协整关系。根据Granger定理，一组具有协整关系的变量一定存在误差修正模型（ECM）。因此，可以使用Engle-Granger两步法来建立误差修正模型。

首先，先建立长期关系模型，即对水平变量（ordinary variable）进行OLS估计，其方程如下：

$$LIFA = -4.936 + 1.395 * LGDP \quad (1)$$
$$(14.596) \qquad (39.615)$$
$$R^2 = 0.982 \qquad S.E. = 0.165$$

上式所示协整系数下面括号内的数字为t统计量。从GDP和全社会固定投资总额之间的长期关系来看，GDP每增加1单位，全社会固定资产投资增加1.395单位。

然后，建立短期动态关系，即误差修正模型。将长期关系模型中的各变量以一阶差分的形式重新构造，并将长期关系模型所产生的残差序列作为解释变量引入。本文用E表示长期关系方程（1）中的残差，通过实验，得到比较适当的表示短期动态关系的误差修正方程（2）。

$$\triangle LIFA = -0.143 + 2.986 * \triangle LGDP - 0.242 * E(-1) \quad (2)$$
$$(-2.021) \qquad (4.095) \qquad (-2.070)$$
$$R^2 = 0.387 \qquad S.E. = 0.091$$

方程（2）的误差修正项系数为负，符合反向修正机制。方程（2）说明从短期动态关系来看，我国的GDP和全社会固定投资之间存在着密切的联系，△LGDP GDP的系数在1%的显著水平上通过检验。由于△LGDP和△LIFA本身的含义就是增长率，因此，GDP增长率每增加1%，全社会固定投资的增长率增加2.986%，而GDP和全社会固定投资的非均衡误差以0.242的比率对本年的GDP增长率作出修正。

3. Granger因果检验

协整检验告诉我们变量之间是否存在长期的协整关系，但是这种关系是否存在因果关系还需要进行进一步检验。检验结果如表5所示。当滞后期为8时，在5%的显著性水平下，LIFA和LGDP之间存在双向的Granger因果关系，说明从长期来看，LIFA和LGDP之间存在双向Granger因果关系。当滞后期为1，置信度为95%时，存在△LIFA到△LGDP的单向Granger因果关系，说明从短期来看，即LIFA的变动是LGDP变动的Granger因果关系。

表5 Granger因果关系检验结果

原假设	滞后期	F统计量	P值	结论
LIFA不是LGDP的Granger因果关系	8	13.671	0.000	拒绝
LGDP不是LIFA的Granger因果关系	8	7.667	0.012	拒绝
△LIFA不是△LGDP的Granger因果关系	1	5.062	0.033	拒绝
△LGDP不是△LIFA的Granger因果关系	1	1.789	0.193	不能拒绝

4. 财产保费收入预测

表6 2004—2009年财产保险保费与全社会固定投资总额的比

2004	2005	2006	2007	2008	2009
0.016	0.014	0.014	0.015	0.014	0.013

由表6可以看出，2004年至2009年中国财产保险保费与全社会固定投资总额的比值比较稳定，均值为1.4%。根据上述VAR（8）模型利用动态方案预算出2010至2015年的LGDPF和LIFAF，将LIFAF换算成实际全社会固定资产投资总额（IFAF），基于此根据财产保险保费与全社会固定资产投资之间比较稳定的比例预算出2010年至2015年的实际财产保险保费收入（PF）。由于所用数据均是消除了通货膨胀因素的实际值，因此所预算出的财产保险保费也是消除了通货膨胀因素的实际值（见表7）。

表7 实际GDP、实际固定资产投资和实际财产保险保费的预测值

obs	LGDPF	LIFAF	GDPF(亿元)	IFAF(亿元)	PF(亿元)
2000	11.340	11.327	84105.725	83007.205	1245.108
2011	11.572	11.705	106093.731	121236.017	1818.540
2012	11.857	12.086	141005.996	177431.928	2661.479
2013	12.198	12.500	198380.753	268224.297	4023.364
2014	12.611	12.953	299956.100	422187.816	6332.817
2015	13.105	13.437	491357.957	684846.721	10272.701

四、结　　论

从以上分析可以看出，不论从长期还是从短期来看，经济增长对固定资产投资的促进作用都是十分显著的，这不仅表现在经济增长的系数都通过的 t 检验，还表现在系数的数值上，这是因为经济增长是增加投资的前提和基础，是投资增长的推动力，提供投资所需的原材料和机器设备。而财产保险收入与固定资产投资之间存在正相关，这与武汉大学课题组（2005）的研究结果吻合，因此间接表明经济增长在很大程度上为我国财产保险市场的发展保驾护航，经济增长每增加一个百分点，财产保险保费增加 1.814%，这是因为 GDP 的提高会增加财产保险的需求，从而增加财产保费收入。通过所建立的 VAR 模型间接预测了 2010—2015 年的财产保险保费收入的实际值，在原有保险意识基础上，2010 年为 1245.108 亿元，2011 年为 1818.540 亿元，2012 年为 2661.479 亿元，2013 年 4023.364 亿元，2014 年为 6332.817 亿元，2015 年为 10272.701 亿元，如果增加保险意识，那么财产保费增长空间会更大。

本文的政策含义是显然的，从财产保险需求角度来看，首先，中国政府在加大固定投资的量的同时，还要注重调整投资结构，尽量达到投资的效用最大化，从而加大财产保险需求。其次，促进居民的消费水平，因为投资需求是中间需求，消费需求才是最终需求，消费增加，在一定程度上增加了财产保险的需求。最后，要提高居民的保险意识，推广购买财产保险的必要性。从财产保险的供给角度来看，一方面中国政府要完善财产保险市场主体，促进财产保险结构变化，夯实财产保险市场基础，推进市场空间布局的合理化进程，进一步推进财产保险市场开放；另一方面，财产保险公司要不断完善财产保险产品体系，深入开发传统产品，通过横向产品的创新满足交叉领域的需要，纵向产品的创新刺激潜在市场。

参考文献

[1] 王绪瑾．中国财产保险市场分析［J］．保险研究，2009（1）：57－65。

[2] 林宝清，洪锡熙，吴江鸣．我国财产险需求收入弹性系数实证分析［J］．金融研究，2004（7）：90－99。

[3] 武汉大学课题组．中国保险供求变动与总量预测模型研究［R］．2005。

[4] 高铁梅．计量经济分析方法与建模 Eviews 应用及实例［M］．北京：清华大学出版社。

[5] Beenstock, M. , Dickincon, G. and Khajuria, S. 1988, "The Relationship Between Property-Liability Insurance Premiums and Income: An International Analysis", Journal of Risk and Insurance,55,259－272.

[6] Browne, M. J. , Chung, J. W. and Frees, E. W. , 2000, "International Property-Liability Insurance Consumption", Journal of Risk and Insurance, 67, 73－90.

保险索赔数据的统计分析

赵　慧　荣喜民

一、引言及文献综述

目前，随着我国经济的发展，外资保险公司大举进入我国保险市场，国内保险业的竞争正愈演愈烈。保险公司要在竞争中求生存，除了加强管理和提供优质服务以外，还必须对保费确定、损失鉴定与赔偿等保险精算问题进行深入的研究。索赔数据是保险人最为关注的问题之一，由于其不确定性，保险公司必须保留一定责任准备金以备赔付，所以各类索赔金额直接关系保险公司财务运营的稳定性。

关于保险索赔额的研究已有不少成果。韩天雄，蒋华华（1997）提出了索赔额的分布拟合，修正了传统的索赔额分布拟合函数。徐小阳，李光久（2004）在韩天雄等（1997）基础上针对实例对索赔额的理论分布进行了适当修正，使得分布函数既对小额损失有确切估计，又对巨损危险有所考虑，从而对高额赔款损失能有较为准确的描述。其中具有重尾分布函数的索赔对保险公司影响巨大，一直是索赔额研究的热点。欧阳资生（2007）提出了巨灾保险索赔数据的极值风险度量。Rolski（1998）等利用 Q－Q 图方法分别研究了工业事故、工业火灾和车险索赔额的分布，此方法可以由实际数据拟合出索赔额分布，但需要与理论分布相比较才可得到结果。对于单纯检验分布重尾性的问题，其实证实现较为复杂。然而，现今从索赔数据角度研究保险公司的文献还较少，基于我国保险公司索赔额的实证分析几乎没有。所以本文主要基于不同保险公司各类财产险的索赔数据进行统计分析。

在统计分析方法应用方面，顾岚等（2001）利用因子分析等多元统计方法研究了上市公司的财务和经营状况。朱其俊，郜燕（2007）基于主成分和回归分析方法构建了上市公司财务危机的预警模型，对财务危机状况进行预测分析。钱存阳，冯慧真（2008）利用主成分分析方法对本科生毕业论文指导满意度的影响因素进行了实证分析。本文将利用以上统计方法研究保险索赔数据。

本文数据取自财产保险分公司的业务统计表，此表给出了不同财产险如机动车辆保险、农业保险等的赔付金额，但险种指标过多不便于保险人据此制定政策。因此本文首先对赔付数据作因子分析，将业务表中的指标精简为少数几个因子，并通过因子得分建立了财产保险公司索赔预警指标。其次根据各险种的赔款额对国内财产保险分公司进行了 K—均值动态聚类，以便监管部门分类管理。最后利用文献［4］提出的 mean residual hazard function（剩余风险均数）方法对家庭火灾等保险的索赔数据作了统计检验，将理论方法应用于实证分析，较 Q－Q 图方法更易操作和实现，并对重尾分布索赔保险的保费设计提出建议。对索赔数据的统计分析可以指导保险公司确定保费，分析各险种索赔的内在联系，进而指导保险人设计各类保险业务，促进保险业的发展。

二、因子分析

（一）数据来源和研究方法

本研究以国研网金融数据库财产保险分公司 2006 年业务统计表为依据，选取国内 31 个省、区、市的 361 家财产保险分公司的索赔数据进行分析。部分数据列于表 1。

表 1　2006 年各财产保险分公司业务统计表

单位：人民币百万元

公司名称	赔款支出								
	企业财产保险 x1	机动车辆保险 x2	货物运输保险 x3	责任保险 x4	信用保证保险 x5	农业保险 x6	短期健康保险 x7	意外伤害保险 x8	其他保险 x9
重庆人保	34.7	413.01	4.44	19.53	0.13	0.44	0.72	30.42	45.58
广西平安	12.77	43.58	0.17	0.46	1.87	0	0.9	2.36	7.07
上海安信农险	1.63	1.08	0.07	0.25	0	54.68	0	1.13	4.58
辽宁人保	178.66	1214.97	52.39	50.07	9.73	5.47	0.57	23.89	28.75
河北中华联合	2.87	207.05	1	1.23	0.04	0	0.01	1.84	0.63
甘肃大地	5.52	27.57	0.02	0.34	0.02	0	0	1.66	0.6

财产保险公司将其承保险种分为 9 类，如表 1 所示。这 9 类索赔可看做是保险公司索赔额的 9 个指标，这些指标间具有潜在的相关性，所以可以将其综合为少数几个影响因素，简化对索赔数据的分析。在 361 家财产保险分公司中，一些保险公司只经营 9 类保险中的部分业务，所以样本中有较多缺省数据和 0。为减少样本差距对指标分类的影响，将含 0 较多和含缺省值的样本剔除，精选 139 个样本，应用统计分析软件 R2.7.2 作因子分析。

（二）数据分析与结果说明

首先利用主成分分析方法确定财产险索赔指标的潜在因子个数。主成分分析是一种通过降维技术把多个变量化成少数几个能反映原始变量绝大部分信息的主成分的统计分析方法，这些主成分通常表示为原始变量的线性组合。

对索赔数据的相关系数矩阵作分析，得到前三个主成分的累积贡献率已达72.427%，说明前三个主成分已可以反映原始9个指标的大部分信息。所以提取三个因子对9类财产险作因子分析。为了清楚解释该三类因子的构成，对因子载荷矩阵进行方差最大化旋转，得旋转矩阵如表2。

表2　因子载荷矩阵

指　　标	因　　子		
	因　子　1	因　子　2	因　子　3
x1	0.629	0.579	0.319
x2	0.385	0.726	0
x3	0.398	0.278	0
x4	0.622	0.323	0
x5	0.211	0.591	-0.109
x6	0	0	0.379
x7	0.307	0	0.948
x8	0.384	0.689	0.131
x9	0.906	0.373	0.186
方差贡献率	24.4%	22.3%	13.46%
累积方差贡献率	24.4%	46.7%	60.2%

由表2中因子载荷的大小，可以把保险公司财产险的索赔归结为三类影响因素。因子1（F1）主要与x1，x4和x9正相关，除农业保险指标x6外，该因子与其他指标均正相关，因此认为第一个因子为工业财产险因子。因子2（F2）主要包含了机动车辆保险（x2）、意外伤害保险（x8）、信用保证保险（x5）和企业财产保险（x1）几个险种的信息，是反映大额索赔保险的因子。因子3（F3）是特殊财产险因子，包含短期健康险和农业保险这两类财产险中特殊指标的内容。从以上分析可得，财产保险公司的总索赔额与9个险种有关，这9类影响因素又可归结为3个因子，按影响的大小将3个因子排序为F1、F2和F3。由R软件计算出各样本的因子得分，分别求出各因子的平均得分①，如下表3所示。

① 由程序计算结果知因子得分值越大，说明索赔额越多。

表 3 因子得分平均值

	F1	F2	F3
样本个数	139	139	139
因子得分平均值	0.0196	-0.0135	0.0038

通过与因子得分的平均值作比较，可以分析每家保险公司在 3 类综合险种上的索赔额是否偏大，指导保险公司的业务分配。例如重庆人保公司其因子 1 的得分远远大于平均值，而因子 3 的得分小于平均值，说明该公司在工业保险方面的索赔较多，索赔金额较大，而在农业保险等小额保险上的索赔并不多，所以可以适当增加在农业保险和短期健康险方面的业务。

根据各因子方差贡献率，以表 2 给出的各因子权重构造保险公司财产险索赔额综合得分的计算公式如下：

$$W = \frac{1}{60.2}(24.4 \times F1 + 22.3 \times F2 + 13.4 \times F3)$$

将各因子的平均得分带入公式，得到财产险索赔额的平均综合得分为 0.00379。利用平均 W 值可以建立财产保险公司的索赔预警指标。由标准化后的原始数据计算每家保险公司的 W 值，若其值大于 0.00379，则说明该公司的索赔额较多，该公司可通过增加保险业务或拓展新业务，如利用保费进行投资等途径弥补索赔带来的损失。

三、财产保险公司分类

由各险种的索赔数据可以看出不同保险分公司之间的索赔额差距明显，采用我国财产保险分公司 2006 年业务统计表中的索赔数据对全国 361 家财产保险分公司利用 K—均值法进行动态聚类，可分为以下 12 类。（1）重庆人保、广西人保、广东太保、河南人保、上海东京海上、山西人保、内蒙古人保、吉林人保、黑龙江人保、浙江太保、浙江中华联合、山东太保、江西人保、安徽人保、甘肃人保、青海人保、贵州人保、新疆人保、甘肃平安、陕西人保、云南人保、四川人保、四川华安；（2）广东人保；（3）广东平安、湖南平安、广东联合、天津平安、浙江平安、江苏中华联合、江苏大众、江苏平安、福建平安、安徽平安、四川中华联合、四川大地、河北平安；（4）广东太平；（5）广东信保、河南信保、天津信保、北京平安、江苏信保、浙江信保、辽宁平安；（6）湖南人保、湖北人保、天津人保、上海太保、上海人保、辽宁人保、河北人保、北京人保、江苏太保、福建人保；（7）新疆中华联合、黑龙江阳光农业；（8）上海平安；（9）浙江人保、山东人保、江苏人保；

（10）四川太平；（11）贵州安邦；（12）其余公司

从以上聚类结果可以看出，各保险分公司主要呈现出按公司和按地区聚类的特点。

ⅰ. 298 家保险分公司聚为（12）类，说明大部分财产保险分公司的索赔结构类似，便于保监会统一管理。而各地人保分公司基本都没有在（12）类里，由索赔数据也可看出，人保公司的索赔业务遍及各类财产险，索赔额相对其他分公司较大。说明人保公司在财产保险方面较其他保险公司承保业务全面，承保量大。

ⅱ. 人保公司、平安保险及信保公司分别各自聚为一类。广东信保、河南信保等 5 家信保保险公司与北京平安、辽宁平安公司聚为（5）类，这几家公司的信用保证保险在财产险索赔总额中占很大比重，几家信保公司只有信用保证保险的索赔，同时索赔数额也很大。而对其他大部分公司而言，信用保证保险不是主要业务。广东、湖南、天津等地的平安保险聚为（3）类。而（1）类、（6）类和（9）类主要由人保分公司组成。

ⅲ. 对人保公司，聚类结果有一定的区域特征。黑龙江、重庆、安徽、青海、新疆等地的人保分公司聚为一类，可认为我国内陆地区的人保公司索赔特点相近。北京、河北、湖南、上海、天津、福建等地的人保分公司聚为（6）类，表明部分沿海地区和京津冀地区的人保分公司索赔结构类似。浙江、江苏两省相邻，其人保分公司据索赔业务也组为一类。

ⅳ. 广东人保、广东太平两家保险公司各自成一类。由统计数据也可看出这两家公司保险业务全面，索赔数额较大，特别是企业财产险和机动车辆险这两类大额索赔保险。另外广东地区的保险公司在前 11 类中出现频率高，说明广东省保险公司的索赔具有其地区特点，可以单独监管。

ⅴ. 贵州安邦、四川太平各自为一类。贵州安邦 2006 年机动车辆保险的索赔额是 7025 百万，远远大于其他索赔，业务分配严重不均衡。而四川太平以各类索赔均衡、适中为特点。

四、部分险种赔付额分布的重尾性检验

（一）经验剩余风险均数（empirical mean residual hazard function）

设非负随机变量 X 的分布函数是 $F(x)$，令

$$\mu_F(t) = (1 - F(t))^{-1}\int_t^{\infty} \overline{F}(x)\,dx \qquad F(t) < 1.$$

易知 $\mu_F(t) = E[(X - t) \mid X > t]$，所以称 $\mu_F(t)$ 是剩余风险均数。由剩余风险均数 $\mu_F(t)$ 可以给出重尾分布的一个充分条件。

引理1：分布 F 的剩余风险均数是 $\mu_F(x)$，当 $x\to\infty$ 时，如果 $\mu_F(x)\to\infty$，则 F 是重尾分布①。

根据统计数据判断某类保险索赔额的分布 F 是否是重尾分布时，需要引进经验风险均数的概念。令 $\{U_i, 1\leqslant i\leqslant n\}$ 为一类保险的一系列索赔额，将其排序，得到 $U_1,\cdots,U_n$ 的顺序统计量

$$\min_{1\leqslant i\leqslant n} U_i = U_{(1)} \leqslant U_{(2)} \leqslant \cdots \leqslant U_{(n)} = \max_{1\leqslant i\leqslant n} U_i.$$

定义 $\{U_i, 1\leqslant i\leqslant n\}$ 的经验分布函数 $F_n(x)$ 如下：

$$F_n(x) = n^{-1}\max\{i: U_{(i)} \leqslant x\},\ x\in R \tag{3.1}$$

由（3.1）可得：

$$\{F_n(x) = kn^{-1}\} = \{U_{(k)} \leqslant x \leqslant U_{(k+1)}\} \tag{3.2}$$

对于固定的样本数 n，选择 k 使得 $\frac{k}{n}\to 0$，利用 $F_n(x)$ 定义经验剩余风险均数：

$$\mu_n(U_{(n-k)}) = \int_{U_{(n-k)}}^{\infty}\frac{1-F_n(y)}{1-F_n(U_{(n-k)})}dy$$

将（3.2）式带入上式化简得：

$$\begin{aligned}\mu_n(U_{(n-k)}) &= \frac{n}{k}\sum_{i=n-k}^{n-1}\int_{U_{(i)}}^{U_{i+1}}(1-F_n(y))dy\\ &= \frac{1}{k}\sum_{j=n-k+1}^{n}(U_{(j)}-U_{(n-k)})\end{aligned}$$

据引理1，如索赔额的分布 F 是重尾的，则当 $n\to\infty$ 时，F 的经验剩余风险均数 $\mu_n(U_{(n-k)})\to\infty$。

（二）实证检验

对于一类保险的索赔数据，现将其按升序排序，按上文所述选择 k。取 $1\leqslant j\leqslant k$，以索赔额 $U_{(n-j)}$ 为横坐标，$\mu_n(U_{(n-j)})$ 为纵坐标作图，以索赔额分布的经验剩余风险均数的图像近似剩余风险均数图像。当图像显示 $\mu_F(x)$ 的趋势是随着 x 的增大趋于无穷大时，就认为此类保险的赔付额分布是重尾的。下面通过四组实例具体说明。

1. 采用《中国保险年鉴》中我国各省市保险分公司2002至2006年有记录的245例工业火灾索赔额的数据，应用R2.7.2编程作出工业火灾险赔付额分布的经验

① 证明见参考文献［4］第67和49页。

剩余风险均数图像，见图 1。由其图像，可以认为工业火灾索赔额的分布是重尾分布。因此，对于工业火灾险以及易出现火灾的公司（如造纸厂等）的财产综合险、企业财产险等的索赔额，可用重尾分布函数拟合。

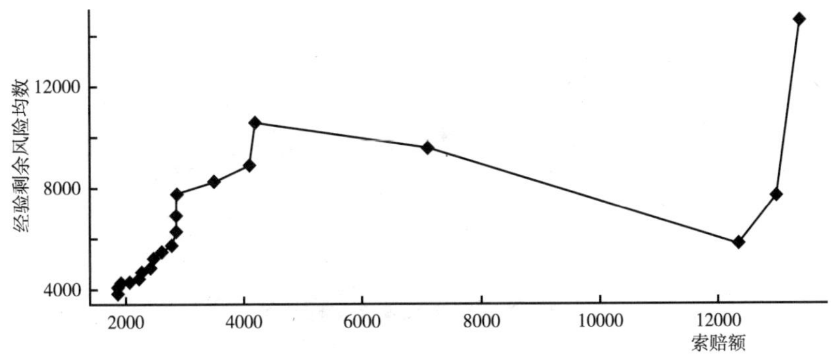

图 1　工业火灾索赔额剩余风险均数

2. 选取某保险公司家庭火灾险容量为 100 的赔款额样本，具体数据见参考文献[2]，取赔付额区间的组中值作为赔款额。编程作出此类保险的赔付额分布的经验剩余风险均数图像，见图 2。由图像可知，经验风险剩余均数波动较大，不呈趋于无穷大的趋势，所以可以认为家庭火灾险的索赔额分布不是重尾的，进而可用轻尾的分布函数拟合此类保险的索赔额。

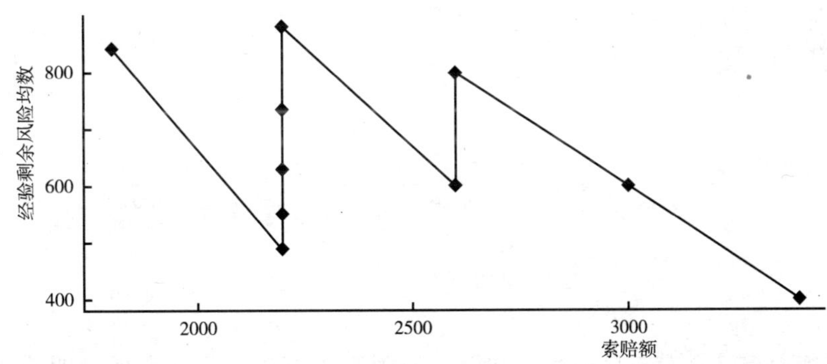

图 2　家庭火灾索赔额剩余风险均数

3. 选取我国 2002 至 2005 年洪水灾害造成的损失数据作为洪灾保险索赔数据的模拟，数据取自《中国水利年鉴》。2002 至 2005 年我国每年都发生多起洪灾，以每起洪灾造成的经济损失作为赔付额，样本容量是 80，部分具体数据列于附录。作出赔付额分布的剩余风险均数图，如图 3 所示，可以认为洪灾索赔额的分布是重尾分布。因此采用重尾分布函数拟合洪水等自然灾害造成的索赔额的分布是合理的。

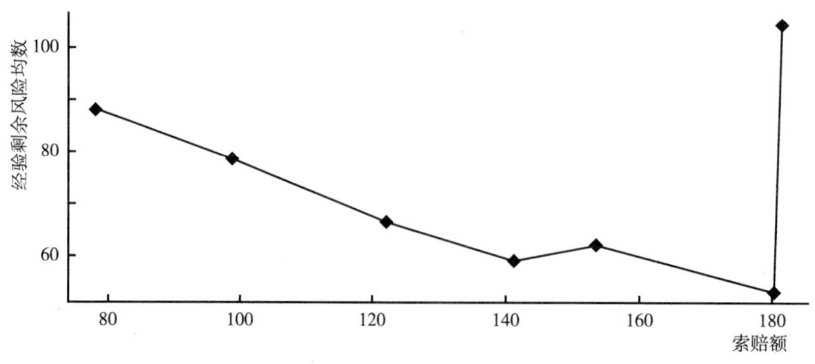

图 3　洪灾索赔额剩余风险均数

4. 选取 1966 至 1990 年我国有经济损失统计的 35 次地震的经济损失数据作为震灾索赔额的模拟，数据取自《中国震例》和《中国地震年鉴》，部分列于附录。图 4 是地震保险索赔额的经验剩余风险均数图，易见地震险索赔额的分布是重尾分布，进一步验证了巨灾保险索赔额服从重尾分布的题设。

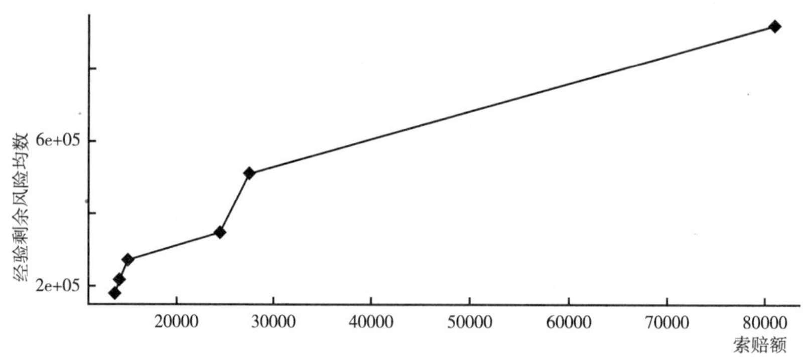

图 4　地震索赔额剩余风险均数

索赔额具有重尾分布的险种一般是那些发生概率很小但又对保险业造成重大影响的巨灾保险，由其特点，很难设计保费费率，一家保险公司也难以承担其巨大风险。因此巨灾险设计需要政府等多方支持。保费可设计为限额赔付保险形式，损失在限额以下保险公司予以赔付，限额以上部分则通过补充性的商业保险或政府基金解决。另外，可采取行业联保、互保等方式分散风险，也可在国际市场上进行分保。其次，可利用现代金融业的发展，在证券、期货等金融市场上销售衍生产品以化解风险。这样可减小巨灾险对单个保险公司的影响，促进整个行业的发展。

五、结　　论

本文对保险索赔数据进行了多元统计分析和重尾分布的统计检验，应用 R 软件实现了利用剩余风险均数检验重尾分布的实证研究。

各类保险的索赔数据及其分布是保险公司研究的重要内容，本文分析了影响财产险赔付的潜在公共因子，研究结果显示财产保险索赔主要由 3 类潜在因素影响：工业保险、大额索赔保险和非工业特殊保险。根据索赔数据，我国的财产保险分公司呈现出依公司和地区聚类的特点，同一保险公司的不同省市分公司聚为一类，同时沿海等发达地区和内陆地区的保险公司分属不同类，此结果便于保险总公司对不同地区分公司分别管理，也便于保监会对不同保险分公司分类监管。

本文选取一系列历史数据，通过 R 软件编程实现了剩余风险均数理论方法的实证应用，进一步验证了工业火灾、洪灾和地震灾害造成的索赔额的分布是重尾分布，都易造成重大索赔。保险人承保此类相关财产险时要特别关注，应选取适当的重尾分布函数拟合索赔额分布，准确地由索赔确定应收保费。与需要以理论分布为参照的 Q－Q 图方法相比，本文方法只需相应数据即可得到检验结果，易于实现和操作，便于保险公司采纳应用。

六、附　　录

2003—2006 年工业火灾索赔额部分数据

单位：万人民币

26.51	74.7	2796	13400	1863	95.99	204	58	17.39	1160.56

2002—2005 年部分洪灾经济损失统计表

单位：亿人民币

14.66	22.5	47.72	8.7	12.9	141.1	75.6	5.316

部分地震经济损失统计表

单位：万人民币

1966 邢台	1969 渤海	1974 海城	1976 唐山	1982 甘孜	1984 祁连	1988 会东	1990 乌恰
10000	5000	81000	1000000	292	5	200	400

参考文献

[1] 韩天雄，蒋华华. 保险索赔额的分布及其应用［J］. 华东师范大学学报（自然科学版），1997，（4）：30－33。

[2] 徐小阳，李光久. 保险索赔额分布的拟合及修正［J］. 统计与决策，2004，（1）：17。

[3] 欧阳资生. 巨灾保险索赔数据的极值风险度量［J］. 统计与决策，2007，（22）：26－28。

[4] Rolski，T.，Schmidli，H.，Schmidt，V.，Teugels，J.. Stochastic Processes for Insurance and Finance［M］. Chichester：John Wiley & Sons Ltd，1999. 65－76.

[5] 顾岚，汪涛，何龙灿. 中国股市上市公司财务的统计分析［J］. 数理统计与管理，2001，20（4）：61－65。

[6] 朱其俊，郜燕. 基于多元统计分析的上市公司财务危机预警模型的研究［J］. 现代管理科学，2007，（5）：78－80。

[7] 钱存阳，冯慧真. 多元统计分析在本科毕业论文指导满意度研究中的应用［J］. 数理统计与管理，2008，27（2）：205－210。

[8] 中国保险年鉴编辑委员会. 中国保险年鉴（2007）［M］. 北京：中国保险年鉴编辑部，2007. 68。

[9] 薛毅，陈立萍. 统计建模与R软件［M］. 北京：清华大学出版社，2007. 418－420。

[10] 中国保险年鉴编辑委员会. 中国保险年鉴（2003）［M］. 北京：中国保险年鉴编辑部，2003. 145－399。

[11] 中国保险年鉴编辑委员会. 中国保险年鉴（2004）［M］. 北京：中国保险年鉴编辑部，2004. 184－493。

[12] 中国保险年鉴编辑委员会. 中国保险年鉴（2005）［M］. 北京：中国保险年鉴编辑部，2005. 521－927。

[13] 中国保险年鉴编辑委员会. 中国保险年鉴（2006）［M］. 北京：中国保险年鉴编辑部，2006. 610－1019。

[14] 中国水利年鉴编辑委员会. 中国水利年鉴（2003）［M］. 北京：水利电力出版社，2003. 239－240。

[15] 中国水利年鉴编辑委员会. 中国水利年鉴（2004）［M］. 北京：水利电力出版社，2004. 226－229。

[16] 中国水利年鉴编辑委员会. 中国水利年鉴（2005）［M］. 北京：水利电力出版社，2005. 237－239。

[17] 中国水利年鉴编辑委员会. 中国水利年鉴（2006）［M］. 北京：水利电力出版社，2006. 294－298。

[18] 中国地震年鉴编辑部. 中国地震年鉴（1990）［M］. 北京：地震出版社，1992. 144，152。

[19] 张肇诚. 中国震例（1966—1975）［M］. 北京：地震出版社，1988. 1－189。

[20] 张肇诚. 中国震例（1976—1980）［M］. 北京：地震出版社，1990. 29－385。

[21] 张肇诚. 中国震例（1981—1985）［M］. 北京：地震出版社，1990. 1－178。

[22] 张肇诚. 中国震例（1986—1988）［M］. 北京：地震出版社，1999. 3－391。

两岸保险法重复保险合同法律效力比较分析

——从区分投保人善意或恶意的角度出发

初 澈

我国台湾地区最早的“保险法”产生于1929年，现行“保险法”于1963年颁布，后经过多次修订，最后一次在2007年7月公布。我国大陆也在2009年2月公布了经过新一轮修订的《保险法》，并已从2009年10月1日开始实施。从1945年起步至今，台湾地区保险业虽然历经时间不长，但经过先后经过两次对内开放和两次对外开放，保险市场获得迅速和充分的发展。如今，台湾保险业无论法律制度建设、行业监管还是市场发达程度都领先于内地。在海峡两岸经济文化交流日益密切的背景下，我们应该学习和借鉴台湾地区保险业发展的成功经验为大陆保险业发展所用。本文将通过对我国大陆和台湾地区保险法关于重复保险合同法律效力规定的比较，阐明大陆在未来修订《保险法》的过程中，借鉴和吸收台湾地区“保险法”的有关规定，区分善意重复保险和恶意重复保险并明确不同重复保险合同法律效力的必要性。

一、重复保险的概念及构成要件

（一）重复保险的概念

目前在国际上保险学术界对重复保险存在广义和狭义两种定义。狭义说认为，所谓重复保险，是指投保人就同一保险标的、同一保险利益、同一保险事故与两个或两个以上保险人分别订立数个保险合同，且各保险合同约定的保险金额的总和超过保险标的价值的行为；广义的重复保险则是指投保人对同一保险标的、同一保险利益、同一保险事故与数个保险人分别订立数份保险合同的行为，而各保险合同约定的保险金额总和是否超出保险标的的价值则在所不问。由此可得出，狭义说与广义说的重复保险主要区别在于其总的保险金额是否超过保险标的的价值。

我国大陆地区保险法中对重复保险的定义原本采用了广义说，2009 年新《保险法》将对重复保险界定修改如下："重复保险是指投保人对同一保险标的、同一保险利益、同一保险事故分别与两个以上保险人订立保险合同，且保险金额总和超过保险价值的保险"（第五十六条），由此转而采用狭义说；台湾地区"保险法"第三十五条将重复保险定义为："复保险，谓要保人对于同一保险利益，同一保险事故，与数保险人分别订立数个保险之契约行为。"显而易见，台湾地区"保险法"采取的是广义的重复保险的立法定义。

（二）重复保险的构成要件

第一，须由投保人与数个保险人分别订立数个保险合同。各国保险法均规定，在复保险中，投保人是与数个保险人订立数个保险合同，即与投保人相对的保险人应当是数个不同之保险人，且分别订立数个保险合同。第二，须针对同一保险标的的同一保险利益。在同一保险标的上可能存在多种保险利益，只有对同一保险标的上的同一保险利益，与数个保险人订立的两个以上的保险合同，才构成重复保险。第三，同一保险事故。只有各个保险合同约定的保险事故是同一保险事故，且其与实际发生的保险事故亦均为同一事故，方构成重复保险的同一保险事故。第四，须有保险责任期间的重合，且保险事故发生于此重合期内。

二、大陆和台湾地区保险法关于重复保险合同法律效力的规定

（一）大陆和台湾地区保险法关于重复保险合同法律效力的规定

我国大陆 2009 年 10 月 1 日起执行的新《保险法》第五十六条规定："重复保险的投保人应当将重复保险的有关情况通知各保险人。重复保险的各保险人赔偿保险金的总和不得超过保险价值。除合同另有约定外，各保险人按照其保险金额与保险金额总和的比例承担赔偿保险金的责任。"台湾地区"保险法"第三十六、三十七、三十八条分别作了如下规定："复保险，除另有约定外，要保人应将他保险人之名称及保险金额通知各保险人。""要保人故意不为前条之通知，或意图不当得利而为复保险者，其契约无效。""善意之复保险，其保险金额之总额超过保险标的之价值者，除另有约定外，各保险人对于保险标的之全部价值，仅就其所保金额负比例分担之责。但赔偿总额，不得超过保险标的之价值。"

（二）大陆和台湾地区保险法关于重复保险合同法律效力的规定的比较

通过大陆与台湾地区保险法关于重复保险条款规定比较中不难看出，二者最大

的区别就在于是否对投保人重复保险的意图加以区分。我国大陆新《保险法》并未对重复保险作出善意与恶意的区别。因此，对所有的重复保险合同赋予相同的法律效力，即认定所有构成重复保险的合同均为有效合同，并采用比例赔偿的方法。台湾的做法则完全不同，不仅对善意与恶意的重复保险作出了明确的区分：善意重复保险是指因投保人疏忽、估价失误、市场行情变化等非出于非法获利动机所致的重复保险；恶意重复保险则是指投保人意图谋取不当利益的重复保险；并且在“保险法”中赋予二者截然不同的法律效力：善意重复保险的各保险人“比例分担”赔偿金额，而恶意重复保险“契约无效”。

（三）台湾地区“保险法”重复保险中对投保人意图区分值得借鉴之处

从保险实践的角度看，立法上作善意复保险与恶意复保险的区分，并在合同效力和赔偿方式等方面加以区别对待是具有合理性的。随着社会公众保险意识的增强和保险知识的日渐丰富，我国大陆也具有对投保人重复保险意图加以区分的必要性。

首先，保险作为一种风险转移和损失补偿机制，任何意图通过保险合同来获取超过保险价值利益的行为都是应该被禁止和杜绝的。目前，由于我国大陆《保险法》关于重复保险法律效力的规定过于笼统且有失严谨，不但导致对意图破坏保险制度的恶意重复保险投保人没有任何的惩罚措施，相反其却可以得到与善意重复保险被保险人数量相当的赔偿金额，这样的结果显然是不够合理的。其次，从保险的运行原理上看，大数法则要求保险人的一个风险集合中包含着大量面临着同质风险的风险单位。但从某种意义上说，针对其他客观状况相近的保险标的而言，善意与恶意重复保险标的所面临的风险状况是存在差异的，因为恶意的重复保险还存在相对较高的发生道德风险的可能性，这样一来就可能导致风险集合中其他被保险人对恶意重复保险被保险人的补贴，同时增加整个社会的保险运行成本，造成效率的损失。最后，当保险人破产或偿付能力不足时，承认善意重复保险合同的效力是为善意重复保险被保险人提供更大安全保障的重要前提。综上所述，为了保护善意投保人，防止少数投保人的通过保险不当得利的企图和行为，在未来大陆《保险法》的修订中将善意重复保险和恶意重复保险加以区分是十分必要的。

三、重复保险处理实践中需要特别注意的两个问题

（一）投保人重复保险意图的判断

善意与恶意的区分，本来就是一个难度很高的主观意图判断问题，甚至对于多年前就在保险法律中对投保人善意与恶意重复保险进行区分的国家和地区而言，至今仍然非常棘手。如果我国大陆地区《保险法》也在未来对善意重复保险和恶意重

复保险加以区分，那么无论是对保险企业承保环节还是保险事故发生后调查环节的工作质量都将提出更高的要求。因为一旦保险人在保险事故发生后以投保人恶意重复保险为由对保险合同的履行提出异议，就必须要承担投保人"故意不为通知"或"意图不当得利而为复保险"的举证责任。为了保证判断结果的公正性，防止司法实践中规则复杂化以后法官对司法裁量权滥用和保险人对恶意重复保险的任意界定，我们应该在充分借鉴其他国家和地区相对成熟实践经验的基础上摸索出自己的判定标准，以期待最终达到公平客观的裁决。

（二）"恶意重复保险契约无效"的解释问题

目前理论界对于恶意重复保险契约无效的解释主要分为两种："一部无效说"和"全部无效说"。"一部无效说"将保险金额在保险价值范围内的保险合同认定为有效，超出部分的保险合同认定为无效；"全部无效说"则认定所有恶意重复保险合同无效。笔者认为，恶意的重复保险投保人企图利用保险制度安排谋取不法利益，破坏保险制度分散危险和填补损失的宗旨及功能，仅仅将超过保险价值部分认定为无效并不影响其获得足额赔付，故不足以防范投保人恶意投保的道德风险。所以，"全部无效说"看来似乎对被保险人过于严苛，但长远看来对我国大陆这样有待规范的新兴市场防范和制裁恶意重复投保的道德风险是十分有益的。因此，大陆保险立法在对恶意重复保险合同法律效力的解释方面采用"全部无效说"较为适宜，应该通过明确的法律条文使恶意重复保险的各保险合同均归于无效，厘清恶意和善意复保险不同的法律效力，最大限度地保障善意重复保险投保人的利益，维护整个保险市场的健康运行。

参考文献

[1] 刘宗荣．新保险法：保险契约法的理论与实务［M］．中国人民大学出版社，2009。

[2] 韩长印．大陆与台湾保险合同法比较与评析——以大陆《保险法》2009年修订为重点［J］．保险研究，2009（7）。

[3] 史卫进　彭婕．重复保险制度的适用与发展——以我国保险法与各国保险法的比较为立场［J］．烟台大学学报，2007（7）。

[4] 季秀平．大陆与台湾保险法之比较［J］．法学天地，1997（1）。

[5] 游明．对重复保险若干法律问题的思考［J］．甘肃政法学院学报，2004（12）。

[6] 张秀全．重复保险的法律规制［J］．河南省政法管理干部学院学报，2005（3）。

关于创建乡镇企业环境污染责任保险的思考

郭登辉

一、乡镇企业环境污染责任保险的特点

乡镇企业环境污染责任保险是指以被保险人（本文指乡镇企业）因污染环境而应承担的损害赔偿和治理责任为标的，由保险人根据保险合同规定的赔偿方法，承担被保险人的一部分赔偿或全部赔偿。纵观国内外的保险市场，虽然有企业的环境污染责任保险，但是针对于乡镇企业的环境污染责任保险，目前基本尚属空白。

该保险的特点是，该保险具有政策性保险的特点，一份保险合同的制定需要经过有关环境主管部门、乡镇企业和保险公司等方面的共同参与而完成，对特定企业具有强制性；另一方面，本保险覆盖性强、适用程度高，当该保险具有成熟的推广价值时，该保险将覆盖我国大部分省市的乡镇。因我国乡镇企业的具体特点及该类保险的发展不成熟，尚有许多值得讨论的问题。

二、创建乡镇企业环境污染责任保险的原因

（一）环境污染问题的特点是创建乡镇企业环境污染责任保险的首要原因

环境和大部分资源一样，属于公共产品。环境问题具有“外部不经济性”，即市场主体对环境的不利影响会由该主体的第三方——他人和后代承担。由于环境问题的“外部不经济性”，每个市场经济主体都希望在短期内，最大限度地利用环境资源而去追求最大的经济效益，环境问题随之产生。环境问题一旦爆发，造成的经济损失是巨大的。因此，现在无论是政府当局还是市场主体都越来越认识到环境问题的严峻性。因此，迫切需要一个解决环境问题和减少由环境问题带来的经济损失的方法。无疑，政府是解决环境问题和减少由环境问题带来的经济损失的最大主体，

但是政府所运用的资源都是源于纳税人。换句话说，由小部分人造成的经济损失最终却由所有的纳税人去承担，有失公允。因此，提出创建乡镇企业环境污染责任保险对于解决乡镇企业的环境污染问题具有重要的意义。

（二）乡镇企业环境污染责任保险对于乡镇企业的连续、安心生产具有重要意义

乡镇企业对于解决农村人口就业，提高农民素质，促进农村城镇化、现代化、工业化，促进农村经济的发展具有重大的作用。因此，更好地促进乡镇企业的发展意义重大。乡镇企业相对于国有大企业而言，经济底子薄，承担风险能力低。一旦乡镇企业发生重大环境污染事故，企业将无法承担赔偿因其责任而带来的经济损失，很容易导致乡镇企业破产的危险。根据我国现阶段乡镇企业的特点，乡镇企业的经营范围有很大的一部分是污染环境较严重的造纸、制革、电镀、煤炭等行业。因其高污染性，一些乡镇企业被环境问题所困扰，难以正常发展扩大企业，无法安心生产。乡镇企业环境污染责任保险可以分担赔偿因乡镇企业的环境污染责任而带来的经济损失，从而促进乡镇企业的连续和安心生产。

（三）乡镇企业环境污染责任保险对于低碳经济的发展具有重要的促进作用

《乡镇企业法》规定，乡镇企业是农村集体经济组织或者农民投资为主、在乡镇（包括所辖村）举办的承担支援农业义务的各类企业。乡镇企业创造的国内生产总值在农村生产出来的国内生产总值中占了重大比例。乡镇企业可以有效解决农村的大量农业富余劳动力问题，另外乡镇企业良好发展是农业现代化、农村工业化和和农村城镇化的必由之路。从产业分布看，乡镇企业从事工业、商业、交通运输业、建筑业、饮食服务业以及现代种植、养殖业等一、二、三产业，生产经营活动几乎涉及国民经济的各个领域。随着社会主义新农村和社会主义和谐社会口号的提出，关于如何更好地促进乡镇企业的发展越来越受到政府的重视。而笔者提出的乡镇企业环境污染责任保险正是符合了这样的社会要求，一方面，该保险保障了乡镇企业的连续、安心生产；另一方面，该保险保障了环境污染的受害者的索赔权利及治疗；再者，乡镇企业环境污染责任保险促使企业逐步减少或消除生产经营管理过程中的各种危害环境的不良行为，并最终本着“预防为主，惩治为辅”的原则来改善环境污染的现状，从而真正起到化解和抵御环境污染带来的各种危害及风险，对维护生态、保护环境都具有重要的现实意义。另外，乡镇企业环境污染责任保险可以作为发展低碳经济的政策性保障和向导。

（四）有利于促进政府和其他社会管理组织进行社会管理

随着保险业的发展，促使保险的功能更加现代化。保险现在俨然已经成为政府和其他社会管理组织职能的补充、替代、辅助和延伸。乡镇企业环境污染责任保险一方面帮助受害者及时得到补偿，另一方面该保险促进乡镇企业的再生产，这些都使该保险在促进社会经济利益和社会和谐方面发挥了重大作用，有效地帮助了政府和其他社会管理组织进行社会管理。

（五）有利于促进保险业务的开拓和我国保险业的发展

我国保险市场的保险业务中，人身保险业务占了绝大部分，而责任保险的发展较之于发达国家显得尤为滞后。对于环境污染责任保险而言，基本上还处在萌芽阶段。笔者提出的乡镇企业环境污染责任保险，在一定程度上可以促进我国保险业务的开拓和我国保险业的发展。

三、创建乡镇企业环境污染责任保险的理性思考

（一）乡镇企业环境污染责任保险包括一般险和附加险两部分

一般险是强制性为主，自愿性为辅的保险，政策性较强。附加险是自愿投保的，属商业性保险。但是对于会产生特定风险事故，重大风险事故的乡镇企业，有关部门应指定其投保，并给予政策上的支持。对于其他污染较轻、发生事故所造成危害较轻的乡镇企业，实施自愿投保的原则。对于乡镇企业环境污染责任保险的一般险，在保险期间或保险合同载明的追溯期内，被保险人在保险合同明细表中列明的保险地址内，依法从事生产活动过程中，由于突发的意外事故导致有毒有害物质的排放、泄漏、溢出、渗漏，造成承保区域内第三者的人身伤亡或直接财产损失，并被国家环境保护管理部门认定为环境污染责任事故，由受害人在保险期间内向被保险人提出损害赔偿请求，且人民法院依照中华人民共和国法律判定应由被保险人承担的经济赔偿责任的，视为保险事故发生，保险人按照保险合同约定负责赔偿。被保险人因发生保险事故而支出的合理的、必要的清污费用，保险人按照保险合同约定负责赔偿。保险事故发生后，法律费用经保险人事先书面同意，保险人按照保险合同约定也负责赔偿。一般险不包括累积式和渐进式污染责任事故，而附加险却把累积式和渐进式污染责任事故包括在内。累积式和渐进式污染事故是指多种风险因素共同作用、持续时间长、不易发现的环境污染造成的事故。累积式和渐进式污染事故和突发性环境污染事故是相对的。一般而言，将突发性环境污染事故纳入保险事故范围是保险理论和实务中共同提倡和确定的。但是对于累积式和渐进式污染事故而言，因其难以发现，发生的原因是否在承保范围内难以定论，且发现的时候早已过保险合同的追溯期，因此国外环境污染责任保险一般将累积式和渐进式污染事故排除在外。鉴于其发生概率发生的极大性，笔者认为应将其纳入附加险的承保范围内，一方面将其排除在一般险中，使该保险在实务操作中能够较易展开；另外一方面，将

其纳入附加险，对一些有特殊保险需要的乡镇企业而言，该做法的意义还是重大的。

（二）乡镇企业环境污染责任保险应制定责任限额和免赔额的标准

由于乡镇企业环境污染责任保险的赔偿范围的广泛性与赔付数额的可能存在的极大性，保险人的经营面临着重大的风险。由于乡镇企业的环保设施、环保管理、风险管理制度还是欠缺的，发生轻微伤害的环境污染事故还是频繁的，因此必须制定责任限额和免赔额的标准。对于那些存在造成环境污染事故故意性行为的乡镇企业，实施较低的赔付比率和赔付款。这样的做法，一方面有利于保险人的经营，另一方面有利于督促被保险人依法从事生产活动。

（三）乡镇企业环境污染责任保险保险费率的厘定可以采取具体协商和实施有管制的浮动制费率制度

在创建乡镇企业环境污染责任保险中，一个重大的难题便是保险费率的制定。笔者所提出创建的乡镇企业环境污染责任保险分为一般险和附加险。一般险中，强制险费率的制定因由责任保险人根据被保险人的具体状况在国家公布的费率范围内进行微调以确定具体的费率，若存在特殊情况，应上报保监会等部门，待确定允许后再予实行。一般险中，自愿投保的保险费率和附加险费率的确定要根据投保人和被保险人的需要，由责任保险人、投保人和国家有关部门协商、逐笔确定。在制定保险费率时，笔者认为可以实行浮动制费率。在制定保险费率时，应考虑到行业之间的区别，对环境污染较严重的行业实行较高的保险费率，对污染较轻的行业实行较低的保险费率。另外，要考虑到被保险人的环境污染管理，排污设备较好，环境污染管理得当的乡镇企业应予以较低的保险费率。另外还应将污染企业所处区域、排污程度、以往事故发生率、免赔额和责任限额的高低等纳入考虑范围。由于乡镇企业环境污染责任保险属于新险种，发展处于开始阶段，而且该险种的社会公益性较强，因此对于保险费率的厘定，必须实施管制政策，从而促进乡镇企业环境污染责任保险的健康发展。

四、发展乡镇企业环境污染责任保险的建议

（一）在乡镇企业环境污染责任保险发展初期，由政府指定保险公司开展乡镇企业环境污染责任保险业务

借鉴西方环境污染责任保险的发展模式，大致有以下三种模式：1. 专门的保险机构，以美国为典型；2. 联保集团，以意大利为典型；3. 非特殊承保机构，即由财产保险公司自愿承保。根据我国的国情及我国责任保险发展的现状，笔者认为，我

国的乡镇企业环境污染责任保险的发展成熟阶段可通过以下几种方式展开：大的保险公司成立专门的承保部门；成立专门的环境污染责任保险公司；财产保险公司自愿承保。但是在乡镇企业环境污染责任保险发展初期，必须由政府指定保险公司开展乡镇企业环境污染责任保险业务。

（二）充分发挥政府的作用

由于环境问题的特殊性及发展乡镇企业环境污染责任保险的具体需要，政府参与是必然。在具体的操作中，政府可以成立专门的有关部门机构。可以将政府在这方面的绩效作为政府的业绩考核标准。在给其定位的时候，政府身份既是监督管理者，又是参与者。

1. 完善环境侵权法律体系及加强与该保险相关的立法

包括确定乡镇企业环境污染责任保险的法律地位，制定保险人在进行保险有效赔付时的原则及义务，对如何进行赔付作出具体有效的规定，有效地协调投保人、被保险人和保险人之间的关系，包括建立健全各级政府环境管理机构、加强环境管理和执法队伍的建设和培养等等。另外，必须加强环境侵权的行政执法力度，改变环境法的“软法”，“软指标”和“花瓶”局面。

2. 对乡镇企业环境污染责任保险合同进行公正、严格、全面的监督

乡镇企业环境污染责任保险跟其他保险有一个很大的区别是：环境污染的损失的测定要比其他保险带来的损失的测定要难且测定的结果很可能会和实际结果的差距较大；另外，该保险兼具商业性和政策性的复杂特点；再者，该保险的发展处于初始阶段，因此政府必须对该保险合同进行监督。在进行监督的过程中，必须坚持公正、严格、全面的原则，积极促进保险合同的制定和该险种的发展。

3. 对进行承保乡镇企业环境污染责任保险的保险公司进行扶持

一般而言，因该保险的投保主体是乡镇企业，其发生事故概率相对于整个企业全体发生环境污染责任事故概率而言较高，所以发生责任事故给保险公司所带来的经济赔偿较多，承保此险种的保险公司很可能面临亏损的危险。因此应当对承保乡镇企业环境污染责任保险的保险公司的责任准备金给予税收上面的优惠，减免营业税、所得税等税种。帮助保险公司建立保障体系，促进保险公司的积极性，从而从整体上带动乡镇企业环境污染责任保险的发展。另外一方面，在促进保险公司积极开展乡镇企业环境污染责任保险的同时，政府应将促进乡镇企业环境污染责任保险的发展与其他环境责任保险险种的发展统筹起来，形成一个用乡镇企业环境污染责任保险的发展促进其他环境污染责任保险的发展，反过来又用其他环境污染责任保险的发展带动乡镇企业环境污染责任保险的发展的良性循环。

4. 对进行投保的乡镇企业给予税收上的优惠和财政上的补贴

对乡镇企业保险费用的支出给予税收上的部分减免。另外，政府可以对投保的

乡镇企业进行财政上的费用的补贴，政府可以建立专门的乡镇企业环境污染责任保险的补贴基金用于补贴。

5. 促进、协调保险公司与其他部门的合作，协调投保人、保险人和被保险人之间的关系

保险公司在承保时，肯定会和环境监管等部门发生直接或间接的关系，因此，政府必须出面协调。鉴于乡镇企业环境污染责任保险中的复杂关系，政府必须协调好投保人、保险人和被保险人之间的关系，形成一种有效的配合机制。在制定保险合同前，对投保人的投保条件，协助保险公司和组织有关部门进行核查。在进行保险合同协商与签订的时候，政府部门应积极促进投保人和保险人达成各项协议。在保险合同期间，政府应协助保险人对投保的乡镇企业进行监督，进行风险防范，保证乡镇企业按照国家有关法律法规和保险合同规定的指标进行排污和风险管理，防止保险合同外的事故发生。乡镇企业环境污染责任事故一旦发生，大部分情况下会造成重大的损失，因此在出险后，政府应积极、认真严谨和公正地协助保险人和公估人进行事故认定和事故理赔，使受害人能够及时得到治疗赔偿和及时促进企业的恢复生产。

（三）积极加强政府部门、保险公司、银行之间的合作，促进环境污染责任保险运作机制的形成

在发展乡镇企业环境污染责任保险的初期，为扩大其影响，政府和保险公司应积极加强与银行之间的合作。一般而言，发生环境污染责任事故少、索赔率低、环境污染防范制度健全的企业也具有较高的诚信，因此该保险对于银行加强关于乡镇企业的信用体制的建设有借鉴和指导作用。乡镇企业进行贷款时，保险公司所提供的关于环境方面的报告将作为重要的依据，通过这种市场化手段来引导环境责任保险的发展，构建环境保护的第二道防线。乡镇企业在为将来企业发展考虑时，必然会将投保环境污染责任保险纳入公司的发展规划，同时将会积极加强环境污染防范制度的建立与健全。另外，政府有关环境保护部门根据乡镇企业投保、风险防范、发生环境责任事故等情况制定环境污染等级目录。根据目录，一方面银行可以将目录内企业投保环境污染责任保险情况与其获取信贷的资历挂钩；另一方面，政府有关部门还可以将此作为补贴有关企业的依据。

（四）增强企业和公民有关环境污染侵权的法律意识和环保意识

环境污染责任保险业的发展一方面要靠一国相关政策制度的建立，另一方面也要取决于公民有关环境污染侵权的法律意识和环保意识。只有在企业和公民对自身的环境权益充分重视时，才能营造一个发展环境污染责任保险的良好氛围。因此在完善保险制度和发展乡镇企业环境污染责任保险的同时，政府应同保险公司一道利

用各种宣传渠道让广大企业与民众知法、懂法，提高公民的环境维权意识，提高乡镇企业环境污染责任保险的社会影响力。宣传的重点应该是排污物质有较严重危害性的乡镇企业，特别是像经营化工、电镀、造纸等乡镇企业，使其增强环保意识和投保意识，从而促进乡镇企业环境污染责任保险的发展。

参考文献

[1] 杨晶晶. 对我国环境责任保险法律制度构建之思考 [J]. 甘肃政法成人教育学院学报，2007，(5)。

[2] 谢甲锋，陆志明，钱东. 论构建我国环境责任保险制度的价值取向和发展对策 [C]. 中国环境资源法学研讨会论文集. 江西赣州，2005. 08。

[3] 张丛军. 论环境责任保险制度在我国的构建 [D]. 西北农林科技大学环境与资源保护法学，2008。

[4] 诸江. 中国构建环境责任保险制度的立法构想——谈《中华人民共和国环境保护法》中环境责任模式的修改 [C]. 全国环境资源法学研讨会论文集. 甘肃兰州，2007. 08。

[5] 杨英. 论环境责任保险制度：以考察政府角色为主 [D]. 福州大学环境与资源保护法学，2006。

[6] 闫梁红. 我国环境责任保险制度研究 [D]. 吉林大学环境与资源保护法学，2006。

[7] 王燕燕. 我国环境责任保险制度研究 [D]. 福州大学环境与资源保护法学，2005。

To Develop the Individual Commercial Endowment Insurance Using Lever of Tax Incentives—Based on A Quantitative Analysis

Tu Qiang

Introduction

Many researchers have analyzed the tax incentives on the endowment insurance, but many of them focused only on a macro-level, and the related papers were mainly limited in occupational annuity.

Ippolito (1987) estimated that 20% of the middle class' income would be paid as tax when they retired if the pension funds could not enjoy the tax revenue discounts in America, and this ratio of the people whose income is higher than the middle class's would reach 40%. Davis (1993) held the opinion that it is worth setting a certain tax revenue discounts for the pension funds, even though other kinds of savings can not enjoy this. Feldstein (1976) and Hubbard's research on America, Dick-Mireaux and King's (1983) research on Canada, King and Leape's (1984) research on England all showed that tax has a great effect on people's decision on which kinds of assets they will hold. In China, Zhang xiaoyun (2006) pointed out that tax revenue discounts would be the biggest if we adopt English tax incentives model, and he also claimed that it is unfair to entitle the pension funds to enjoy tax discounts, because the richer the people are, the more discounts they enjoy. Li youyuan (2003) believed that tax incentives can change an individual's decision on what kinds of endowment insurance he/she will choose by affecting the cost and revenue of the endowment insurance, and she urged that we must change our tax system.

1. The Existing Endowment Insurance System in China

1.1 The Aging Trend in China

The age structure of population is the most important structure in a country's population structure. According to definition of the Vienna World Assembly on Aging: Ratios of one country or area's population above 60-year-old to the general population exceed 10% or 65-year-old is 7% , then it can be defined as an old age type country or area. According to the fifth census in 2000, the old age population above our 60-year-old had reached 130120000, account for 10.3% of the general population, which proves that our country has already belonged to the old age type country.

Table 1 China's Population Developing Trend in The Future 50years

单位: ten thousand, %

Year	Population number	Population number in every age group				Proportion			
		0—14	15—59	60 +	65 +	0—14	15—59	60 +	65 +
2000	126722	30793	82876	13012	8837	24.3	65.4	10.3	6.7
2005	131789	27676	89880	14282	9964	21.0	68.2	10.8	7.2
2010	136232	27110	92502	16616	10944	19.9	67.9	12.2	7.7
2015	140329	27785	92056	20451	12930	19.8	65.6	14.6	8.8
2020	143605	27285	93056	23374	16277	19.0	64.8	16.6	10.8
2025	145655	26218	91180	28272	18727	18.0	62.6	19.4	12.0
2030	146545	24620	87927	34039	22864	16.8	60.0	23.2	14.6
2035	146511	23295	85123	38048	27671	15.9	58.1	26.0	17.6
2040	145687	22581	83916	39206	30808	15.5	57.6	26.9	19.5

Source: Guo changping, Du peng: international comparison memoir of Chinese aging population [R] China population research institute of Renmin University, 6/30/2003.

Although the family planning policy has effectively controlled the natural growth rate of china's population, the level of the aging of population remains an upward trend, which places a great pressure to China. According to table 1, we can get the following information:

Judging from the general population, it is estimated that the general population in China will reach 1.36 billion in 2010, then reach the peak value of 1.456 billion in 2030, and at last decrease to 1.4 billion in 2050.

Judging from the number of old age population and the trend of aging. In the future 50 years, the number of old age population, whose age is above 60 years old or 65 years old, is always increasing. In 2010, the number of people whose age is above 60 years old will reach 0. 166 billion, while the number of people whose age is above 65 years old will exceed 0. 1 billion for the first time, and this account 7. 2% of the general population. In 2043 or so, the number of people aged above 60 will reach 0. 4 billion, and the ratio to the general population is still increasing.

In the demography, the ratio of the old age population and teenager population to the labouring population can to some degree reflects society's population pressure. According to table 2, we can know that, the population dependency ratio exists an upward trend, this is because the old age population's dependency ratio is increasing year by year, and it will exceed the teenager population's dependency ratio in 2025. We can also estimate that the old age population's dependency ratio will reach 50% in 2045.

Table 2 The Population Dependency Ratio in The Future 50 Years in China

单位：%

Year	2000	2005	2010	2015	2020	2025	2030	2035	2040	2045	2050
Teenager dependency	37. 2	30. 8	29. 3	30. 2	29. 3	28. 7	28. 0	27. 3	27. 0	27. 3	28. 3
Old age Fdependency	15. 7	15. 9	18. 0	22. 2	25. 1	31. 0	38. 7	44. 7	46. 7	50. 0	56. 8
Total Fdependency	52. 9	46. 7	47. 3	52. 4	54. 4	59. 7	66. 8	72. 0	73. 7	77. 3	85. 1

Source: like the table 1.

Compared with other counties, the trend of aging population in our country has two big obvious characteristics: one is the base number is very big and develops very quickly, which can be proved by the tables above; the other is the economic base is poor and the burden is big. At present, our country is still a developing country, but the course of the aging of population has exceeded the developed countries. When Japan entered old-age society its GNP per cap has already exceeded 1700 U. S. dollars, had a very abundant financial resources to face the old age society, while our country's GNP per cap was only 800 U. S. dollars in 2000 when we had come to the old age society, so our country is confronted with a great pressure for the aging problem.

1. 2 The Analysis of China's Current Endowment Insurance System

The current pension system is SP&IRA, and it is the outcome of the combined action of common choice and society economic growth, this pattern has a certain effect in the respect of improving people's livelihood, servicing the impartial construction of the society. This can be proved as follows: firstly, we have established a three-pillar pension system which includes public pension, occupational annuity and individual commercial endowment insurance; secondly, we have realized the transition from the traditional system to the modern system paying more attention to the socialization responsibility (all the enterprises, employees and government should contribute to the system); thirdly, the coverage is becoming bigger and bigger, which enable many people to share the achievement of the social economic development when they retire. But on the other hand, we must see that there still exist some difficult problems to be overcome and the modern system's efficiency remains to be improved.

1.2.1 The Modern System Is Short of Equity

First, the modern system is a binary structure which differentiates the city and countryside. In rural china, there is short of a comprehensive and sustainable rural pension system, the elderly people depend mainly on family support and land support, which is facing with serious challenges. In fact, in the past decade years we lunched a pension system designed for the farmers. In its peak stage, there were 31 provinces and more than 2000 counties establishing their own rural pension systems, and covered more than 0.1 billion farmers. But the participation ratio regressed due to many reasons at last.

As a social policy, it is the biggest unfair fact that our pension system does not provide security for most peasants which accounts for the largest part of China's population though there are many social and economical restrict.

Table 3 The Situation of Rural Pension System

Year	1998	1999	2000	2001	2002	2003
Participants (ten thousand)	8025	8000	6172	5995.1	5462	5428
Pension income (ten thousand Yuan)	166.2	NA	195.5	216.1	233.3	259.3
Farmers (ten thousand)	35177	35768	36043	36513	36870	36546
Participation ratio (%)	22.8	22.4	17.1	16.4	14.8	14.9

Data source: China Statistical Yearbook, Statistical Communique of Labor and Social Security in China

Second, the number of people covered by urban public pension system is very small, many people are excluded from the basical security. Though the fundamental endowment insurance abides by the principle of broad coverage and low security, and coverage rate is always increasing, while it is still far below the optimal replacement rate.

Table 4 The Coverage Rate of The Public Pension System

units: ten thousand,%

Year	2001	2002	2003	2004	2005	2006	2007
A(total employees)	73025	73740	74432	75200	75825	76400	76990
B(urban employees)	23940	24780	25639	26476	27331	28310	29350
C(participants)	14182. 5	14736. 6	15506. 7	16352. 9	17487. 9	18766. 3	20137
Coverage rate1 = C/A	19. 4	20. 0	20. 8	21. 7	23. 1	24. 6	26. 2
Coverage rate2 = C/B	59. 2	59. 5	58. 6	61. 8	64. 0	66. 3	68. 6

Source: Statistical Communique of Labor and Social Security in China

Third, under the current pension system, different kinds of interest group enjoy different pension policies. For example, public officials' pension system is specified designed and the free workers' pension system is still only discussed on the papers.

1.2.2 The Modern System Is Short of Efficiency

First, the contribution rate is high while many economic units are reluctant to afford the fees. Now, the enterprises and public institutions are still the main source of fund for the system, though the center government will give some subsidy to some poor provinces, the decision-makers still hope to achieve the purpose by increase the contribution rate. So this place a bigger pressure to the employees on duty and the enterprises on the one hand, and on the other hand, many enterprises are reluctant to pay for the fees due to lack of mutual-helping system, then at last the real replacement rate of the pension is lower and lower and the income is always less than the expense.

Second, the occupational annuity and the individual commercial endowment insurance develop very slowly, the multi-pillar pension system is more than a form. We have suggested established a multi-pillar pension system in 1997, but by far the second and the third pillars still develop very slowly which don not bring their due effect into the system. The supplemental endowment insurance systems can play two complementary roles for the fundamental insurance: one is to increase the security level, the other is to expand the coverage range. As far as our country concerned, the second role is more important and urgent because 80% or so of population are excluded from the public pension system.

In 2006, the group endowment insurance premium is 38. 9 billion Yuan, and more than 240 thousand enterprises had established occupational annuity system, the scale of the fund is 91billion Yuan and about 9. 64 million employees are covered by this system. But there are two flaws of this system: one is the scale is too small, the other is that the vast majority of the sponsors are state-owner monopoly enterprises while less than 100 unites of the 2.3 million small and medium-sized enterprises which covers 75% of the employed population establish this system, and in the state-owner monopoly enterprises this system is more than a tool to seek welfare interest for their staffs. So this system just "adds flowers to embroidery", but not "helps a lame dog over a stile yeoman's service" to fundamental endowment insurance.

Third, the scale of the individual pension is small, the premium is only 23.7 billion Yuan in 2006.

Therefore, under the modern system arrangement, if we don't change the policy and system pattern, the complement effect of the supplemental endowment insurance systems to the fundamental endowment insurance is also as trifling as it was even if it develops rapidly.

1.2.3 The Gap of The Public Pension Is Wide and The Individual Account Is Out of Money

The combination of SP and IRA is the main reason of modern system's poor efficiency. Though there has a surplus every year when the condition of the income and expenses of the fundamental insurance is considered and the surplus even comes to 739.1 billion Yuan in 2007, this outside performance has hided the deep-seated problem and contradiction.

In fact, there is a great gap in the public pension fund and the gap has a growing trend because of irrational sharing and responsibility for the transition cost and imbalance calculating of the fundamental endowment insurance fund. According to statistics, in 1998, the gap was 10 billion Yuan, 1999 was 20 billion Yuan and in 2000 it increased to 30 billion Yuan. An institute of Labor and Social Security expects that the deficits of the fund under modern system will increase year by year from 2004 to 2033, from 51.1 billion Yuan in 2004 to 441.3 billion Yuan in 2033, and the total deficits will come to 8.2 trillion Yuan, at the speed of 273 billion Yuan per year.

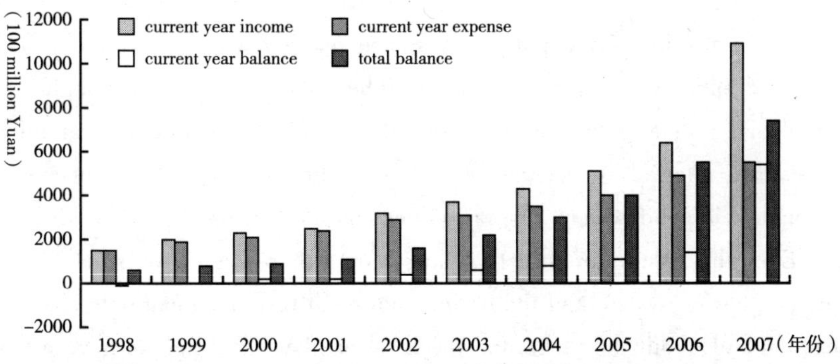

Graph1 The Condition of The Income and Expenses of Public Pension in China

Data source: Statistical Communique of Labor and Social Security in China and Yearbook of China's Insurance

This situation forces the government to bridge the gap using a large amount of revenue every year. But this measure can do nothing but just work at the temporary exact time because of the pension system's flaws.

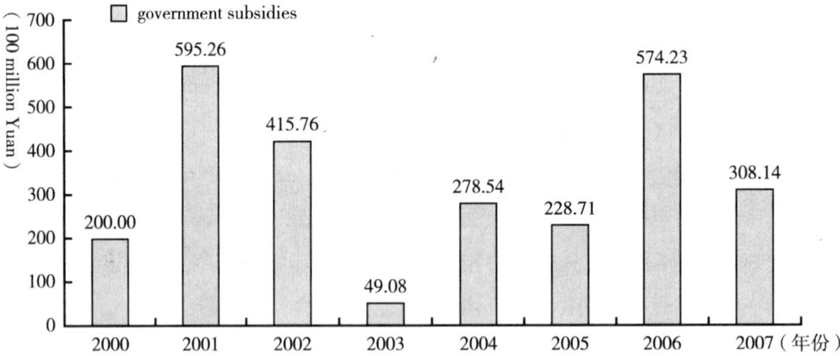

Graph2 The Government Subsidies for The Fund of Public Pension

Data source: China Statistical Yearbook

2. To Develop The Individual Commercial Endowment Insurance Using Lever of Lax Incentives

2.1 The Feasibility Analysis of Using Tax Incentives on The Individual Commercial Endowment Insurance

Ippolito (1987) estimated that 20% of the middle class' income would be paid as tax when they retired if the pension funds could not enjoy the tax revenue discounts in America, and this ratio of the people whose income is higher than the middle class's would reach 40%.

In China, the tax incentives policies designed for endowment insurance include: the fees for the basic endowment insurance paid by the companies and the employees do not need to pay income tax; a certain proportion of the fees for the occupational annuity paid by the companies are allowed to reorganize as cost, don't need to pay income tax; the individual commercial endowment insurance pension that retirees receive dispenses with income tax. Even this, there are still two flaws: first, there are many people are excluded from the public pension system and the basic endowment insurance can only ensure personal basic living standard, both the range and the level are low. But people have a very strong stiffness appealing to the living standard. If we divide the people into three group according to the standard-consumption group-method: the teenage group, the labor age group and the old age group, then the pension must account for 18.8% of GDP if we want to maintain the old age's living standard while the proportion is only 3% in China's modern time. Second, the number of people covered by the occupational annuity is only 5% of the total population and most of the launchers are state-owned monopoly enterprises while the small and medium enterprises can not afford it. In addition, only the fees paid by the employers can dispense with income tax while there is not a definite policy that allows the employees' can enjoy the same incentives. In fact, in many enterprises the occupational annuity does not play its due role: the majority of enterprises who establish a occupational annuity system will undertake a discriminate policy of distribution, that is, withdrawing the insurance in a very short time after purchasing and allocating the so-called pension to the employees, at last, the pension become the personal current disposable income.

So, due to the lack of tax incentives for individual commercial endowment insurance and many other reasons, the supplementary pension insurance develop very slowly in China and the amount of premium of the individual commercial endowment insurance is very small. (date shows that China's per cap commercial pension insurance premium is about 431 Yuan, this is 1/10 of the international average lever and 1/70 of the United States).

In fact, with the rapid development of China's economic, people's consumption power is growing year by year (the level of per cap consumption increased from 4632 Yuan in 2000 to 10000 Yuan in 2007), and so is the income level (the GDP per cap increased from 7858 Yuan in 2000 to 18268 Yuan in 2007). So, there is a big potential demand for the individual commercial endowment insurance, and it will be of great significance for people reaching a good living standard by their own ability when they are retired to stimulate their purchasing power of the individual commercial endowment insurance with tax incentives, under the fact that both the basic pension and the occupational annuity are confronted a lot of difficulties.

There is not only a strong demand basis but also a strong supply basis developing the individual commercial endowment insurance with tax incentives.

First is the supply basis on the policy.

One, there is a certain of social security attribute when it comes to the purpose of the individual commercial endowment insurance, so it can reduce government cost for pension at least because of its positive externalities.

Two, the operation of individual commercial endowment insurance must follow the general principles of business management, and this operation and dependence must run in according to the principle of risk and avails must be symmetrical. However, this symmetrical principle is hard to comply with because of the defects of the market, the imperfection of the financial market and the characteristics of the individual endowment insurance. So, it is necessary for the government to undertake some measures to promote its development in according to the symmetry principle.

Three, the government may loss some tax revenues from the individual because of the tax incentives, but it will get additional revenues from other two aspects: first is the increasing of business tax and other taxes because of the lunching of such insurance by the insurance companies; second is the reduction of the number of people who need help from the government.

Second is the supply basis.

One, as is analyzed above, China's current individual endowment insurance develops very slowly and the premium per cap is less than 500 Yuan which is far below the level of the developed countries, but the scale of the high-income group is growing larger and larger. So, it is sure that the potential demand of the insurance will change into reality demand if the government does some stimulus to the insurance.

Two, to the individual, there are many financial products which can also achieve the same purpose as the individual commercial endowment insurance in the market. If many financial products can achieve the same purpose when the individual chooses different products, at this time, they will choose the product which is more advantageous on financial affairs, that is the lowest cost or the highest revenue. In the following part, I will prove that the individual commercial endowment insurance must be the most favorable financial product if we give the same tax incentives to all products.

It is obvious that people's income when he is on duty is greater than the income when he retires, so the average tax rate is different between working and retiring when the income tax is calculated under a progressive tax system.

Assumption: someone still has a spare fund of M Yuan after deducting the normal consumption expenditure from his/her disposable income, and the tax rate ist_1 . He can invest this fund in the form of annuity with a n-year period at the rate of r. calculating the compound interest once a year and the interest tax rate is t_2 . At the same time, if he gains this in pension rather than the interest and principal form after he retires, the tax rate would be t_3 , and it is obvious $t_3 < t_2$.

So, firstly, if this fund is invested in other financial products with a n-year period, then the net revenue after tax would be:

$$R_1 = M * (1 - t_1) * \sum_{i=1}^{n} (1 + r)^i - M * (1 - t_1) * \sum_{i=1}^{n} (1 + r)^{i-1} * r * t_2$$

Second, if this fund is invested in the individual commercial endowment insurance allowing for tax incentives with a n-year period, then the net revenue after tax would be:

$$R_2 = M * (1 - t_3) * \sum_{i=1}^{n} (1 + r)^i$$

Then:

$$\triangle R = R_2 - R_1$$

$$= M * \sum_{i=1}^{n} (1 + r)^i * (t_1 - t_3) + M * (1 - t_1) * \sum_{i=1}^{n} (1 + r)^{i-1} * r * t_2$$

$$\because t_3 < t_2$$

$$\therefore \triangle R > 0.$$

That is $R_2 > R_1$.

2.2 The Quantitative Analysis

In this part I propose to design a special commercial endowment insurance product which enables individual who can afford it to enjoy tax revenue discounts according to his/her income, so that many individual can solve their aging problems by themselves. And this paper will prove that there is a purchasing scale which makes the fiscal tax revenue reach a well-taken balance on this product.

Assumptions:

ⅰ all the employees in duty participate the basic pension insurance, and the premium will paid for 20 years, don not considerate the condition of the occupational annuity;

ⅱ the special endowment insurance is applied to the urban residents between the age of 30 to 40 years old of urban residents, with a 20-year payment period, the year of 2008 as the starting year;

ⅲ the growth rate of the money wage. Because of the economical development and the change of the wage system after the launching of China's reform and opening-up policy, the average wage growth rate is more than 10% over the past 20 years according to China Statistical Yearbook. But in this paper I choose 7% as the wage growth rate when taking into account the fact that the future of china's economy will be more stable;

ⅳ the rate of return on investment. The investment of the pension funds must comply with the principle of safety and profitability when considerate the characteristics of it. In modern time, our policy just allows it to invest in the government bonds and bank deposits, in the future, this range will expand to other available financial tools with the development of china's financial market. So, in this paper I choose 4% as the rate of return on investment.

Ⅴ in this paper I just calculate the pure premium using the 2003 China life industry's life table.

First, calculate the average annual pension (provided by the individual commercial endowment insurance) which can provide his/her with a good living standard after retiring.

As we known, maintaining a certain level of living standard is equal to ensure a certain level of consumption. According to the empirical data, the mount of consumption expenditure generally accounts for 85% of the total income and the standard-consumption-theory proves that as long as guarantying the level of consumption in old age stage is 80% of the level of consumption of pre-retirement can ensure people's living standard when he/she is old. So,

$$B_0 = \sum_{i=1}^{20} M_i/20 * 85\% * 80\%$$

There B_0 represents the total average annual pension which can provide his/her with a good living standard after retiring. M_i represents the social average wage, which grows at the rate of 7%.

Then after calculating,

$$B_0 = 41007.$$

Second, calculate the annual basic pension which is calculated in according with the new method of calculation urban residents who join the basic pension system from 2008 can receive after they retire.

$$\begin{aligned} B_1 &= B_1' + B_1'' \\ &= M_R * 20\% + M_0 * 8\% * \sum_{i=0}^{19} (1+r)^{19-i} * (1+\lambda)^i/10 \end{aligned}$$

B_1 represents the annual basic pension people can receive after retiring, B_1' represents public pension funds, B_1'' represents the pension from the individual account, M_R represents the social average wage during the year before the employee retires, M_0 represents the social average wage in 2008, r represents the interest rate, λ represents the growth rate of wage.

Then after calculating

$$B_1 = 30928.3$$

So, $\triangle B = B_0 - B_1 = 10078.7$, and take this data as the annual pension funds provided by the individual commercial endowment insurance

Third, calculate the pure premium of this special insurance.

According to the nature and purpose of the special insurance, the calculation of pure premium is equal to calculating the annual premium of an extended survival annuity as follows:

The policy holder who is x years old continuity pays the premium of $\overline{p_t}$ for t years, the insurer will pay the pension of $\triangle B$ to the insured at the end of each year from he/she is $(x+n)$ years old, $x \in (30,40)$. So:

$$\overline{p_t}\,(\upsilon p_x + \upsilon_2^2 p_x + \upsilon_3^3 p_x + \cdots + \upsilon_t^t p_x) = \triangle B\upsilon^n\,({}_n p_x + \upsilon_{n+1} p_x + \upsilon_{n+2}^2 p_x + \cdots + \cdots)$$

$$\overline{p_t} = \triangle B\upsilon^n\,({}_n p_x + \upsilon_{n+1} p_x + \upsilon_{n+2}^2 p_x + \cdots + \cdots)/(\upsilon p_x + \upsilon_2^2 p_x + \upsilon_3^3 p_x + \cdots + \upsilon_t^t p_x)$$

And when $x = 35$ (we take the average data of 30 and 40 in order to avoid a difficult calculation), $t = 20$, $n = 25$ (though the retired age in China is 55 years old for female and 60 for male, we take 60 years old as the retired age for a easy calculation), υ represents a discount rate, its value is 2.5% .

So: $\overline{p_t} = 2604.7$

But, we can see that it does not take the growth rate of wage into consideration, and this is not reasonable because the wage growth is a important factor in the whole calculation process, so, after taking this factor into consideration, the premium must increase at the rate of λ and the original value is $\overline{p_t'}$ (the first year's premium):

$$\overline{p_t'}\,[\upsilon p_x + (1+\lambda)^1 \upsilon_2^2 p_x + (1+\lambda)^2 \upsilon_3^3 p_x + \cdots + (1+\lambda)^{t-1} \upsilon_t^t p_x]$$
$$= \Delta B\upsilon^n\,({}_n p_x + \upsilon_{n+1} p_x + \upsilon_{n+2}^2 p_x + \cdots + \cdots)$$

After calculation: $\overline{p_t'} = 2002.8$

At last, point out which kind of people can buy this special insurance and the scale of the purchasing.

Table 5 The Situation of The Urban Workers After Taking The Family's Responsibility into Consideration

单位: Yuan

Item	The nation	The lowest	The lower	The low	The normal	The high	The higher	The highest
Proportion	100%	10%	10%	20%	20%	20%	10%	10%
The total income per cap	14908.6	4604.1	6992.6	9568.0	12978.6	17684.6	24106.6	40019.2
The disposable income per cap	13785.8	4210.1	6504.6	8900.5	12042.3	16385.8	22233.6	36784.5
The consumption expenditure per cap	9997.5	4036.3	5634.2	7123.7	9097.4	11570.4	15297.7	23337.3

Data source: China Statistical Yearbook in 2007

According to the table above, we can divide the urban workers on duty into the following levels after taking their family's responsibility into account:

Table 6 The Levels of The Workers

单位: Yuan

Item	The lowest	The lower	The low	The normal	The high	The higher	The highest
Proportion	10%	10%	20%	20%	20%	10%	10%
The range of income	4000—6000	6000—8000	8000—12000	12000—16000	16000—20000	20000—24000	24000 +
The spare funds after consumption	100—500	500—1000	1000—2000	2000—4000	4000—6000	6000—8000	8000 +

Generally speaking, because people will consider buying the financial product only after taking the daily consumption into consideration, so the fees of the financial products must be a parted from the spare funds. Based the calculation and the table above $\overline{p_t'}$ = 2002. 8, we can infer that:

One: people can afford to buy the individual commercial endowment insurance as long as they belong to the income level of the normal and above, and this kind of people account for 60% of the total considered people.

Two: as we know, this kind of insurance is designed for employees whose ages are among 30 and 40 years old, and the number of this kind of people account for 14. 5% of the total population. So we can say that the number of urban employees whose ages are among 30 and 40 years old account for 14. 5% of the total urban workers if the age distribution of the urban people is the same as the rural people's.

Three, the number of the people who have the ability to buy the special endowment insurance and their age are among 30 and 40 years old account for 8. 7% of the total employees. In order to point out which income level and the number of people can afford to buy the special endowment insurance, the calculation of $\triangle B$ and $\overline{p_t'}$ above are all based on a social average level. But when it come to the definite levels of people, the value of $\overline{p_t'}$ and $\triangle B$ is different. So, we must calculate the definite values of $\overline{p_t'}$ and $\triangle B$ to different levels of people:

As we analyzed above, we must give the individual commercial endowment insurance a certain incentives on tax if we want to stimulate the potential power into the real purchasing power. It seems that the fiscal revenue will be reduced if we provide the individual commercial endowment insurance with a certain proportion of tax incentives, but the reality

Table 7 The Definite Values of $\overline{p'_t}$ and $\triangle B$ to Different Levels of People

单位：Yuan

Units	The normal	The high	The higher	The highest
Proportion	20%	20%	10%	10%
$\triangle B$	10078. 7	13713. 9	18608. 2	30786. 5
$\overline{p'_t}$	2002. 8	2725. 2	3697. 8	6117. 8

is opposite to this: firstly, it is not only the reduction of the fiscal revenue but also the reduction of the expenditure and the alleviation of the government's burden; secondly, the commercial business tax from the insurance companies will increase because of the launching of this insurance product. And in the following paper I will prove that using this individual endowment insurance can improve the social welfare without increasing or reducing the fiscal revenue.

Firstly, set the proportion of tax incentives. As we known, the richer people are, the more motivated people will have to use this product to reach his/her purpose of tax avoidance, and they will always buy a large amount of it. So, we must set a different tax incentives proportion table for different kinds of people in order to prevent this product to be the tax-paradise for the richer. According to the individual income tax rate table: The normal level: 30% ; the high: 35% ; the higher: 40% ; the highest: 45% .

And I stipulate the discount can not exceed 10% . of the total income. The results are as follows:

Table 8 The Setting of The Discount of The Income tax

单位：Yuan

	The normal	The high	The higher	The highest
Tax rate	30%	35%	40%	45%
$\overline{p'_t}$	2002. 8	2725. 2	3692. 8	6117. 8
Discount	100%	75%	54%	32%
The amount of deduction	600. 8	715. 4	797. 6	881. 0

Secondly, prove that there is a purchasing scale which makes the fiscal tax reach a well-taken balance on this product. According to the tax law, the insurance companies are exempted from the income tax when they start up the insurance products related to pension. So, companies only have to pay the business tax when they start this special individual endowment insurance, and the tax rate is 5% .

When discuss this in a model:

$$\Delta T = (a_0 x_1 + b_0 x_2 + c_0 x_3 + d_0 x_4)\eta - (a_1 x_1' + b_1 x_2 + c_1 x_3 + d_1 x_4)$$

The a_0 , a_1 , x_1 ; b_0 , b_1 , x_2 ; c_0 , c_1 , x_3 ; d_0 , d_1 , x_4 separately represent $\overline{p_t'}$s, the amount of deduction during the firs term, the number of people who purchase this product, and $\eta = 5\%$, represents the business tax rate.

Take data into the model, it is obvious that: $a_0\eta < a_1$; $b_0\eta < b_1$; $c_0\eta < c_1$; $d_0\eta < d_1$, so, we can not reach a balance on the fiscal if we take the discounts provided by the table 8, but we can also infer that if we readjust the discounts we will reach the balance at last. For example, it will be ok if we reduce the discount for the higher and the highest, like smaller than 10% , because at this moment $d_0\eta > d_1$. So, according to the model above, we can reach the balance $\Delta T = 0$ if we can make this:

$a_0\eta > a_1$; $b_0\eta > b_1$; $c_0\eta > c_1$; $d_0\eta > d_1$ at least one and no more than three of them is ok by readjusting the discount of tax.

3. Conclusions

After analyzing above, we can infer some conclusions as follows:

One: people can afford to buy the individual commercial endowment insurance as long as they belong to the income level of the normal and above, and this kind of people account for 60% of the total considered people.

Two: the number of the people who have the ability to buy the special endowment insurance and their age are among 30 and 40 years old account for 8.7% of the total employees

Three: we will reach the balance on the fiscal revenue at last by readjusting the discount of income tax as long as the number of the purchasing is large enough.

References

[1] Diamond P. A. : *National Debt in A Neoclassical Growth Model* [J], *American Economic Review*, vol. 55, 1965, issue5: 1126 - 1150.

[2] Diamond P. A. : *A Framework for Social Security Analysis* [J], *Journal of Economic Perspective*, vol. 10, number 3: 67 - 88.

[3] Feldstein and Martin: *The Optimal Level of Social Security Benefits* [J], *Quarterly Journal of Economics*, issue 2, 1985, may: 303 - 319.

[4] Feldstein and martin: *Behavioral Responses to Tax Rates: Evidence from TRA86* [J], American *Economic Review*, issue 2, 1985, may: 170 - 174.

[5] Yuan zhigang: *An Economical Analysis of The Choice of China's Pension System* [J], *Economic Research Journal*, 2001, No. 5: 18 - 19.

[6] Xu mei and Qiu changrong: *An Economical Analysis on The Choice of Different Groups on Pension System in China* [J], *The Journal of Quantitative & Technical Economics*, 2006, No. 6: 22 - 29.

[7] Duan yutao: *Analysis of Difficulties and Problems in The Enforcement of China Endowment Insurance Regulations* [J], *Finance and Insurance Journal*, 2008, No4: 54 - 56.

[8] Chen jianqi: *An Analysis and Assessment of The Pension System in China with Models* [J], *Journal of East China Normal University*, vol. 38, No. 3, 2006, may: 112 - 116.

[9] Yuan zhigang and Song zheng: *The Age Composition of Population, The Endowment Insurance System and Optimal Savings Ratio in China* [J], *Economic Research Journal*, 2000, No. 11: 24 - 31.

[10] Zhang xiaoyun: *A Quantitative Analysis of The Degree of Tax Incentives on The Private Endowment Insurance* [J], *Public Finance Research*, 2006, No. 5: 29 - 33.

[11] Hong xingjian: *An Index Analysis of The Endowment Insurance and Policy Recommendations* [J], *Finance and Trade Research*, 2002, No. 2: 48 - 52.

[12] Feng jin: *Welfare Analysis of China's Pension Reform* [J], *Economic Research Journal*, 2004, No. 2: 55 - 63.

[13] Zhuo zhi: *Definition of The Endowment Insurance and Policy Implications* [J], *Shanghai Insurance*, 2005, No. 4: 18 - 20.

[14] Zhang xiaoyun: *An International Comparison and Analysis of Tax Policy on Endowment Insurance and Policy Recommendations to China* [J], *Public Finance Research*, 2003, No. 9: 19 - 24.

[15] Chen shou, Liu duan , Qiu xiaoyan, Li shuangfei, Zeng wei: *The Research of The Incentive of Individual Income Tax Payout in The Pension Partial Accumulations System Application* [J], *Economic Research Journal*, 2008, No. 1: 42 - 50.

[16] Liang xueping and Chen feng: *Cogitation on Tax Incentives of Individual Endowment Insurance* [J], *The Banker*, 1997, No. 1: 59 - 60.

渔民对渔业保险需求影响因素研究

——以湖北省为例

吴　江

湖北省是内陆淡水养殖最大省份。2004—2007 年，渔业对全省农民增收的贡献率为 61.26%；2009 年渔民人均纯收入达到 7700 元，比上年增收 700 元。渔业在大农业中为农民增收的贡献率超过种植业和畜牧业，在大农业中继续保持增幅第一位。但是，渔业在保持多年增长的情况下，我们不能忽视渔业生产风险。渔业是一个高风险行业，结合湖北省自然气候特征和渔业生产实践，主要表现在以下几个方面：恶劣气候导致渔业损失；温度异常导致渔业损失；污染导致渔业损失；病害导致渔业损失。但是，湖北省当前渔民风险规避方法非常有限，如遇到灾害，主要是渔民自己承担。现代避险措施的缺失影响渔民生产积极性和生活水平的提高。在此背景下，开展淡水渔业保险的研究具有重要意义。

一、数据来源及描述性分析

本文数据来自 2009 年 7 月华中农业大学经济管理学院对湖北沙洋渔业经济的调研。本次调研主要是了解湖北重点渔业养殖区的生产情况，特别是渔业保险需求进行针对性的调查。共发放 150 份问卷，回收有效问卷 130 份。有效问卷涉及沙洋县的全部乡镇，其中有 127 名男性，3 名女性。男性占 97.69%，而女性只占 2.31%。

1. 渔民的个人特征

（1）学历。一般认为渔民受教育水平越高，接受新的事物的能力越强，能够认识风险的危害性和投保的好处。学历与保险需求成正比例关系。在调查中，年纪偏大的渔民受教育水平普遍较低，中年渔民的学历以初中和高中为主，大专以上非常少。分别是小学以下 18 人，占 13.85%；初中 73 人，占 56.15%；高中 37 人，占 28.46%；大专以上 2 人，占 1.54%（见表 1）。

表 1　不同学历保险需求分布

学　　历	购买(人)	比例(%)	不购买(人)	比例(%)
小学以下	15	83.33	3	16.67
初　　中	60	82.19	13	17.81
高　　中	34	91.89	3	8.11
大专以上	1	50.00	1	50.00

注：数据经过四舍五入、保留小数点两位，下同。

（2）年龄。在已有的研究中，大多数认为年龄越大，接受新事物的能力越缓慢；年纪大的经验丰富，抗风险的措施较多，投保的愿望就不足。但是渔民年龄越大，对风险种类认识越全面，对风险的后果认识越深刻，通过投保渔业保险规避风险的积极性越高。本次调查中，渔民的平均年龄为 47 岁，被调查渔民的年纪集中在 40—50 岁。具体是 40 岁以下 18 人，占 13.85%；41—50 岁 73 人，占 56.15%；51—60 岁 37 人，占 28.46%；61 岁以上 2 人，占 1.54%（见表 2）。

表 2　不同年龄保险需求分布

年　　龄	购买(人)	比例(%)	不购买(人)	比例(%)
40 岁以下	15	83.33	3	16.67
41—50 岁	60	82.19	13	17.81
51—60 岁	34	91.89	3	8.11
61 岁以上	1	50.00	1	50.00

（3）养殖年限。养殖年限越长，经历的灾害越多，给生产生活带来的影响更大。因此，一般认为养殖的年限与投保需求成正比例关系。在本次调查中，具体是 10 年以下 66 人，占 50.77%；11—20 年 60 人，占 46.15%；21 年以上的 4 人，占 3.08%（见表 3）。但是，在调查中的 4 位有 21 年以上养殖年限的老渔民都有投保意愿。他们在过去的养殖中，都有过大的灾害，损失惨重，如经历了 1997、1998 连续两年的洪水灾害。

表 3　不同养殖年限保险需求分布

养殖年限	购买(人)	比例(%)	不购买(人)	比例(%)
10 年以下	55	83.33	11	16.67
11—20 年	51	85.00	9	15.00
21 年以上	4	100	0	0

（4）干部。在我国农村，大部分的政策是通过一级级传达的。作为干部的渔民，接受信息的渠道比一般的渔民多。同时，为了落实一项新的政策，干部一般起带头作用。有干部身份的渔民与保险需求成正向关系。在本次调查中，有 23 人为干部（包括村、小组、渔场），占 17.69%；非干部 107 人，占 82.31%（见表 4）。

表 4　干部身份与保险需求分布

干　部	购买(人)	比例(%)	不购买(人)	比例(%)
不　是	91	85.00	16	15.00
是	19	82.61	4	17.39

2. 渔民的家庭特征

（1）非农收入比重。在调查中，一部分渔户有人外出务工，家庭收入来源多元化。在渔业受损失情况下，还有其他收入来维持家庭开支。一般认为，非农比重越高，投保意愿越低，非农收入与投保成反比例关系。调查显示，有 79 户没有非农收入，占 60.77%；非农比重在 0.01—0.20 的有 11 户，占 8.46%；0.21—0.40 的有 28 户，占 21.54%；0.41 以上的有 12 户，占 9.23%（见表 5）。

表 5　非农比重与保险需求分布

非农收入比重	购买(人)	比例(%)	不购买(人)	比例(%)
0	71	89.89	8	10.11
0.01—0.20	11	100.00	0	0
0.21—0.40	24	85.71	4	14.29
0.41 以上	4	33.33	8	66.67

（2）种植业收入比重。在调查中，我们发现相当部分的渔户还有种植业生产，包括水稻、棉花、油菜等。种植业收入比重越高，渔户进行渔业投保的意愿越低。种植业保险与渔业保险存在替代关系。调查显示，有 35 户没有种植业收入，占 26.92%；种植业收入比重在 0.01—0.20 的有 65，占 50.00%；0.21—0.40 的有 24 户，占 18.46%；0.41 以上的有 6 户，占 4.62%（见表 6）。

表 6　种植业收入比重与保险需求分布

种植业收入比重	购买(人)	比例(%)	不购买(人)	比例(%)
0	32	91.43	3	8.57
0.01—0.20	53	81.54	12	18.46
0.21—0.40	20	83.33	4	16.67
0.41 以上	5	83.33	1	16.67

3. 渔民生产特征

（1）养殖面积。一般认为，养殖面积越大，面临的风险越高，投保意愿更加强烈。本次调查中，平均养殖面积 27.59 亩，但是养殖户面积差别很大。具体是 0.67 公顷以下有 41 户，占 31.54%；0.67—2 公顷有 74 户，占 56.92%；2—3.33 公顷有 5 户，占 3.85%；3.33 公顷以上有 10 户，占 7.69%。其中 3.33 公顷以上的 10 户都是湖泊网箱养殖，其他大部分是池塘养殖。在表 7 中，我们发现 2 公顷以上 15 户都有投保意愿，也证明了养殖面积与投保需求成正比例关系。

表 7　养殖面积与保险需求分布

养殖面积	购买(人)	比例(%)	不购买(人)	比例(%)
0.6 公顷以下	27	65.85	14	34.15
0.67—2 公顷	68	91.89	6	8.11
2—3.33 公顷	5	100	0	0
3.33 公顷以上	10	100	0	0

（2）养殖技术培训。参加培训的渔民比一般的渔民掌握了更多的养殖技术，在发生灾害（如病害、冻灾）时，能够及时采取有效的措施，降低损失，可能减少投保需求。但是，养殖户也会通过培训系统认识渔业养殖风险和渔业保险益处，加强了投保愿望。在调查中，有 53 户参加养殖技术培训，占 40.77%；没有参加任何形式养殖培训的渔户有 77 家，占 59.23%（见表 8）。这同时说明，当地养殖培训严重不足，养殖科学水平较低，渔业生产面临的技术风险较大。

表 8　养殖技术培训与保险需求分布

养殖技术培训	购买(人)	比例(%)	不购买(人)	比例(%)
没有参加	58	75.32	19	24.68
参　　加	52	98.11	1	1.89

（3）名优养殖。对于名优品种，市场销路好、附加值高、但生产风险大。特别是有些品种养殖技术不成熟。因此从事名优养殖的渔户，投保意愿更加强烈。本次调查中，有 58 户成规模养殖名优品种，占 44.62%；72 户没有或养殖面积非常小，占 55.38%（见表 9）。

（4）抽样渔户遭灾程度。作为养殖户，近年遭受的灾害影响最大，其损失很大程度会影响本年度的生产。在本次研究中，我们主要考察 2008 和 2009 年自然灾害和病害对养殖户的影响。在调查中，在 2008 年遭受水灾的渔户最多，还有渔户遭受风灾和冰冻灾害，另外几乎每家都有病害。130 个调查户初步估计总损失 229 万多元，平均每户损失

表 9　名优养殖与保险需求分布

名优养殖	购买(人)	比例(%)	不购买(人)	比例(%)
有(规模以上)	56	96.55	2	3.45
没有(或很少)	54	75.00	18	25.00

注：养殖 667m^2 以上，认为成规模。

17645 元。具体是，没有受灾 22 户，占 16.92%；受灾较少有 48 户，占 36.92%，受灾程度一般有 35 户，占 26.92；受灾程度严重有 25 户，占 19.24%（见表 10）。

表 10　遭灾程度与保险需求分布

遭灾程度	购买(人)	比例(%)	不购买(人)	比例(%)
没　有	16	72.73	6	27.27
少	37	77.08	11	22.92
一　般	33	94.29	2	5.71
很　多	24	96.00	1	4.00

二、渔业保险需求影响因素的模型分析

1. 模型选择与构建

（1）模型选择。本文主要研究渔民保险需求，渔民有两种选择：不投保与投保。有投保需求记为“1”、没有的记为“0”。当我们研究这种机会概率问题或称为0—1 型问题时，在模型设定上，通常可选择逻辑生长曲线函数和正态分布函数两种形式，他们分别对应模型的是 logistic 模型和 probit 模型，但是 logistic 不需要严格的假设条件，能够克服线性方程受统计假设约束的局限性，具有更广泛的适用范围，出于实际情况的考虑，所以本文选用了 logistic 模型进行计量分析。

（2）模型设定。假设是取值为 0 和 1 的因变量，i = 1，2，3…n；x_{ik} 是 y_i 与相关的自变量 k = 1，2，3…n，则 y_i 与 x_{i1}，x_{i2}，x_{i3}，…x_{in} 的关系为：

$$E(y_i) = p_i = \beta_0 + \beta_1 x_{i1} + \beta_2 x_{i2} + \cdots + \beta_k x_{ik}$$

y_i 的概率函数为：

$$p(y_i) = f(p_i)^{y_i}[1 - f(p_i)]^{(1-y_i)}, y = 0,1; i = 1,2,\cdots,n.$$

Logistic 回归函数为：

$$f(p_i) = \frac{e^{p_i}}{1 + e^{p_i}} = \frac{e^{\beta_0 + \beta_1 x_{i1} + \beta_2 x_{i2} + \cdots + \beta_k x_{ik}}}{1 + e^{\beta_0 + \beta_1 x_{i1} + \beta_2 x_{i2} + \cdots + \beta_k x_{ik}}}$$

其中 P_i 表示渔民投保的概率，β_i 表示影响因素的回归系数。

2. 变量赋值

表 11 计量分析变量赋值表

变量名称	取值	变量定义	预期方向
是否需要渔业保险(y)	0 或 1	需要:赋值 1;不需要;赋值 0	
学历(x_1)	1—4	小学及以下 =1;初中 =2;高中 =3;大专以上 =4	待定
年龄(x_2)	1—4	40 岁以下 =1;41—50 岁 =2;51—60 岁 =3;61 岁以上 =4。	待定
年限(x_3)	1—3	10 年以下 =1;11—20 年 =2;21 年以上 =3	+
干部(x_4)	0 或 1	是:赋值 1;不是:赋值 0	+
非农业收入比重(x_5)	0—3	没有 =0;0.01 -0.2 =1;0.21 -0.4 =2;0.41 以上 =3	-
种植业比重(x_6)	0—3	没有 =0;0.01 -0.2 =1;0.21 -0.4 =2;0.41 以上 =3	待定
养殖面积(x_7)	1—4	10 亩以下 =1;10.1 -30 亩 =2;30.1 -50 亩 =3;其他 =4	+
渔业培训(x_8)	0 或 1	参加过 =1;没有 =0	+
成规模名优产品(x_9)	0 或 1	有 =1;没有 =0	+
近年遭灾程度(x_{10})	1—4	没有 =1;少 =2;一般 =3;很多 =4	+

3. 模型结果与分析

(1) 计算结果。运用 SPSS16.0 对数据进行回归分析，结果如下（表 12）：

表 12 计量模型分析结果

因素	回归系数	标准差	Wald 检验	自由度	显著性水平	e 的回归系数次方
学历	-0.349	0.582	0.359	1	0.549	0.706
年龄	1.138	0.591	3.705	1	0.054	3.120
年限	0.290	0.717	0.163	1	0.686	1.336
干部	0.695	1.048	0.439	1	0.508	2.003
非农业收入	-0.758	0.336	5.109	1	0.024	0.468
种植业比重	0.020	0.522	0.001	1	0.970	1.020
养殖面积	1.562	0.767	4.151	1	0.042	4.767
渔业培训	2.588	1.184	4.774	1	0.029	13.299
成规模名优产品	2.136	0.979	4.764	1	0.029	8.467
近年遭灾程度	0.765	0408	3.521	1	0.061	2.149
常数	-4.578	2.498	3.358	1	0.067	0.010

其中：-2 对数似然值 =59.051；Cox 和 Snell 的 R^2 值 =0.333；Nagelkerke 的 R^2 值 =0.577。.

(2) 对结果的讨论。第一，渔户的个人特征。通过计算，发现学历与购买渔业保险的意向成反比例（回归系数 = -0.349），这与国内大部分农业保险学者的研究不一致。学历对渔业保险需求的影响不大（显著性水平 =0.549）。根据调查，学历越高的渔民，收入一般更加多元化，如贩鱼、销售鱼饲料、鱼药、化肥等。同时，学历高的渔民社会关系网更广，在受灾时，可以得到多方面的帮助。在 10% 的置信度下，年龄对渔业保险购买意愿影响显著（显著性水平 =0.054），这与已有很多研究不同。我们在调查中发现，年龄大的渔民，在过去养殖中遭受灾害的次数更多，能够深刻体会渔业保险的好处。另外，老渔民由于体力的下降，在生产上趋于保守，更愿意通过投保来降低风险。养殖年限和干部身份对购买渔业保险成正向关系，但是影响的作用并不大。可能有以下原因：一是近两三年频繁发生的自然灾害，让绝大部分渔民认识灾害的危害性，老渔民只是体会更深。二是近年农村税费、干部等一系列改革，淡化干部身份，许多决策从实际经济利益出发。

第二，渔民的家庭特征。在表 12 中，我们发现，非农比重对购买渔业保险意愿影响显著（显著性水平 =0.024），并且成反比例关系，符合我们的预期方向。非农比重越大的渔民，将更多的精力和财力放到非农收入项目上。在调查中，有一部分渔民还从事运输、销售等行业；一部分家庭有人外出务工。种植业收入比重对购买渔业保险意愿影响极小（显著性水平 =0.970），主要是调查地区种植业比重普遍较低，种植业主要是满足家庭生活需要。但是在种植业比重较大地区，种植业保险会影响渔业保险需求。

第三，渔民生产特征。渔民的生产特征是影响购买意愿的主要因素，其四个指标均通过了显著性检验。经过测算，养殖面积是购买意愿的主要影响因素（显著性水平 =0.042），养殖面积越大，购买意愿越强。在内陆，湖泊水库养殖户的养殖规模比较大，主要是网箱养殖。但是，这种养殖模式容易遭受水灾，一场强降雨就能造成很大损失。另外，养殖大户的经济条件较好，能够承受投保需要的资金。是否参加渔业技术培训是购买意愿的主要影响因素（显著性水平 =0.029）。参加渔业培训的渔民一般接受新事物的能力更强，对养殖风险有更加理性的认识，希望通过保险有效规避风险。同时在调查中发现，参加培训的渔民一般是当地的养殖大户或者有成规模名优产品，他们面临养殖风险更大。是否有成规模名优产品是购买意愿的主要影响因素（显著性水平 =0.029）。近年来，内陆水产养殖趋向高附加值产品，在取得高收入时，也面临高风险。如调查地有一个村庄，2009 年引进罗非鱼，由于池塘老化、水位偏低，鱼苗大量死亡，损失较大。还有一些品种种质下降，容易发生病害。在 10% 的置信度下，近年遭灾程度对渔业保险购买意愿影响显著（显著性水平 =0.061）。近年的灾害对渔民对现在生产生活影响最大，在心理层面对较低灾害损失、得到外部支持帮助非常迫切。

三、对策建议与进一步研究方向

1. 对策建议

（1）建立政策性渔业保险制度。渔业是高风险行业，单纯依靠商业保险或者渔民互助都不现实。国家应该在充分调查的基础上，结合各地方渔业发展的实际，制定渔业保险发展规划。这个规划需要考虑政府、保险公司、企业、养殖户等多方利益。政策性渔业保险制度的核心是政府通过各种方法支持保险公司（或保险合作组织）推动渔业保险，他们在经营上接受政府和投保人的监督，渔民投保费用享受政策支持（保费补贴、保费减免等）。

（2）提高财政支持力度，增加渔民投保积极性。我们可以将传统养殖品和名优养殖品保险分开。传统养殖品对大部分渔民的生活影响大，政府在提供补贴前提下，采取强制性保险。而对于名优养殖品的保险，在自愿的基础上，享受保费补贴。目前，渔业补贴是国家财政支持非常薄弱的环节，渔业保险还没有得到中央财政的支持，许多地方财政也没有将渔业保险列入支持对象。

（3）加大渔业保险宣传工作。在开展大规模渔业保险前，帮助渔民认识保险、了解保险和接受保险，提高渔民对渔业保险好处的了解，增强风险的防范和转移意识，提高参保率。这项工作需要各级政府支持，保险公司具体推动。

（4）培育发展渔业合作组织。单家独户的渔民抵御风险的能力是微不足道的，在自然灾害面前，农户期望加入一个组织，依靠集体力量抗灾救险。渔业专业合作组织是渔业保险的一个重要载体，随着专业合作组织生产经营规模的集中，合作组织成员希望渔业保险的介入来转移生产经营活动中的风险。如沙洋新农水产专业合作社，通过“合作社 + 基地 + 渔户”的经营模式，不断发挥合作社优势，有效降低社员养殖风险。2008 年一位社员青鱼大面积得病，大概损失 5 万元，最后合作社承担了 2 万元的损失。

（5）建立多险种支撑的风险分散机制。政策性渔业保险按经营内容可以分为生产经营保险、水产品加工保险以及其他与渔业有关的保险[8]。因此开展渔业保险不仅仅限定在养殖风险保险，还可以将渔业生产设备（渔船、房屋、渔具）、渔民人身安全等纳入政策性保险支持范畴，达到“以险养险”，降低保险公司运营风险，增强保险供给持续性。

2. 进一步研究方向

就与调查点相同或相似地区，本研究是有一定价值的，但是对于不同养殖类型地区保险需求情况，可能有较大差异。因此下一步研究要扩大调研范围，增强研究的适用性。其次，渔业保险需求因素研究是整个渔业保险研究的基础，我们将在进一步调研基础上，重点解决下列问题（1）量化支付意愿；（2）保险费率测算与定价；（3）如何防范渔业保险中的道德风险和逆向选择；（4）渔业保险实现模式研究。

参考文献

[1] 庹国柱，李军. 农业保险［M］. 北京：中国人民大学出版社，2005：329 - 342。

[2] 孙颖士，李冬霄．关于推进建立政策性渔业保险制度的政策建议［J］．中国渔业经济，2009（1）：60－65。

[3] 宁满秀，邢郦，钟甫宁．影响农户购买农业保险决策因素的实证分析：以新疆玛纳斯河流流域为例［J］．农业经济问题，2005（6）：38－42。

[4] 李彧挥，孙娟，高晓屹．影响林农对林业保险需求的因素分析——基于福建省永安市林农调查的实证研究［J］．管理世界，2007（11）：71－75。

[5] 王敏俊．影响小规模农户参加政策性农业保险的因素分析——基于浙江省613户小规模农户的调查数据［J］．中国农村经济，2009（3）：38－44。

[6] 周稳海，赵桂玲，尹成远．河北省农业保险需求的Logistic模型分析［J］．中国乡镇企业会计，2008（7）：126－127。

[7] 金麟根，李娟．关于建立国家支持型渔业保险体制的构想［J］．中国渔业经济，2003（6）35－37。

[8] 杨子江．中国渔业保险历史积累风险初探［J］中国渔业经济，2004（2）24－26。

论小额信贷保险对小额信贷市场的“帕累托改进”

李 婷

在世界银行扶贫协商小组（CGAP）关于小额信贷的定义中，小额信贷是指为低收入家庭提供金融服务，包括贷款、储蓄、保险和汇款服务。保险是小额信贷的服务项目之一，而我国在实际操作中将重心落在了贷款服务上。当前，农村保险市场的滞后已经在一定程度上影响了小额信贷的发展。所以我们可以利用这一契机，用小额信贷机构的发展带动农村保险业务，使小额信贷与保险之间相互促进。

小额信贷保险，是专门针对在金融机构办理短期贷款的借款人遭受意外伤害事故的风险而量身定做的险种。它既保证了银行贷款顺利收回，同时也为借款人一旦发生的人身意外提供了保险保障。目前，对于我国的小额信贷机构而言，农村信贷市场的风险是巨大的，这就在一定程度上制约了其从事小额信贷的积极性，而农户不能按时足额还贷的原因也是主观与客观因素兼而有之，单纯依靠小额信贷机构的力量是难以有效降低贷款风险的。而引入保险可以有效减少其中的一些客观因素所造成的贷款损失，极大地降低小额信贷机构的贷款风险。

一、农村小额信贷保险发展的“土壤”环境

农村小额信贷保险要发展，最基本的前提条件就是农村小额信贷市场为其提供适宜“生根发芽的土壤”。接下来我们就从经济学的角度出发，通过对农村小额信贷市场的供求进行“帕累托”分析，来研究当前农村小额信贷的发展状况能否为农村小额信贷保险的发展提供“肥沃的土壤”。

在农村信贷市场中，贷款者主要是农村信贷机构（以 L 表示），借款者主要是农户（以 F 表示）。按照经济学理论，我们可以定义农村信贷机构和农户进行交换

的“商品”是贷款和利息。如果我们用横轴表示利率 r、纵轴表示借（贷）款量 m，则对于农村信贷机构而言，正常情况下，当利率提高时，从营利性出发，它愿意提供较大规模的资金供给；而在农村小额信贷市场上，由于国家对于小额信贷的宏观政策与信贷机构自身收益最大化的目标不一致，就使得其无差异曲线呈现出一种“异常”性，即当利率提高时，农村信贷机构选择提供较小规模的资金供给，其贷款供给曲线（无差异曲线）向右下方倾斜。

究其原因，这一“异常”主要源于以下三方面的问题：

第一，业务盈利过低。在我国，农村小额信贷目前基本上是政府主导的，而其资产回报率只有 2%，这与商业性银行追求盈利的目标是相悖的。

第二，贷款回收率低。农户小额贷款的还贷期限，科学地讲，应根据农户投产作物的生长周期分类别加以确定。但目前很多此类贷款期限都在一年以内，无疑使得诸多贷款农户无法按时还款，也就导致信贷机构贷款回收率偏低。

第三，贷款额度过低。当农户贷款额度超过小额信贷限额时，信贷机构要求农户提供担保，于是“无资可抵”的农户就把贷款量停留在了“小额”上。

而对于农户来说，当利率较低时，他们只需支付较少的利息费用就可以获得生产资金，这时农户就有较高的贷款积极性，反之则较低，即其贷款需求曲线（无差异曲线）向右下方倾斜。

如果将农户的无差异曲线图绕其原点按顺时针方向旋转 180 度，并把它的横轴、纵轴分别与农村信贷机构的无差异曲线图的横轴、纵轴相连，我们就可以得到埃奇沃思盒状图（如图 1）。

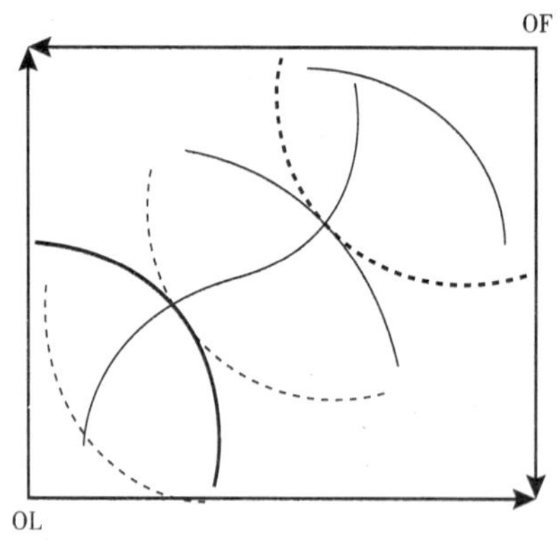

图 1　农村信贷市场的埃奇沃思盒状图

图 1 中的纵轴长度表示农村信贷机构可以提供贷款的总量，横轴长度表示当前利率水平的变化区间。OL、OF 分别表示农村信贷机构（L）和农户（F）的无差异曲线图的原点，虚线、实线分别表示农村信贷机构、农户不同效用水平的无差异曲线，使得两者效用水平最大的无差异曲线是分别是图中加粗的虚线与实线。

通过图 1 我们可以发现，农村信贷机构的效用水平与农户效用水平的变化方向是正好相反的。它们其中一方要提高自己的效用水平，就必须降低另外一方的效用水平。从经济学的角度考虑，如果任农村信贷机构和农户自主调节各自的效用水平，则很难达到一个使得社会福利水平有所提高的“双赢”状态。所以，“第三方”的介入，对于农村信贷机构和农户效用水平都得到改善而言，是必要的。而从农村小额信贷的特殊性出发，农村小额信贷保险应该是最合适的“第三方”。由此我们可以说，农村小额信贷市场中具备农村小额信贷保险发展的“土壤”。

二、农村小额信贷保险的“助推效用”分析

对于农村信贷机构而言，农村小额信贷保险的出现，为其业务开展提供了如下保障：

第一，农村信贷机构的小额贷款大部分是无抵押的信用贷款或农户联保贷款。通常如果贷款主体发生意外，则其所借贷款很难追回，极易成呆、坏账。而小额信贷保险可以帮助农村信贷机构有效转嫁贷款风险。据相关数据显示，农户小额信贷保险自2004年由太保寿险肇庆中心支公司与当地信用社共同推出以来，截至2008年第一季度，已累计为12548个贷款客户提供了高达7.8亿元的意外伤害保障，理赔案件19宗，赔付金额76.12万元。可以说“农户小额信贷保险同时为金融机构引入保险机制提供了一个新的思路”。

第二，保险公司能够根据各地情况，不断开办新险种，这将在很大程度上促进银行信贷业务的发展。同时，保险公司经常与银行、信用社联系，双方还可以根据各自工作范围，相互制约，共同促进信贷资金的正当使用和安全。

对于农户而言，农村小额信贷保险的介入，则为他们带来了如下“福音”：

第一，对于办理了小额信贷保险的借款农户来说，其因意外致贫的可能性被极大降低。农业生产容易遭受自然风险和市场风险的双重威胁，恶劣天气、农产品价格的季节性波动、预期收入的任何损失等都会对农户实际收入产生重大影响，进而降低其还款能力。而农村小额信贷保险补偿农村信贷主体因自然灾害或意外事故导致的损失，避免其因损失而无法偿付贷款造成的信贷风险的特点，则恰到好处地摘去了农户的“愁帽”，为其按时还贷提供了保障。

第二，受传统观念的影响，农民保险意识较差。要让农民真正信任保险、放心买保险，最关键的就是要满足农民的真实需求。当农民感受到贷款买信贷保险的好处时，其购买保险的意识和积极性就会极大提高，也就会从根本上提高小额信贷给农户带来的效用水平。

为此，自2004年以来，各地由政府、农村信用社和保险公司联合，针对当地农村信贷的风险特性，以及农户的实际境况和还贷能力，推出了各式农村小额信贷保险模式，真正的将“政府财政补贴，专业的商业保险公司运营，农村信贷机构收款有保障，农户借贷方便、还贷无忧”有机结合为一体。这其中以广东省、山东省、江苏省的小额信贷保险模式最具代表性。其分析对比如表1所示。

表 1 广东省、山东省、江苏省小额信贷保险模式对比

<table>
<tr><th>省/市</th><th>模 式</th><th>开设险种以及相关举措</th><th>优 点</th></tr>
<tr><td>广东省三水区</td><td>“农业保险 + 优惠信贷”模式</td><td>开设险种：养殖瘦肉型猪保险等；
保费交纳：政府、农户各承担一定比例；
保险责任：洪水、台风等自然灾害；家禽的多种重大病害；泥石流、火灾等意外事故；
信贷优惠：购买政策性农业保险的农业贷款，给予在原执行利率的基础上下浮 5% 的利率优惠。</td><td rowspan="4">（1）最大限度保证了贷款偿还可能性，且为农户进行灾后复产减轻了负担；
（2）政府将灾后补助资金前移为灾前预防补贴，保障了农户灾后生产恢复能力。</td></tr>
<tr><td>广东省高要市</td><td>“新型农业综合保险 + 信贷”模式</td><td>开设险种：人身安康险、水稻保险、养鱼保险、养虾保险等；
政府职责：资金筹措（财政补贴等）；
农信社职责：归集保费、对资金实行专户管理，对参保农户提供贷款优先、利率优惠的信贷扶持；
保险公司职责：收集数据、评估风险、厘定费率、理赔查勘等。</td></tr>
<tr><td>山东省</td><td>“农业保险 + 小额信贷”模式</td><td>开设险种：个人贷款附加意外伤害保险；
保险金额：一般与贷款金额相同；
保险期限：一个月到两年不等；
农信社职责：代理为贷款人办理投保手续；
保险公司职责：从代理保费中按一定比例向农信社支付相关费用，承担赔付工作。</td></tr>
<tr><td>江苏省</td><td>“个人信用保险 + 银行小额贷款”模式</td><td>开设险种：个人贷款信用保证保险；
被保险人：发放贷款的银行；
承保对象：贷款客户的信用风险；
借款人权益：投保信用保证保险后，无需抵押就可在银行申请小额信用贷款，贷款金额最低 1 万元，最高为个人月收入 7 倍。</td></tr>
</table>

通过以上分析，我们可以看出，在农村小额信贷保险介入农村小额信贷市场以后，农村信贷机构的最大放贷风险——高呆坏账率被降低了，农户的最大借贷风险——低还贷保障率被提升了。农村信贷机构和农户双方通过农村小额信贷获取的效用水平在一定程度上都提升了，而不再是起初的此增彼减。

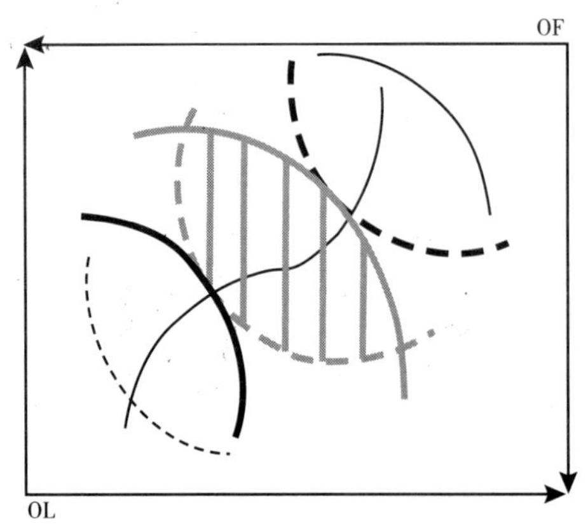

图 2 农村信贷市场的“帕累托改进”

如图 2 中阴影部分所示，农村信贷机构和农户都能移动到比初始状态更高的无差异曲线上，这样双方均能从“交换”中得到好处，这种改变我们称之为“帕累托改进”。

三、农村小额信贷保险存在的问题和改进建议

在农村小额信贷保险的“助推作用”下，农村小额信贷市场并未达到经济学中的“帕累托最优”，其原因在于：

第一，农村信贷机构在一定程度上垄断了农村信贷市场，为了降低自身的信贷风险，其在实务操作中会将贷款农户是否购买小额信贷保险作为审核条件，致使农户对小额信贷保险的购买由自愿转性为“硬性指标”，这不但违背了商业保险的自愿性原则，也极大地抑制了农户的贷款需求和积极性。同时，虽然农户也认识到了小额信贷保险的好处，但是前期保费的支出，如果没有政府补助，仅由农户个人承担，对于保险意识本就浅薄的他们来说，将是“多花钱”，这也有可能降低其贷款需求。在这种信贷机构“强制要求”，农户“节支缩需”的状态下，小额信贷保险给信贷机构和农户带来的效用水平改进程度便“大打折扣”。

第二，由于农村小额信贷保险的发展时期较短，保险公司无法取得充足的原始数据，这便使得其在费率厘定、保费分成比例的划定上缺乏规范性和标准性。此险种的新兴性也使得保险公司在查勘理赔上没有经验可循，随之便出现了理赔效率低、保险赔付的时期跨度过长、农户退保的风险较大等一系列问题。而这必将使得小额信贷保险在推动农村信贷市场“帕累托改进”中缺乏力度。

因而，要使得农村小额信贷市场实现信贷机构、贷款农户双方效用最大化，农村小额信贷保险“助推”作用最大化的局面，我们就应该在以下几个方面有所改进：

第一，加强对农村小额信贷业务、小额信贷保险的法制监管。对其的保障范围与水平、组织制度、经营制度、经营管理费用的标准、保险双方的权利与义务、经营者的法律地位等进行明确的界定，使其运作规范化。政府、监管部门、银行、保险机构要按照“总量控制、因时制宜、稳步推进、逐步完善”的总体原则，稳步推进小额信贷保险工作。同时，还应建立专门的计划管理部门，用以协调政府、信贷机构、保险公司及农户之间的关系，提升整体运作效率。并逐步建立小额信贷保险的风险防范机制，切实防范化解风险。

第二，在其实施方式上，应加大政策支持力度，综合运用财税杠杆，免征所得税、印花税等，采用“政府主导 + 财政扶持，商业化运作”模式，有效利用财政支农资金、贷款贴息等一系列惠农政策。并尽快出台规范的财政补贴政策，明确政府补贴方式、补贴对象、补贴额度、补贴效率。让信贷机构、保险公司营利性目的得到保障，让农户的缴费负担有所减轻。同时，积极引导和鼓励保险公司与农村信贷机构在产品开发、业务开展上进行合作，最终形成政府支持、银保合作的良好运作机制。

第三，保险公司应加快步伐，设计出承保更简便、条款更透明、费率更优惠、更切合农村市场需求的小额信贷保险新产品。并结合行业经验，通过对已有数据的分析，制定出明确的风险区划和保险费率分区，从根本上控制投保过程中的道德风险和逆选择。进一步细化赔付标准，加强承保、查勘理赔、财务各个环节的衔接与流程控制。还应通过广播、电视等媒体加大宣传力度，让农户从根本上了解小额信贷保险的功能和意义，取信于民，拓宽自身的展业渠道。并且协同政府建立巨灾风险准备基金，保证对农户的足额赔付。

参考文献

[1] 张学忠. 小额信贷可持续发展面临的问题及对策分析，青岛农业大学学报［J］，2008年第9期。

[2] 戴冠群、何锋. 浅谈小额信贷和小额信贷保险，中国商界［J］，2009年第2期。

[3] 傅强. 农户小额信贷保险实践，银行家［J］，2006年第10期。

[4] 陈扬民. 小议信贷与保险，武汉金融［J］，1986年第9期。

[5] 叶扬. “农村小额信贷+农村保险”模式的可行性分析，金融与经济［J］，2007年第12期。

[6] 岳静. 对我国农村小额信贷信用风险的探讨，金融与保险［J］，2008年第1期。

[7] 周慧. 小额信贷保险初探，企业导报［N］，2009年第3期。

[8] 世界银行扶贫协商小组（CGAP）焦点20期：《小额信贷的适用性——减缓贫困的小额信贷、捐赠和其他非金融措施》。

[9] 林杰. 保险与农业信贷供求的“帕累托改进”，福建金融［J］，2008年第6期。

寿险预定利率市场化的分析与建议

邓西贝　李蔚真　荣　幸

利差损一直以来都是影响我国寿险业发展的重要因素，20 世纪 90 年代，我国寿险产品定价预定利率与央行基准利率挂钩，使寿险公司在高利率背景下累积了相当的利差损。1999 年，我国保监会详细规范了保险产品的定价基础和方法，并规定我国人寿保险产品定价预定利率不能超过 2.5%。这种情况至今已十年未变，随着金融和保险业的发展，其负面影响逐渐显露。预定利率市场化已成为我国寿险行业发展的必由之路。

一、预定利率市场化的背景分析

（一）我国寿险业发展面临的预定利率困境

20 世纪 90 年代初，我国寿险业主要经营传统寿险，其主要产品多为面向企业的团体和简易寿险。1993 年到 1999 年底，我国的寿险业快速扩张，占据了保险市场的主要份额。在此期间，由于各大保险公司竞相以高预定利率争揽保费，致使国内出现了寿险抢购热，保费收入快速上升。但我国保险市场这种繁荣显然是虚假的繁荣，无异于饮鸩止渴。其时的保险投资以银行存款为主，而当降息周期来临之后，保险公司利差损大量累积。

寿险业这种不健康的发展，使得保监会于 1999 年颁布精算规定，对定价基础和方法做出更加详细的规范，规定寿险产品预定利率不能超过 2.5%。这项规定虽然很大程度避免了寿险公司的利差损，却大大提高了投保人的投保成本，尤其当股市复苏，银行加息、揽储意愿加强时，传统寿险保费收入又出现大幅缩水。

从 2000 年到 2003 年，我国寿险业不得已而进入了调整、创新的阶段。1999 年 10 月，平安保险第一次成功推出世纪理财投资保险，此后，各寿险公司相继推出分红、投连等新型寿险产品，保费收入再度攀升。2000—2009 年，我国保险市场基本呈现良好发展的态势，保费收入增长率基本都保持在两位数以上。但与90年代的销售情况不同，此时的寿险保费收入大多来自分红、投连、万能等新型寿险产品。

现阶段，我国寿险行业中面临的问题主要如下：

（1）从寿险业务看，传统寿险产品的需求不足，风险保障型业务和长期寿险业务在整个寿险业务中的占比不高，2003年后，投连险和万能险的保费收入增长迅猛，而同期传统寿险业务却几乎停滞；缴费方式则以短期业务居多、趸缴占比过大。中国社科院保险与经济发展研究中心研究员郭金龙曾对此指出："传统寿险产品保费增速如此低是不正常的，说明消费者的保障需求根本没有得到满足。根据目前我国保险业发展所处阶段，传统寿险产品的保费增速应比投资型产品保费更快。"①

（2）寿险产品的设计偏离了保险的本质，社会公众对保险的认识水平偏低。许多保险公司为吸引投资者，在产品设计时专注于保险产品的投资收益。与此同时，大部分社会公众对保险的认识水平较低，往往看重的恰恰是保险产品的投资性、增值性，却忽略了其保障功能。

（3）2.5%预定利率上限规定使得保障性更强的长期传统寿险需求不足。以2005—2007年为例，届时我国股市红火、资本市场进入加息周期，央行的金融机构人民币存款基准利率（一年期定期）从2004年的2.25%升至2007年12月的4.14%。在这样的市场环境下，2.5%的预定利率上限显然会遭受严重的冲击，2006年以后，虽然各大保险公司一再声明其保费收入受利率上升影响不大，但实际上，受预定利率影响的传统和分红保险在这几年经历了严重的需求不足，甚至"退保潮"。

（二）我国预定利率的监管历史

1. 20世纪90年代高利率环境下的预定利率状况

1997年以前我国寿险公司经营的主要是传统寿险产品，其产品定价的预定利率与央行基准利率挂钩，而寿险资产又集中于银行存款和政府债券，所以当1996年央行开始连续7次下调基准利率，使得寿险业投资回报每年都处于下降态势，保险公司利差损失惨重。鉴于此，1997年中国人民银行下发了《关于调整保险公司保费预定利率的紧急通知》，将人寿保险业务的保费预定利率的上限调整为年复利4%至6.5%，至此开始了对我国人寿保险的价格管制制度。1999年，保监会颁布精算规定，在我国人寿保险产品的定价须以《中国生命表》为依据，且预定利率不得超过2.5%。

---

① 转引自刘秀德："预定利率低传统寿险产品遭冷遇"，载于2008年3月1日《中国证券报》。

其时由于我国国内保险精算技术水平不高、内控能力不强，实行价格管制体制的确可以使保险公司获得一定的利润，暂时解决了我国保险行业的生存和发展问题。但是，近年来随着我国保险业与国际保险业在规则上的逐步接轨，这种价格管制体制已难以维持。在严格的价格管制下，人寿保险产品趋同化现象较为严重、价格单一，使保险消费者在购买保险时心存疑义，难以决断。

2. 预定利率改革的近况

2005—2007 年，银行连续不断的加息和火爆的股市对保险行业尽管打击不小，但这在一定程度上刺激并推动了保险业费率市场化的改革。

2007 年初河北、江苏和河南就在试行新的简易人身两全保险时率先突破了 2.5% 的利率限制；2008 年 6 月 20 日保监会发布的《天津滨海新区补充养老保险试点实施细则》规定，保险公司发行的补充养老保险产品的预定利率和最低保证利率应根据公司投资收益率审慎确定，但不再受制于 2.5% 的利率上限。

2008 年 6 月 24 日，中国保监会又表示在农村小额人身险试点地区销售的小额保险产品，允许保险公司根据市场的变化自行设定预定利率以增加保险公司在产品设计上的灵活性。所有这些表明，我国保险业费率市场化改革已经起步。

二、预定利率市场化的必要性与可行性分析

保险行业对社会的作用本来在于其对社会提供的保障作用，但如果由于利差损失，保险公司的经营出现困难，而不能为社会提供保障，就将给社会公众带来灾难性的后果。是故，相当多的国家对保险费率和预定利率都纷纷采取了必要的监管措施。非市场化的监管方式在过去曾发挥过积极的作用，但在我国保险市场日益成熟的今天，特别是在经历了 2005—2007 年的数次加息和火爆的股市行情后，其缺陷也就渐渐凸显出来。

（一）预定利率市场化的必要性分析

1. 保险费率的调整不能与市场利率的变化相匹配，将导致保险需求和利润的波动，在市场利率很高的时期甚至会出现退保潮；价格杠杆对保险供求关系的调节作用被扭曲

如图 1，在市场利率较低时，与利率联动的股票、基金等金融衍生品也处于萧条期，对消费者吸引力不足，保险产品的需求较大，这时均衡点为 A 点，非市场化的最高预定利率没有对保险市场造成影响，并起到了对保险公司偿付能力的保障和监管作用；但是当股市火爆，进入加息周期时，将会出现股市银行对资金的分流，保险的需求曲线左移，供给曲线在 2.5% 的预定利率范围内也会有所移动，但由于预定利率不能超过 2.5% ，使得供给曲线只能从 S1 移动至 S2，而不是预定利率市场

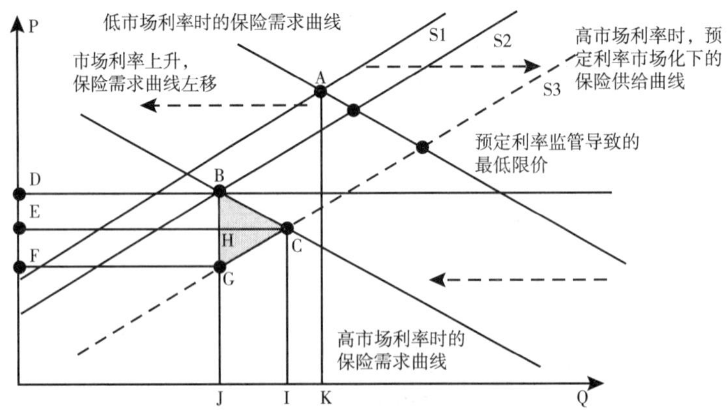

图1　预定利率过严的监管导致保险需求不足（1）

化时的S3，实际均衡点只能为B，均衡产量只有J而不是I。整个保险市场的福利相对均衡状态有损失，其中消费者的福利损失为DBCE，保险公司福利变化量为（DEHB - GHC），社会福利净损失为BGC。对整个社会的而言，这种最低限价显然是不合适的，这样的限价对投保人尤其不利。

实际上，我国很多保险公司为了吸引投保人，近年来使用的预定利率一直都是2.5%的最高上限。作者认为保监会因为会顾及保险公司偿付能力，对保险产品的定价必然较高，所以实际情况可能是图2更极端的情况。

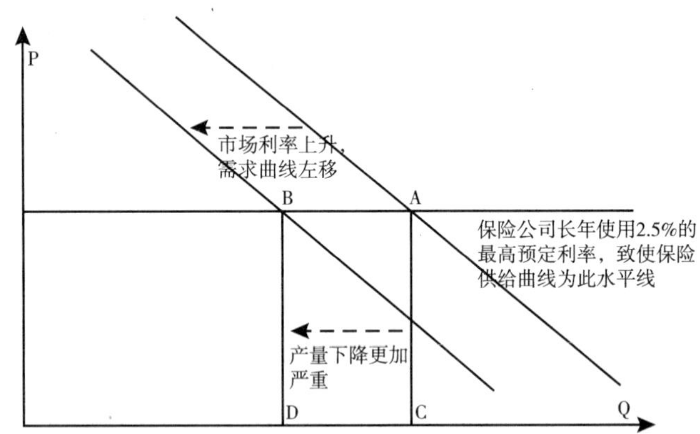

图2　预定利率过严的监管导致保险需求不足（2）

以上两图中在高市场利率条件下保险市场需求不足的情况在现实中最直接的表现便是2007年出现的由于利率倒挂引起的退保潮、银行证券的资金分流和保险需求增速的减缓（主要是要受预定利率影响的传统保险和分红保险）等不利于保险业发展的现象。

2. 不论是短期还是长期看，保险费率的监管和过低的法定预定利率都有损于消费者的福利

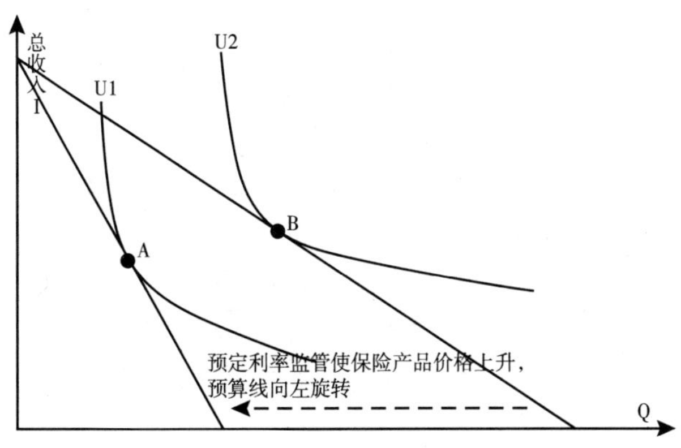

图 3　预定利率过严的监管使消费者效用下降

如图 3，当预定利率相对市场利率太低甚至出现利率倒挂情况下，保险产品的价格比均衡价格高，使得投保人预算线向左旋转，实际均衡点为 A 而不是 B，消费者总效用从 U2 下降为 U1，实际交易量也相对非管制情况下更少。

3. 过于严格的价格管制，导致保险市场缺乏竞争机制和淘汰机制

非市场化的预定利率和非市场化的费率监管条件下，偏高的费率使得经营管理不善、经营成本处于劣势的保险公司得以幸存，其结果是保护了落后；在没有内在的创新动力和外在的竞争压力的情况下，保险公司缺乏创新意识和开拓精神。

4. 保险监管的最终目的是保护被保险人（消费者）的利益，而不是保护保险公司的利益

由保险监管部门制定保险费率理应是防止保险公司获取过高的不正当利润，但在实际操作中，保险监管部门在制定保险费率时，必须要考虑使经营成本最高、效率最差的保险公司不至发生亏损。这在客观上就保护了落后，也往往会损害被保险人的利益。

5. 金融环境的改变

改革开放和 2001 年加入 WTO 后中国金融环境的变化使得保险市场费率市场化成为必然，加入世贸组织后，包括外资在内的保险供给主体越来越多，保险公司之间的竞争日趋激烈。预定利率市场化将从外部对本土保险公司形成压力，这将有助于提高我国保险公司的经营管理水平、产品的创新能力和综合竞争力。

由此看来，高度集中的费率管理体制，尤其是长期不变的预定利率已经严重阻碍了我国保险业的健康发展，加快费率市场化和预定利率市场化已势在必行。

（二）预定利率市场化的可行性分析

首先，从保险供给来看，保险市场多元化的竞争格局已经初步形成。改革开放以来，以友邦、恒安标准等一大批外资、中外合资保险公司的成立和发展为标志，此前国有保险公司垄断保险市场的局面不复存在。非垄断的市场环境为预定利率市场化发挥其优化配置等市场调节作用打下了必要的基础；

其二，从保险需求来看，投保人和被保险人日渐成熟。目前，我国保险消费者的消费能力、消费结构和保险意识有了较大提升；特别最近几年由于经历了国内金融环境的大起大落，投保人的风险保障意识明显加强，从而推动了保险需求的上升；

其三，从 1999 年起，中国保监会推出了中国精算师资格考试，我国的精算师队伍不断壮大，适合我国寿险业的制定精算师制度正在构建之中，从而为预定利率市场化提供了监管上的保障；

其四，我国金融市场的逐渐完善，利率和汇率所进行的市场化改革为预定利率市场化的改革提供了前提条件，降低了预定利率改革后保险行业面临的风险；

其五，为市场主体服务的中介机构，保险专业代理人、保险兼业代理机构也发展迅速，保险市场体系逐渐趋于完善；

其六，我国已经建立起以《保险法》为核心的保险法律法规体系。中国保险监督管理委员会在全国各地已逐步建立起了保险专业监管网络。

三、预定利率市场化的风险分析与建议

在金融市场化改革日趋完善、保险行业蓬勃发展的今天，预定利率监管方式的改革已是大势所趋，但任何改革都有风险，一旦失误可能招致巨大损失。因此，我们必须认真分析以往的经验教训，为改革所用，推动保险行业全面的、合理的市场化进程。

（一）预定利率市场化的风险分析

1. 预定利率市场化可能导致寿险公司利润下降

首先，预定利率一旦实现市场化，与市场利率挂钩，很可能会出现逆选择，而使保险公司最终主要售出的是高市场利率时期的、价格较低的产品，这种情况将会给保险公司带来极大的风险，而利润却很少。

其次，市场化必然加大市场竞争，长此以往必然导致寿险费率水平的下降，寿险公司的承保利润也会因此而趋薄，使寿险公司经营状况恶化，偿付能力下降。

2. 预定利率市场化可能加剧寿险公司的定价风险

有学者指出："寿险公司在对产品进行定价时，都做现金流动分析，目的在于

了解产品未来的盈余分布，以期达到预期的经营成果。当前市场上的保单售出后，不管市场利率如何变动，保单规定的预定利率是不能改变的，因此，利率下调不改变公司的所承诺的保障，而保费收入不能增加，必然会影响公司的收益，当利率变动较大时，会使公司财务出现亏损。”① 预定利率市场化将可能加大寿险公司的负债，在对保单的负债评估过程中，寿险公司要对资产的收益率进行适当的假设，因为预定利率对寿险责任准备金的影响是非常明显的。常识告诉我们，利率的下调一般而言将导致寿险公司的负债规模在相当程度上的扩张，如果寿险公司没有充足的资产，则寿险公司会处于非常困难的境地，情节严重者会被接管或宣布破产。

还要指出的是，不同时期的寿险产品预定利率的差异性也比较大，尤其是在国民经济发展不稳之时。这就必然会驱使寿险公司随着银行利率的频繁波动而不断更换产品，这样，势必会影响寿险业务的发展。实行变动的预定利率，寿险产品的价格必然相应变动。这将可能会使消费者对寿险产品的信心发生动摇，甚至发生信任危机，并可能导致退保，从而引发流动性风险。

总而言之，银行存款利率是确定寿险产品预定利率的主要参照系，如果预定利率定得过高或者过低，都将会给寿险公司的经营带来较大的利率风险。

3. 预定利率市场化可能导致寿险公司的非理性竞争

保险公司由于可以自行决定保险产品价格，那么为了抢占更多的市场份额，大型保险公司在雄厚资金的支持下，很可能采取提高预定利率，压低寿险产品价格的办法，来吸引投资者，抢占市场。而这也就在相当程度上排斥了中小型寿险公司进入寿险市场。而一些中小型寿险公司为了确保或争取市场份额，也不惜以低价亏损经营的策略来还以颜色，以抗衡大的寿险公司的垄断，而这又可能对其形成新的利差损。寿险业这种恶性竞争长此以往，寿险市场的秩序将不复存在。

4. 预定利率市场化将会使对寿险公司监管变得较为困难

对寿险的监管肯定离不开对保险价格的监控，而保险价格的计算是运用长期的复利贴现（或积累）等方式来进行的，其过程十分复杂。如果寿险预定利率与市场利率完全挂钩联动，市场利率频繁的变动，就会使寿险产品的价格或保额的计算变的极为复杂，这显然将不利于对寿险产品的监控和管理。

我国寿险预定利率市场化其负面影响不可小觑。因此我们必须尽可能地利用寿险预定利率市场化之所长而避其不利，而这就要求我们在实行寿险预定利率市场化之前制定出可行的策略和办法。

---

① 李秀芳：“我国寿险业的利率风险分析及其防范”，载于《南开经济研究》2000 年第 1 期。

（二）关于实施预定利率市场化的建议

1. 预定利率监管的新设想：建立自动调节机制，实行弹性预定利率上限

借鉴爬行钉住的汇率制度的思想，我们可以实行缓慢变化的、同时又与市场利率联系的预定利率监管制度，循序渐进的推行预定利率市场化。

预定利率完全的市场化，现在时机还不成熟，而应该按部就班的进行改革：

（1）最高预定利率的设计目前是有必要的，让预定利率在一定范围内根据市场情况浮动既能发挥了市场化后市场的调节作用，又保证了预定利率调整不至于超出合理的浮动范围，以至于出现不科学的利差损或利差益。但像过去那样十年不变的、过低的预定利率和过严的监管显然也是不可取的。预定利率上限的设置不应脱离市场经济发展的实际情况，而应与市场利率挂钩，实行浮动的预定利率上限管理；但在经济出现极度过热或者极度萧条时（市场利率过高或过低），监管部门应该根据历史数据自行设立合理的最高预定利率，不再与市场利率挂钩。

（2）利用合理的数学模型计算波动频率与幅度更为稳健的预定利率指数，从而避免预定利率完全与市场利率挂钩所带来的风险。利用移动平均数计算最高预定利率指数是一种较为简单的方法：

由于经济波动呈现周期性，利率变化也呈周期性，我们可以找到一个合适的经济周期，并计算出这个周期中在时间上按一定方法加权的平均利率，这样的利率总的来说能够反映这个周期内的利率状况，是保险公司此周期内设计保险产品时较为合理的利率水平——不至于在利率过高（低）时保险产品价格过低（高）。

如下（图 4、图 5）是我国 1990 年代后，利率、CPI、GDP 增速的经济数据：

就图 4、图 5 而言，作者个人认为我们可以选择 15 年作为一个经济周期（各图中两个峰值的时间差）。

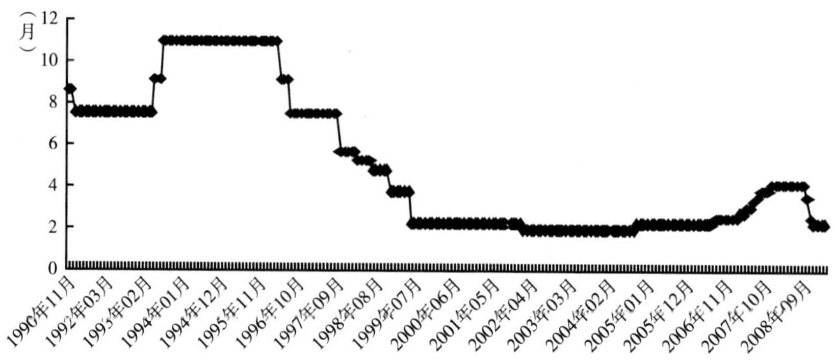

图 4　1990 至 2008 年的利率变化图

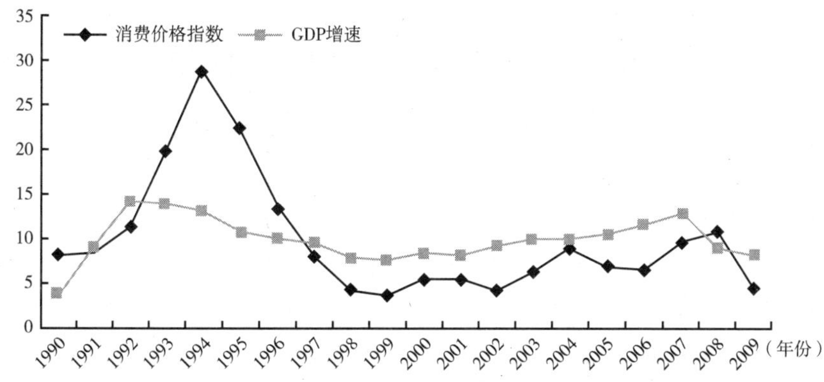

图 5 全国居民消费价格指数（调整值）与 GDP 增速①

利用最简单的计算方法：

每月的最高预定利率贡献值 = 当月利率/12(月)/15(年)

现在的最高预定利率 = 最近 15 年每月最高预定利率贡献值的加总

利用此方法，2009 年 4 月的预定利率上限计算出来为 4.39% 高于目前的预定利率上限管制 2.5%，由于综合考虑了整个经济周期的情况，同时避免了出现波峰和波谷的极端情况，显然更为合理。

（3）预定利率与市场利率挂钩以后，应该完善市场准入、市场退出机制和保险公司破产保证金制度。最重要的是加强对保险公司偿付能力的监管，保证投保人利益，严格而合理的设定用于评估准备金的评估利率。我国监管部门规定，我国大多数寿险产品计算准备金时都采用“将来法”计算，因此保险产品的评估利率不应高于特定产品使用的预定利率。

2. 加强寿险宣传力度，培育理性的寿险市场主体

我国社会在保险问题上一直存在一个思想误区，相当一些人是基于一种投资增值的理念来购买寿险产品的，而并不是看重它的社会保障功能。其实，寿险产品的基本功能乃是社会保障而非资产的保值增值。鉴于此，我们在实施寿险预定利率市场化之时，首先要尽力使社会公众确立起正确的保险意识，“善待”寿险产品，要从防老、养老等的社会保障功能出发来选择寿险产品。

3. 加强监管、保障保险公司的偿付能力

首先要强化寿险公司的偿付能力。资本充足是保险公司偿付能力的保障。资本和盈余具有缓冲公司债务增长和防止资产贬值的功能，其中一部分是用以支付公司破产清算的费用，最大限度地减少保险利益相关人的损失。因此，一是要做到对资本和盈余的有效

① 数据来源：wind 咨询。

监管，二是要加强对准备金的监管，建立起对保险公司偿付能力的静态与动态测试制度。

其次，建立合理的保险公司破产保证金制度和保险保障基金，并在此基础上，完善保险市场的退出机制。这样做可以在一定程度上减轻或免除投保人和保险受益人在保险公司经营不善甚至破产时蒙受的损失，也可以阻断保险公司的破产危机，使其不至于殃及整个社会经济。

其三，要规范保险市场交易和竞争规则，引导保险市场正当竞争，健康发展。这主要是要完善信息披露制度，利用税收工具对保险业进行经济调节，并适时地对其进行合理的行政干预。

4. 扩大寿险资金运用渠道，加强资产负债匹配管理

寿险公司应合理匹配公司的资产和负债，提高公司的投资收益率以规避利率风险。从此原理出发，寿险公司在设计具有较高预定利率的寿险产品时，都要有相应高的固定利率投资工具来与之相对应，从而使寿险公司在资产和负债在收益水平上、时间上和数额上协调匹配。

5. 有步骤地实行预定利率市场化

寿险预定利率市场化在我国乃是一个需要深入探索的问题，其中有许多问题我们尚未明了，因此，在实施上必须慎之又慎，否则就会给社会带来巨大的震荡。为此，有必要在特定地区以特定的寿险产品先行试点，从而为在全国范围内实行预定利率的市场化积累经验。

参考文献

[1] 李秀芳．我国寿险业的利率风险分析及其防范．天津：南开经济研究，2000 年第 1 期。

[2] 魏迎宁．人寿保险费率市场化研究．北京：中国财政经济出版社 2006 年，17 - 50，63 - 87，119 - 127。

[3] 程振源．保险市场非对称信息问题研究．北京：人民出版社 2007 年，82 - 96。

[4] 魏迎宁．保险监管问答．广州：广东经济出版社 2002 年，143 - 153。

[5] 祝向军．保险商品价格形成的经济学分析．北京：中国金融出版社 2004 年，182 - 202。

[6] 张洪涛．人身保险．北京：中国人民大学出版社 2002 年。

[7] 张东亚．我国寿险业开始进入新的发展时期．中国保险报，2009 - 02 - 24。

[8] 刘秀德．预定利率低传统寿险产品遭冷遇．中国证券报，中证网，2008 - 02 - 29。

[9] 周海珍．保险费率监管效应分析．财经论丛，2008 年第 3 期。

[10] 洪文婷．中国保险费率市场化路径研究．保险职业学院学报，2008 年 8 月第 22 卷第 4 期。

[11] Tennyson S. Efficiency Consequences of Rate Regulation in Insurance Markets . Network Financial Institute at Indiana State University, 2007.

[12] Paul LJoskow. Cartels, Competition and Regulation in the Property-Liability Insurance Industry. The Bell Journal of Economics and Management Science, Vol4 (No. 2) : pp. 375 - 427.